안식

IVP(InterVarsity Press)는
캠퍼스와 세상 속의 하나님 나라 운동을 지향하는
IVF(InterVarsity Christian Fellowship)의 출판부로
생각하는 그리스도인을 위한 문서 운동을 실천합니다.

Copyright © 1989 by Marva Dawn
Originally published in English under the title
Keeping the Sabbath Wholly by Marva Dawn
Published by Wm. B. Eerdmans Publishings Co.
2140 Oak Industrial Drive NE, Grand Rapids, Michigan 49505, U.S.A.
All rights reserved

This Korean edition is translated and used by permission of
Wm. B. Eerdmans Publishings Co.
through arrangement of rMaeng2, Seoul, Republic of Korea.

This Korean edition copyright © 2001, 2020 by Korea InterVarsity Press
156-10 Donggyo-Ro, Mapo-Gu, Seoul 04031, Republic of Korea

이 한국어판의 저작권은 알맹2 에이전시를 통하여
Wm. B. Eerdmans Publishings Co.와 독점 계약한 IVP에 있습니다.
신 저작권법에 의하여 한국 내에서 보호받는 저작물이므로
무단 전재와 복제를 금합니다.

안식

Keeping the Sabbath Wholly

마르바 던

전의우 옮김

IVP

 안식일이 필요한 모든 이에게 이 책을 바친다.

가장 바빠서
온 정신을 집중해서 일해야 하는 사람들에게,

주기적인 예배와 실천의 순환이 필요한
사회 운동가들에게,

성취만을 추구해 이제는 자신의 가장 깊은 열망을 이해하고
침묵의 소리를 들어야 하는 사람들에게,

사회의 물질주의와 기계화로 인해 유희의 능력을 상실해
아름다움과 즐거움과 기쁨이 필요한 사람들에게,

열정을 잃었기에
감정을 회복해야 하는 사람들에게,

외롭기에
정서적 자양분이 필요한 사람들에게,

군중 속에 살기에
고독이 필요한 사람들에게,

삶의 우선순위를 찾지 못해
새로운 시각이 필요한 사람들에게,

현재가 미래를 좌우한다고 생각하기에
현재를 바꾸기 위한 미래의 희망과 비전이 필요한 사람들에게,

더 깊이 있는 가정생활을 갈망하며
가치관을 확립하기 원하는 사람들에게,

포로수용소에서 신음하면서도 춤을 추어야 하는
가난한 자들과 압제당하는 자들에게,

비폭력, 청지기 정신과 세상을 향한 하나님의 목적을 배워야 하는
부자들과 압제자들에게,

고난이 어떻게 구속을 가져다 줄 수 있는지 배워야 하는
고난당하는 자들에게,

신학에 따뜻한 마음을 덧입혀야 하는
전문 신학자들에게,

종교를 현대 사회에 어떻게 적용해야 할지 모르며
하나님과의 관계가 필요한 사람들에게,

메마르고 공허하며 형식적인 예배에 식상해
하나님을 사랑하고 경배하기 원하는 사람들에게,

성령의 능력을 받아 세상을 변화시키고
안식일의 치유자로 쓰임받는
하나님의 도구가 되기 원하는 사람들에게.

차례

헌사 4

서문 9

1부 그침

1. 일을 그침 21
2. 생산과 성취를 그침 35
3. 근심, 걱정, 긴장을 그침 43
4. 하나님이 되려는 노력을 그침 51
5. 우리의 소유를 그침 63
6. 우리의 문화 순응을 그침 71
7. 단조로움과 무의미를 그침 81

2부 쉼

8. 영적임 쉼 89
9. 육체적인 쉼 101
10. 정서적인 쉼 111
11. 지적인 쉼 121
12. 쉼을 돕는 도구들 129
13. 사회적인 쉼 135
14. 인격의 윤리 145

3부 받아들임

15. 의도성을 받아들임 153
16. 기독교 공동체의 가치를 받아들임 163
17. 공간 대신에 시간을 받아들임 173
18. 요구하기 대신에 주기를 받아들임 181
19. 삶에서 우리의 소명을 받아들임 191
20. 온전함―샬롬을 받아들임 199
21. 세상을 받아들임 209

4부 향연

22. 영원에 대한 향연 217
23. 음악이 있는 향연 233
24. 아름다움이 있는 향연 241
25. 음식이 있는 향연 251
26. 애정이 있는 향연 263
27. 향연과 축제 271
28. 안식일의 그침, 쉼, 받아들임, 향연 283

부록 | 안식일의 시작과 끝을 위한 몇 가지 의식들 295

참고 문헌 299

주 303

서문

"교회 가기 싫단 말야!"

이런 울음 섞인 하소연을 얼마나 자주 듣는지 모른다. 이렇게 말하는 것은 어린아이들만이 아니다! 북미 지역의 영적 상태를 보여 주는 슬픈 단면이 아닐 수 없다. 이제 '안식일 지키기'는 더 이상 기쁨이 아니라 그저 '교회 가기'라는 틀에 박힌 일이나 고된 일, 심지어 숨막히는 일로까지 전락해 버렸다.

'교회 가기'라는 말의 의미는 부정적인 동시에 제한적이다. 첫째, 우리가 말하는 방식은 우리가 생활하는 방식에 영향을 미친다. "저 지금 교회 가요"라는 말은 그릇된 신학을 드러내는 동시에 이를 조장한다. 초대교회 시대에 '교회'란 모여서 힘을 얻고 흩어져서 행동과 존재를 통해 복음을 드러냈던 하나님의 **백성**으로 구성된 살아 있고 활기찬 모임이었다. 그러나 지금 교회는 정적인 **장소**, 신자들이 지루한 의식을 치르러 가는 곳이 되어 버렸다. 우리는 '교회에 가는' 것이 **아니다**! 다른 "**하나님의 백성**과 함께 **공동체**로 모여 **예배 의식**에 참여하고, 예배 가운데 함께 행하는 모든 행동을 통해 힘을 얻어 세상에 나가 **교회가 될** 수 있도록 **교회당**에 가는 것이다.

둘째, 예배라는 행위는 안식일 지키기의 온전한 의미 중 일부에

불과하다(본질적인 부분이기는 하지만). '안식일을 거룩하게 지킨다'는 것은 '엿새 일하고 하루 쉬기'라는 리듬이 우리의 내면 깊이 새겨져 있음을 깨닫는 것을 뜻한다. 이러한 리듬을 매주 지켜 나갈 때, 하나님이 은혜로 명하신 이러한 유형에 따라 살 때만 가능한 온전함이 우리 속에서 이루어질 수 있다.

안식일이 토요일, 즉 유대 관습대로 정확하게 일곱째 날이어야 하는가? 아니면 일요일, 즉 초대교회 그리스도인들이 주일로 구별한 날이어야 하는가? 이 문제를 놓고 논쟁을 벌이고 싶지는 않다.[1] 어느 쪽을 강조하든 거기에는 나름 이유들이 있다. 지금까지 나의 신앙관으로 볼 때, 안식일을 지키되(따라서 히브리인들의 통찰력과 관습과 훈련에 대한 내 믿음의 뿌리를 감사하는 마음으로 생각하고 안식일을 거룩하게 지키라는 계명에 순종하면서) 나 자신만의 안식일 관습이나 의식을 일요일에 행하는 것이 가장 좋았다(부활을 그리스도인의 믿음과 삶의 결정적인 사건으로 인식하기 위해). 이 책에 제시된 대부분의 제안은 토요일이나 일요일 어느 쪽에도 적용될 수 있다. 중요한 것은 특정한 날을 안식일로 구별하고, 하나님이 '엿새 일하고 하루 쉬기'라는 그분의 리듬이 우리 몸에 배게 하실 수 있도록 칠일마다 그날을 충실히 지키는 것이다.

이 책에서는 안식일 지키기가 가져다 주는 많은 결과, 곧 그침, 쉼, 받아들임, 향연의 효과를 살펴볼 것이다. 우리에게 주어진 날들을 이러한 리듬에 따라 지킬 때, 우리 존재의 구조가 더 온전하게 보존된다. 하나님의 백성이 되는 일이 주는 온전함은, 균형을 잃고 파편화된 이 시대에 절대적으로 필요하며, 하나님이 한 사람의 삶을 바꾸어 놓으신다는 믿음을 고백하는 사람들이 뜨겁게 갈망하는 것이다.

이 책의 많은 요점이 일상생활에서 이루어져야 하는 헌신된 삶의 훈련과 관련이 있다. 왜냐하면 내가 쓰고 있는 내용 가운데 많은 부분이 하나님과의 관계에서 성장하기 위해 지속적으로 노력할 때 얻어지는 결과와 관련되기 때문이다. 그러나 이 시대의 그리스도인과 유대인이 다시 한번 기억하고 기려야 할 사실이 있다. 하나님은 우리와 그분의 관계가 훨씬 더 깊어지게 하시려고 '엿새 일하고 하루 쉬기'라는 리듬을 의도적으로 정하셨다는 것이다.

그런데 나를 혼란스럽게 하는 사실이 있다. 영적인 삶의 훈련을 다루는 그 많은 책과 글이 정작 안식일 지키기에 대해서는 전혀 언급하지 않는다는 것이다. 이런 책과 글에서는 기념, 정결, 고백과 용서, 금식, 교제, 검소, 묵상, 서로 돕기, 기도, 섬김, 침묵, 고독, 연구, 순종, 십일조, 예배 등에 대한 간곡한 권유를 찾아볼 수 있다. 이 모든 것은 가치 있고 귀중하며 그중 대부분은 안식일 지키기와 관련이 있다. 그러나 안식일을 기억하는 특별한 훈련은 여호와의 십계명에 구체적으로 제시되어 있다.

캘빈 밀러는 『내면의 식탁』에서 하나님과의 친밀함은 갑자기 이루어질 수 있는 게 아니며, 우리가 항상 시계만 보고 있어서는 그분의 임재를 누릴 수 없다고 강조한다.[2] 안식일 지키기가 그렇게 중요한 이유가 여기 있다. 우리는 안식일에는 결코 시계를 차지 않는다. 우리는 정해진 시간에 예배와 성경 공부에 참석하는 것을 제외하고는 하루 종일 성령의 인도대로 움직이기를 원한다.

여러분 가운데 많은 사람들이 지금쯤 이렇게 말하고 있을 것이다. "하지만 그건 불가능해요! 어떻게 하루 종일 시계 없이 살아요? 전 할 일이 너무 많아요." 당신에게 이 책이 필요한 것도 바로 이 때문이다. 당신에게 이것만은 **약속할 수 있다**. 당신이 시계를 차지 않고 하루를 안식일로 지키는 습관을 들인다면 시계를 차는 엿새 동안에는 해야 할 모든 일을 더 잘 할 수 있으리라는 것이다.

안식일 지키기는 법적인 의무가 아니다. 오히려 우리는 자신의 자연적인 리듬에 따라 살 때 자유를 얻으며, 칠일마다 거룩하게 구별된 온전한 하루가 주는 기쁨을 누린다. 이제 나와 함께 안식일 지키기를 경험해 보자. 그러면 거룩한 시간의 의미를 당신 스스로, 아니 그보다는 당신 **속에서** 발견하게 될 것이다.

이 책에서 제시하는 모든 것을 삶에 통합시키지 못한다고 해서 실망하거나 좌절하지 말기를 바란다. 안식일 지키기는 결코 법적인 강제가 아니다(예수님이 말씀하셨듯이 "사람이 안식일을 위해서가 아니라 안식일이 사람을 위해서 만들어졌다"–저자 번역). 당신이 기쁘게 선택한 것들만 실천하라. 우리는 각자 자신의 환경과 헌신에 맞게 서로 다른 방법으로 안식일을 지킬 수 있다. 나는 독신인데다가 보통 사람들과는 다른 직업을 가졌기에 자유가 많으며, 따라서 다른 사람들이 얻을 수 없는 기회를 나름대로 활용할 수 있다. 이 책에 담긴 견해를 맹목적으로 받아들이지 않기를 바란다. 나의 목표는 안식일 지키기의 개념이 얼마나 실제적이며, 안식일을 지킬 때 얼마나 많은 유익을 얻을 수 있는지 분명하게 보여 주는 것이다.

안식일은 누구나 지킬 수 있으며, 지키는 방법도 다양하다. 인상주의 화가들의 풍경화가 생각난다. 그 그림들은 큰길, 강, 오솔길, 철길 등이 주를 이루는데, 이것은 시골이 쉽게 갈 수 있는 곳임을 강조하고, 우리로 하여금 자신이 그 아름다운 풍경 속에 있다는 상상을 불러일으킨다. 이 책이 제시하는 개념들이 안식일을 지키고 누리기 위한 당신만의 오솔길로 당신을 초대하기를 기도한다.

 이 책은 우리가 안식일을 완벽하게 축하하고celebrate(개역 성경에서는 '지키다'로 번역되었지만 '축하하고 기념하다'라는 의미를 살리고, 단순히 '지키다'라는 말과 구별하기 위해 다소 어색하더라도 '축하하다'로 옮기기로 한다-역주) 거룩하게 지킬 수 있다면 어떻게 될 것인지에 대한 이상적인 묘사로 가득하다. 우리가 이상을 비전으로 생각할 때는 이상이 유익하다. 우리는 이 세상에서 이러한 이상에 결코 다다를 수 없지만, 이상은 우리가 가야 할 방향을 보여 준다. 이 책을 읽으면서 안식일의 습관, 안식일의 자유, 안식일의 기쁨, 안식일의 영성에 더 깊이 빠져들고 싶은 바람이 당신에게 생겨나기를 바라고 기도한다.

 또한 이 책을 읽으면서 필자가 안식일을 잘 지키고 있다고 생각하지 않기를 바란다. 이 책을 쓰면서 나도 안식일을 더욱 주의 깊게 지켜야겠다는 바람이 강해졌다. 왜냐하면 나는 결코 내가 원하는 만큼 신실하게 이러한 비전을 실행하지 못하기 때문이다. 안식일 축하하기에 대해 아직 배울 것이 많다. 내가 안식일의 기쁨에 대해 알고 있는 모든 것을 가르쳐 준 모든 사람들, 특히 유대인 선생님들께 깊이 감사드린다. 혹시라도 내가 유대인의 관습에 대해 실수한 부분이 있다면 이 시대의 유대인들에게 사과하는 바이다. 내가 여러분의 안식일 전통을 정확하게 이해하지 못한 부분이 있다면 주저 없이 알려 주기를 바란다. 그리스도인이 자신의 뿌리인 유대교에서 배울 수 있는 많은 교훈들, 특히 안식일 지키기를 통해 하나님을 예배하는 것과 관련된 교훈들에 대해 깊이 감사한다.

이전 편집자 로이 칼라일에게 많은 은혜의 빚을 졌다. 그는 그침, 쉼, 받아들임, 향연이라는 주제에 따라 이 책의 기본적인 틀을 짜는 것을 도와주었다. 또한 이 책에 실린 아이디어를 제공해 준 모든 사람들, 특히 내가 안식일 지키기에 대해 강연한 수련회나 워크숍에 참석해 준 사람들에게 감사드린다. 일일이 열거할 수 없을 만큼 너무나 많은 사람들에게도 감사의 말을 전하고 싶다.

가톨릭 노동자 운동Catholic Worker의 설립자 도로시 데이는 제2차 세계대전 후에 세상은 공동체와 의식儀式이 필요하다고 했던 위대한 독일 개신교 신학자에 대해 썼다.[3] 공동체와 의식은 안식일 지키기의 중요한 두 가지 요소이며, 오늘날 우리에게 매우 필요한 것이다. 1978년 출판된 리처드 포스터의 『리처드 포스터 영적 훈련과 성장』(생명의말씀사)은 엄청난 인기를 모았는데,[4] 이 사실은, 비록 포스터가 안식일 지키기의 훈련에 초점을 맞추지는 않았다 하더라도, 우리 사회가 영적 성장에 얼마나 목말라 있는지를 보여 준다. 그러나 1982년 틸든 에드워즈는 기독교 세계를 위한 '안식의 시간'이라는 개념을 강조했으며,[5] 1987년 캐런 메인스는 '주일을 특별하게 하는 것'이 얼마나 중요한지를 강조했다.[6]

이 책은 지금까지의 이러한 연구들을 뛰어넘어 히브리 관습과 성경, 하나님의 백성으로서 우리가 누구인지에 대한 이 시대 그리스도인들의 이해 그리고 그침, 쉼, 받아들임, 향연의 의미에 대한 더 깊은 이해를 하나로 엮으려는 시도이다. 따라서 이 책에는 다음과 같은 것들이 결합되어 있다. 첫째는 그리스도인들이 안식일 지키기에 대해 갖고 있는 다양한 신념을 신학화하는 작업이다. 둘째는 그침, 쉼, 받아들임, 향연의 다양한 면을 설명해 주는 이야기이다. 셋째는 내 자신이 안식일을 지키는 한 사람의 그리스도인으로서 나름대로 개발해 온 특별한 습관들이다. 넷째는 안식일 지키기와 관련된 성경 구절들이다. 다섯째는 그리스도인으로서 율법주의에 빠지지 않으면서 영적 훈련을 추구하는 것이 어떤 의미인지에 대해 우리가 이해하는 바를 위협하는 몇몇 이단들과의 불가피한 논쟁이다.

   이 책은 4부로 이루어져 있으며 각 부는 일곱 장으로 이루어져 있다. 각 부는 일주일 분량의 QT 자료로 사용할 수 있다. 특별히 각 부의 마지막 장은 다소 짧게 되어 있으며, 토요일에 활용할 경우 안식일을 준비할 시간을 더 많이 가질 수 있을 것이다. 이 책을 읽는 또 한 가지 방법은 안식일마다 한 부씩 이어서 읽는 것이다. 이렇게 하면 안식일에 읽은 내용을 생각하면서 한 주 동안 그다음 안식일을 준비할 수 있을 것이다. 그러나 기도하기는, 당신이 이 책을 읽을 때 이 책의 내용을 단지 머리 속에 좋은 개념으로만 남겨 두지 말고 실천에 옮기기를 바란다. 이 책은 안식일에 관한 책이 아니라 안식일 지키기를 요청하는 간절한 호소이다.

   유대 문헌에서 안식일은 신부나 여왕처럼 사랑을 받는다. 우리의 내면 깊숙한 곳에는 완전을 향한 갈망이 있으며, 우리 문화에 산재한 온갖 매춘부들은 이러한 갈망을 만족시키려고 경쟁하고 있다.

그러나 하나님의 임재를 경험하는 거룩한 시간만이 우리의 공허함을 채울 수 있다. 우리가 신부를 사랑하는 데 초점을 맞출 때, 다른 것은 하나도 중요하지 않다. 안식일 지키기에 대한 우리의 이해가 함께 자라 감으로써, 안식일의 여왕과 사랑에 빠지게 되고, 그리하여 우주의 왕이신 분을 더 깊이 사랑하게 되기를 바란다!

여호와 우리 하나님, 우주의 왕이시여,
당신의 계명으로 우리를 거룩하게 하셨으며,
우리에게 안식일의 촛불을 밝히라고 명하신
당신을 송축하나이다.
우리의 처소를 밝히는 안식일의 촛불이
우리 가정을 비추는 평안과 행복이 되게 하소서.

하나님, 이 거룩한 안식일에
우리에게 복 주시고,
당신의 영광으로 우리를 비추소서.
우리의 어둠을 밝히시며,
우리와 온 인류를 인도하소서.
당신의 자녀들을 진리와
영원한 빛으로 인도하소서.
아멘.

- 안식일 저녁 전통적인 가정 예배를 시작할 때 드리는 기도 -

1부

그침

하나님이 그 일곱째 날을 복되게 하사 거룩하게 하셨으니
이는 하나님이 그 창조하시며 만드시던 모든 일을 마치시고
그날에 안식하셨음이니라.
—창세기 2:3

자, 기쁨과 평안으로 안식일을 맞이하자!
신부처럼 맑고 기쁜 얼굴로 안식일이 오는도다.
우리의 마음에 축복을 주는도다.
일상의 생각과 근심이 그치는도다.
안식일의 밝은 촛불은
하나님의 사랑의 영이 우리 가정에 거하심을 말하는도다.
그 빛 가운데 우리의 모든 축복이 풍성해지며,
우리의 모든 슬픔과 고통이 사라지는도다.
—안식일 저녁 가정 예배를 위한 키두쉬 기도문에서

먼저 거룩하게 구별된 날에 행하는 '그침'이 얼마나 중요한지 살펴보겠다. 안식일이라는 말 자체가 일차적으로 '그치다' 또는 '중지하다'라는 뜻의 동사 '샤바트'*shabbat*에서 파생되었기 때문이다. 출애굽기 31:16-17은 "이같이 이스라엘 자손이 안식일을 지켜서 그것으로 대대로 영원한 언약을 삼을 것이니 이는 나와 이스라엘 자손 사이에 영원한 표징이며 나 여호와가 엿새 동안에 천지를 창조하고 제칠일에 쉬어 평안하였음이니라"(개역한글)고 말한다. 히브리 학자들은 "쉬어 평안하였음이니라"는 부분을 "그쳐 회복하였음이니라"로 번역한다. 창세기 2:2은 말 그대로 하나님이 일곱째 날에 '그치셨다'(NIV, 개역 성경에는 '안식하시니라'로 되어 있다—역주)고 말한다.

 우리는 안식일의 그침을 여러 면에서 생각해 볼 것이다. 안식일의 그침은 단지 일 자체에 대한 그침만이 아니라 성취와 생산의 필요에 대한 그침, 현대 사회가 요구하는 성공의 기준으로 인한 염려와 긴장에 대한 그침, 마치 우리가 하나님인 양 자신의 삶을 통제하려는 노력에 대한 그침, 소유욕과 문화에 대한 그침, 마지막으로 하나님을 삶의 중심에 두지 않고 살아갈 때 생겨나는 단조로움과 무의미에 대한 그침이기도 하다. 이 모든 면에서, 우리는 자신의 필요를 채우고 세상에서 자신의 길을 가려는 모든 노력을 칠일마다 중단하는 리듬에 젖을 때 삶에서 일어날 수 있는 놀라운 치유를 발견하게 될 것이다. 안식일 지키기의 큰 유익은 하나님이 우리를 돌보시게 하는 법을, 수동적이 되거나 게을러짐으로써가 아니라 자신의 삶에서 스스로 하나님이 되려는 미약한 시도를 포기하는 자유 가운데서 배울 수 있다는 것이다.

1. 일을 그침

대부분의 미국인은 일주일에 닷새를 일하고, 주말에는 집 안팎에서 해야 할 온갖 일을 하면서 주말을 보낸다. 그 결과 안식일은(토요일이든 일요일이든 간에) 일을 그치는 날이 되지 못한다. 왜냐하면 집에서 '해야 하는' 일이 월급을 받기 위해 해야 하는 일만큼이나 큰 부담이 되기 때문이다. 안식일에 일을 그친다는 것은 일이라고 볼 수 있는 모든 노동을 중단한다는 뜻이다. 안식일에 적합한 것은 즐거움을 주고, 자유롭게 하며, 성취를 목적으로 하지 않는(다음 장을 참고하라) 활동이다.

이 책 전체에서 주장하듯이, 온종일 일을 그쳐야 한다는 말은, 일이란 나쁜 것이라는 뜻이 물론 아니다. 사실 하나님의 영광을 위해 일할 때, 우리의 일은 예배이다. 그러나 이 주제는 여기서 다룰 대상이 아니다. 여기서 우리의 초점은 일하는 일상의 날들과, 그침, 쉼, 받아들임, 향연이라는 특별한 하루가 번갈아 계속되는 존귀한 삶의 리듬에 관한 것이기 때문이다.

레위기 23장에서 이스라엘의 절기에 관한 하나님의 지시가 확대되는데, 일을 '그침'이야말로 여기서 강조하는 안식일의 원래 의미이다. 안식일 계명은 다음과 같이 선포된다.

> 엿새 동안은 일할 것이요 일곱째 날은 쉴[문자적으로 그칠] 안식일이니 성회의 날이라. 너희는 아무 일도 하지 말라. 이는 너희가 거주하는 각처에서 지킬 여호와의 안식일이니라. (3절)

무엇보다도 이날이 '여호와의 안식일'이라는 데 주목해야 한다. 바꾸어 말하자면, 안식일에 일을 그치는 것은 언약의 하나님을 높이기 위해서다. 성회로 모인 것도 같은 이유에서였다. 이스라엘 자녀들이 함께 모인 것은 함께 여호와를 예배하기 위해서였다. 더욱이 안식일은 어느 곳에 살든지 상관없이 일을 그치는 날이다(여기에는 농부들까지 포함된다는 점을 강조하는 것으로 보인다). 하나님은 자신의 백성에게 그들의 사회적 위치와 상관없이 아무 일도 하지 말라고 명하셨다. 그렇다면 의사와 간호사, 목사와 성가대 그리고 주일에 일을 해야 하는 그 밖의 사람들은 어떻게 되는가? 한편으로, 우리는 안식일 지키기에 관해서 어떤 종류의 율법주의도 피해야 한다. 예수님 자신이 안식일에 병자를 고치셨지만, 복음서는 그분이 안식일을 충실히 지키셨다고 강하고 또 빈번하게 단언한다. 설교를 하거나 예배를 위해 악기를 연주하거나 병자를 돌보는 것은 자신을 위한 '일'이 아닐 것이다. 우리는 일이 무엇인가에 대해 율법주의적인 태도를 가져서는 안 된다.

다른 한편으로, 토요일이나 주일 외에 일을 하지 않는 날을 안식일로 삼아야 하는 사람들이 있다. 이러한 '일정 변경'이 꼭 필요하다면, 중요한 것은 일을 쉬는 날을 갖는 습관을 일관되게 유지하며,[1] 칠일마다 안식일을 지키는 규칙적인 리듬을 유지하는 것이다. 나는 목회자들에게 주중 하루를 안식일로 지킬 것을 강하게 권하는 글을 많이 보았으며,[2] 나 자신도 여러 해 동안 화요일을 안식일로 지켰다. 우리는 어느 요일을 자신의 일곱째 날로 해야 하는가를 놓고 율법주의적인 태도를 취해서는 안 된다. 내가 안식일이 토요일이어야 하느냐 일요일이어야 하느냐는 논쟁에 그리 신경을 쓰지 않는 것도 바로 이 때문이다. 이 문제에 대해 지나치게 율법주의적인 태도를 취하면 결국 복음의 자유를 잃고 만다. 하나님이 우리에게 원하시는 것은 성회로 모이고 일을 그침으로써 그분을 높이기 위해 구별해 놓은 온전한 하루, 즉 일을 그치고 하나님께 나아가는 안식일이다. 간호사와 목회자 등 일요일에 일해야 하는 사람들은 다른 날을 구별하여 소그룹으로 모여 예배를 드리고 온전히 하루 동안 일을 그칠 수 있을 것이다.

안식일이라는 고안 속에 담긴 풍성함을 경험하는 비결은 그 리듬의 중요성을 인식하는 것이다. 어느 요일을 안식일로 지키느냐보다는 일을 쉬는 날을 칠일마다 빠짐없이 확실하게 갖는 것이 더 중요하다. 이 책 전체에서 이러한 일정한 리듬이 어떤 유익을 주는지 살펴보겠지만, 그중에서도 특히 이러한 훈련이 주는 자유에 주목할 것이다. 캘빈 밀러가 상기시키듯이 "순종하기를 배우라. 자신의 리듬보다 우월한 리듬에 순종하는 자만이 자유롭다."[3]

하나님이 안식일의 리듬을 고안하신 것은 결코 율법적인 의무를 지우기 위해서가 아니었다. 구약학자 브레바드 차일즈가 『출애굽기 주석』에서 강조하듯이, 시내산 율법에 관한 단락과 하나님과 그분의 백성 사이의 언약 관계에 관한 단락이 나란히 놓여 있다는 사실은 "한편으로는 언약을 배제한 채 법적으로 율법을 해석하는 것을 경계하며, 다른 한편으로는 알맹이 없는 은혜 언약을 경계한다." 신약 시대를 사는 우리는 언약과 언약 법의 요구를 영적으로만 해석하는 잘못을 범하고 있으며, 이를 바로잡기 위해서는 히브리 성경의 성경적 증거가 필요하다.[4] 시편 기자들이 율법을 우리의 삶에 참된 복을 주시려는 하나님의 가르침으로 알고 기뻐했다는 사실을 다시 한번 되새길 필요가 있다(예를 들면, 시 1, 19, 119편을 보라).

안식일 언약의 가르침에 담긴 기쁨을 알고 싶다면, 어떤 과업, 즉 우리의 에너지와 자원을 최대로 요구하는 과제나 끝날 날만 기다려지는 일을 마무리해야 한다는 엄청난 중압감에 시달렸던 때를 기억해 보라. 마침내 주어진 과제를 끝내고 우리의 노력을 그칠 수 있을 때 느꼈던 해방감을 어디에 비할 수 있겠는가! 의심할 여지 없이 우리는 기쁘게 웃었고, 속박에서 벗어난 것을 축하하는 파티를 열었다.

내 책의 원고들을 모두 타자기로 쳐야 했던 때가 기억난다. 최종 원고를 타이핑할 때는 시간을 질질 끌었다. 같은 원고를 이미 여섯 번도 넘게 타이핑했기 때문이다. 이제는 마지막 한 번만 타이핑하면 끝이었다. (처음으로 워드 프로세서를 사용했을 때의 기쁨과 감사를 어디에 비할 수 있겠는가!) 마지막 장의 마지막 면을 끝낼 때마다 나는 비서에게 전화를 걸었고, 그러면 그녀는 남편과 함께 큰 통에 든 아이스크림을 들고 즉시 달려왔다. 이것은 우리가 축하해야 할 만큼 큰 해방감을 주는 사건이었다!

이제 삶의 리듬에서 일을 그칠 수 있는 날이 칠일마다 하루씩 있다는 것을 알 때, 이것이 **매주** 얼마나 큰 해방감을 줄 수 있을지 생각해 보라. 이것을 알 때, 다른 엿새 동안 일에 열중할 수 있는 온갖 에너지를 얻는다. 곧 쉴 때가 오리라는 걸 알기 때문이다. 더욱이 하루 동안 일을 그침으로써 새로운 활력으로 새롭게 한 주를 시작할 수 있다. 따라서 그침의 하루는 그날의 유익을 고대할 때뿐만 아니라 그 유익을 기억할 때도 우리에게 힘이 된다(이 책의 2부를 보라).

나는 몇 해 전 노터데임 대학교에서 여름 학기 중에 그침이 주는 놀라운 자유를 경험했다. 이미 한 해 전부터 안식일을 충실히 지키려는 노력을 계속해 온 터였다. 그러나 이러한 실천은 새로운 도전에 직면했다. 박사과정을 마치기 위해서는 다섯 가지 언어에 숙달해야 했기 때문이었다. 프랑스어, 독일어, 라틴어를 동시에 공부해야 했다.

세 가지 언어를 동시에 공부하는 방법은 매일 아침 6시부터 공부 계획을 철저히 세우는 것뿐이었다(나는 아침에 학습 능률이 오르는 사람이 아니다. 그래서 처음에는 이 계획이 정말 고역이었다). 9시에 라틴어 수업이 시작될 때까지 라틴어를 공부했다. 그러고 나면 독일어 수업 시간까지 독일어를 공부했다. 프랑스어 공부와 수업은 오후의 절반을 잡아먹었다. 그러고 나면 건강 관리를 위해(그리고 머리를 식히기 위해!) 잠시 수영을 했다. 집으로 돌아와서는 저녁 먹기 전까지 계속 프랑스어를 공부했으며, 저녁 식사 후 11시에 잠자리에 들 때까지는 독일어를 공부했다. 이렇게 하루를 보내고 나면 매일 밤 완전히 녹초가 되어 잠자리에 들었다. 하지만 이러한 강행군은 어쩔 수 없었다. 6주간의 수업이 끝나면 각 언어에 대해 2시간 안에 천 단어를 번역하는 시험을 봐야 했기 때문이었다.

날마다 이처럼 빡빡한 일정을 소화할 수 있었던 것은 안식일을 고대하고 지키며 기억했기 때문이었다. 한 주가 끝나 갈 때면 이제 곧 안식일이 된다는 생각을 하면서 놀라운 위로와 용기를 얻었다. 주초에는 방금 경험한 안식일의 기쁨을 기억하면서 다시 시작해야 한다는 자극을 받았다. 그리고 주일에는 언어 공부(일)를 하지 않았는데, 이 때문에 많은 즐거움을 누릴 수 있는 자유를 얻었다.

주일마다 예배와 성경 공부를 즐겼으며, 주중과는 다른 음식을 먹었고, 긴장을 풀어 주는 창의적인 활동에 참여했다. 때로는 예배 시간에 오르간을 연주하거나, 해변이나 수영장에 가거나, 오후에 혼자서 또는 친구들과 공원에서 놀았다. 무엇보다도, 주일은 하나님의 임재를 누리는 날이었다.

그해 여름 주일에 일을 그침으로써 맛보았던 것만큼 **엄청난** 해방감을 그 후로는 거의 경험하지 못했다. 그러나 매주 토요일 밤, 마침내 잠자리에 들 때면 유쾌한 해방의 순간을 경험한다. 솔직히 말하자면, 토요일 밤에 자는 잠은 평소와 다르다. 안식일이 시작되었기 때문이다.

이 달콤한 해방의 순간은 특별한 유대 관습과 관련이 있는데, 이 관습은 우리가 안식일 지키기를 좀더 효과적으로 시작하는 데 도움이 될 것이다. 다시 한번 강조해서 말하지만, 나의 제안 가운데 어느 하나라도 강제성을 띠지 않기를 바란다. 다시 말해 나의 제안은 당신이 안식일을 제대로 지키려면 어떤 특정한 것을 **반드시** 해야 한다는 의미가 절대 아니다.

대부분의 현대 사회는 하루가 아침에 시작된다고 생각한다. 이와는 대조적으로, 유대인은 금요일 일몰과 함께 안식일을 시작하며, 이것은 하루에 대한 그들의 개념과도 일치한다. 유대인에게 하루는 일몰에서 일몰까지이다. 나 개인적으로는 유대인의 개념을 선호하지만 일몰 때까지 안식일을 준비하기는 어렵다. 그래서 나의 안식일 지키기는 토요일 밤 잠자리에 들 때 시작된다. 따라서 이것은 온전히 하루를 지키기 전에 자는 안식일의 잠이다. 최근에 마이애미에서 새로 사귄 유대인 친구들과 함께 지내면서 새로운 사실을 깨닫고 무척 기뻤다. 이들에 따르면, 현대의 몇몇 개혁주의 유대인들은 잠자는 시간부터 안식일 지키기를 시작한다는 것이었다(물론 토요일 밤이 아니라 금요일 밤이지만 말이다).

유대 관습에 따르면, 해가 지기 전에 안식일의 신부를 맞을 준비를 다 끝내고, 해가 지면 안식일의 여왕을 맞기 위해 키두쉬[5] 의식에 따라 촛불을 켠다. 따라서 안식일 축하를 시작하는 이 의식에는 더없이 복된 기대가 넘친다. 나도 개인적으로 이런 의식을 행하는데, 이 의식은 안식일을 축하하는 일이 시작되었음을 분명히 알려 주며, 그날을 특별한 목적을 위해 구별된 날로 거룩하게 하기 때문이다. 나는 잠들기 전 모든 준비를 마친 후에 촛불을 켜는 키두쉬 의식을 행하는데, 이 의식은 일을 그치는 순간이 시작되었음을 가시적으로 보여 준다. 내 침대맡에는 특별한 초들이 항상 준비되어 있다(여행 중에는 몇 개를 가지고 다닌다). 그리고 토요일 저녁이면 촛불을 밝히고 그 불빛을 즐기며 다음과 같은 유대인의 기도문으로 시작해서 내 나름대로 늘린 기도를 드린다. "여호와 우리 하나님, 우주의 왕이시며, 당신의 계명으로 우리를 거룩하게 하셨으며, 우리에게 안식일의 촛불을 밝히라고 명하신 당신을 송축하나이다!"[6]

유대인들은 키두쉬 의식에서 특히 창조에 초점을 맞춘다.[7] 그래서 나도 이 의식을 행할 때 하나님이 한 주 동안 행하신 모든 창조에 대해, 그리고 하나님이 지금 한 주의 노동을 쉴 기회를 창조하심으로써 생기는 기쁨[8] 대해 감사하는 데 대부분의 시간을 쓴다. 다음 날을 어떻게 보낼지를 놓고 기도하며, 내일의 활동들을 통해 하나님께 더 가까이 나아가며 삶 속에서 그분의 임재를 더 깊이 느끼게 해 달라고 기도한다. 이 시간은 교회와 목회자들, 음악으로 예배를 돕는 사람들, 주일에 전 세계에서 드리는 예배를 여러모로 돕는 사람들을 위해 기도하는 특별한 시간이기도 하다. 이러한 기도는 전 세계를 바라보는 관점을 길러 주며, 예배를 더 잘 준비하고 일에 대한 생각이나 염려에 마음을 덜 빼앗기도록 매주 안식일을 준비하게 해준다.

내가 안식일을 시작하는 방식은 분명 싱글이라는 나의 상황과 관련이 있다. 『주일을 특별하게』에서 캐런 메인스는, 가족이 안식일을 시작하면서 할 수 있는 의식들을 놀라울 정도로 폭넓게 제안한다(그녀의 가족은 저녁 식사로 안식일을 시작하는 유대인의 양식을 따른다). 그녀는 먼저 다음과 같은 유대인의 안식일 전통을 소개한다.

1. '지키다'와 '기억하다'를 상징하는 두 개의 촛불을 켠다.

2. 카바라트 샤바트Kabalat Shabbat―시편을 암송하며 창조를 언급하는 고대의 저녁 기도회로 키두쉬 의식의 첫 기도―를 갖는다.

3. 자녀를 축복한다.

4. "너희에게 평안이"라는 노래를 부름으로 천사들을 맞아들인다.

5. 남편이 잠언 31:10-31의 말로 아내를 축복한다.

6. 키두쉬, 즉 안식일을 위한 성화의 기도를 함으로써 포도주에 축사한다.

7. 손을 씻는 의식을 행하고, 그다음 꽈배기 형태의 전통적인 빵인 할라를 놓고 축사한다.

8. 웃고 노래하면서 음식을 먹고 즐긴다.

9. 식사가 끝난 후에 축사를 한다. 이것은 신명기 8:10에 기초한 공식적인 마침 기도이다.

10. 나머지 저녁 시간 동안 가족과 친구들과 대화하며 토라Torah(하나님의 교훈 또는 율법)를 공부한다.[9]

그다음으로 메인스는 그리스도인의 '주일 전야' 예배 순서를 제안한다(pp. 32-34). 그녀는 자신의 가족이 주일 전야에 하는 식사를 자세히 소개하는데, 여기에는 촛불 켜기, 축사, 특별히 계획된 대화가 곁들여진 식사, 자녀와 배우자에 대한 축복, 자녀들을 위한 가드 헌트God Hunt,[10] 어른들을 위한 가드 헌트(이 시간 동안 어린 자녀들은 안식일 광주리에 담긴 장난감을 가지고 노는 것이 허용된다) 그리고 주일을 준비하는 기도가 포함된다(pp. 43-52).

메인스 가족은 이런 식사를 한 달에 한 번씩만 한다. 반면에 나는 매주 특별한 예배 시간으로 안식을 시작하는 쪽을 선호한다. 그러나 이들은 모든 사람이 가정 예배에 참여할 수 있게 하는 놀라운 일을 한다. 가정 예배를 위한 많은 실제적인 아이디어가 담긴 『주일을 특별하게』를 진심으로 당신에게 권한다.[11]

『세상을 사는 법』의 저자 에른스트 보이어 2세는 안식일을 맞기 위한 가정 예배에서 중요한 점을 몇 가지 제시한다.

1. 짧고 간단하게 드리라.
2. 가능한 한 많은 사람이 참여할 수 있는 방법을 찾으라.
3. 말에 의존하지 말고, 가정 생활의 중요한 부분을 나타낼 간단한 상징적 몸 동작을 찾으라.
4. 반복의 능력을 인식하라.
5. 다른 사람들을 초대해서 함께하라.
6. 즐거운 시간을 가지라.[12]

이러한 아이디어를 잘 활용한다면, 그침과 쉼과 받아들임과 향연의 안식일을 의식적으로 시작하는 데 도움이 되며, 당신의 가정에 가장 적합한 키두쉬 의식을 마련할 수 있을 것이다.

내가 본 유대 의식 가운데 특히 의미 있는 것은 집안의 안주인이 "불꽃에서 일어나는 거룩"을 받아들이기 위해 촛불 주위로 팔을 둘러 포옹의 자세를 취하는 것이다. 온 가족의 대표자로서, 그녀는 단지 자신을 위해서만 거룩을 받아들이는 것이 아니다.[13] 나는 안식일을 지킴으로써 안식일의 거룩함이 나의 삶뿐만 아니라 나의 삶에 감동을 주는 모든 사람들의 삶에 미치기를 원한다. 나의 키두쉬 의식에는 내어맡김의 기도와 천사들에 대한 묵상도 포함되는데, 촛불에 아름답게 빛나는 두 유리 천사가 이들을 상징하며, 나는 "섬김의 천사들, 지극히 높은 자의 사자인 그대들에게 평안이 있으라"는 유대식 인사로 이들을 맞아들인다.[14]

이러한 의식이 끝난 후에는 잠자리에 든다. 이때의 잠은 언제나 달콤하다. 나의 일을 24시간 동안 완전히 제쳐 놓았기 때문이다! 그래도 잠들기 전에 일이 머릿속에서 떠나지 않으면(내가 쓰고 있는 책이나 날짜가 가까워진 강연 약속이 생각나면), 그게 무엇이든 간에 나를 괴롭히는 것을 종이에 적어, 서재에 갖다 놓는다. 더 이상 생각할 필요가 없도록 말이다.

일을 그치기 위한 또 하나의 준비는 안식일 준비를 할 때 모든 일거리를 치우는 것이다. 유대인은 집을 청소하고 축제의 날에 요리할 필요가 없도록 특별한 안식일 음식을 준비함으로써 안식일의 여왕을 맞는다. 이와 비슷하게, 나는 토요일 밤마다 책이며 글쓰기 자료를 모두 상자와 파일 박스에 넣어 일이라는 것을 아예 머릿속에서 지워 버린다.

지난 몇 해를 대학원에서 보내면서, 나는 일로 통하는 문을 닫아 버릴 수 없었다. 컴퓨터며 논문 작성을 위한 모든 책이 아파트 거실에 있었기 때문이다. 그러나 적어도 이것들을 가능한 한 깔끔하게 정리해서 쌓아 놓을 수는 있었다. 이 꾸러미를 보지 않기 위해, 대체로 토요일은 집 밖이나 부엌이나 침실에서 보냈다.

이제 워싱턴주에 있는 새집에는 서재가 따로 있어서 토요일이면

문을 닫고 나의 일을 쳐다보지 않기가 한결 쉬워졌다. 이곳으로 이사하던 날—그날은 토요일이었다—비교적 평안하게 주일을 지킬 수 있도록 부엌 살림을 치워 버리고 거실의 모든 상자를 서재로 옮겨 놓느라 정말 힘들었다. 더욱이 새집으로 이사 온 둘째 날(주일)에 이삿짐을 푸는 일을 하지 않는 것은 안식일에 대한 나의 확신을 시험하는 것이었으나 이 일을 통해 놀라운 교훈을 얻었다. 안식일에 너무나도 편안히 쉬었기에 월요일 아침에 더 열심히 더 힘있게 이삿짐을 풀 수 있었다. 논문 작성이든 이삿짐 풀기든 집안 청소든 그 밖의 어떤 일이든 간에, 다양한 종류의 일을 모두 그치는 것은 정말 도움이 된다. 안식일은 그 시간에 우리에게 일이 되는 것은 무엇이든지 완전히 삼가는 날이다.

    자크 엘륄은 구약이 안식일을 강조하는 것은 "일이란 사람들이 자주 말하는 것처럼 그렇게 탁월하거나 바람직한 것이 결코 아니라는 점을 보여 준다"고 말한다. 우리는 일과 생산성에 엄청난 중요성을 부여하는 문화 속에서도 매주 일을 쉬는데, 이는 일의 가치가 일 자체나 일이 우리에게 주는 것에 있는 것이 아니라 일 속에서 이루어지는 하나님께 대한 예배에 있다는 점을 상기시켜 준다. 자크 엘륄은 따라서 안식일은 해방의 상징이라고 단언한다. 예수님은 결코 누구에게도 일하라고 명하지 않으셨다.[15] 오히려 우리들 각자에게 삶의 모든 부분에서 자신을 따르고 하나님을 영화롭게 하라는 소명을 주신다. 우리는 안식일의 의식을 행할 때 이 소명을 더 깊이 이해하게 될 것이다(이 책의 19장을 보라).

    또한 우리가 진정으로 기뻐하며 안식일을 지키는 것은, 일을 그치는 과정 그 자체가 우리의 자발성을 이끌어 내며 우리를 자유케 하여 어린아이처럼 놀 수 있는 능력을 회복시켜 주기 때문이다. 주식 시장과 경제적 안정에 대한 걱정, 승진에 대한 두려움, 자녀나 부모, 형제자매에 대한 염려, 실패와 실망에 대한 슬픔, 자신의 한계에 대한 좌절, 지역이나 국가 정책에 대한 환멸 그리고 외로움이나 비통함, 대화 단절로 인한 절망, 이 모든 것이 우리에게서 놀이의 기쁨을 앗아 갈 때가 많다. 우리는 안식일에 일하지 않아도 된다는 것을 아는 것만으로도 엄청난 자유를 얻는다. 왜냐하면 우리는 안식일이면 모든 것을 의도적으로 제쳐 놓기 때문이다. 이것은 우리 존재의 모든 부분에 영향을 미친다. 우리는 우리의 전 존재를 통해 자유롭게 놀 수 있는 자신을 발견한다.

  이 책 전체에 걸쳐 안식일의 놀이에 대한 제안을 할 것이다. 그러나 지금으로서는 놀 수 있는 자유가 '일을 그침'의 직접적인 결과라는 데 주목하는 것이 중요하다. 각 장의 모든 개념은 분명 서로 연결되어 있다. 그러나 안식일 지키기가 신학적으로 근거를 지니며, 실제적으로 가능하고, 즐거움으로 가득할 수 있도록 이것들을 세밀하게 전개시켜 나가기로 하겠다.

2. 생산과 성취를 그침

우리 문화의 가장 추한 모습 가운데 하나는 바로 한 사람의 생산성이나 성취로 그의 가치를 판단하는 것이다. "무슨 일을 하십니까?" 우리는 마치 그 대답을 통해 그가 실제로 어떤 사람인지 알 수 있을 것처럼 처음 만나는 사람에게 가장 먼저 이렇게 묻는다. 우리의 열등감은 대부분 자신이 하고 싶은 모든 것을 하지 못했다거나 자신이 다른 사람만큼 생산적이지 못하다는 사실에서 비롯된다. 우리가 어떠한 사람이든지 자신보다 더 많이 성취한 사람은 항상 눈에 띄게 마련이다. 그러기에 우리는 항상 자신이 이류二流 인생을 살 운명이라는 생각에서 벗어나지 못한다.

성취에 대한 필요는 시간에 심하게 쫓기는 생활로 이어진다. (나는 전시회에 와서 뭐가 그렇게 바쁜지 후다닥 둘러보고 가는 사람들을 볼 때마다 깜짝 놀란다. 찬찬히 둘러보면서 그림에 푹 빠질 시간이 없다면 도대체 왜 전시회에 오는 걸까?) 우리 사회에서는 효율성이 모든 것의 기준이 되어 버렸다. 우리는 승진하기 위해 능력을 구하며, 남보다 뛰어난 사람이 되기 위해 상거래의 모든 속임수를 배운다. 교육 기관은 배움보다는 공부를 통한 경쟁에 전념할 때가 많다. 생산에 대한 이러한 모든 열망의 뿌리에는 자신의 안전을 확보하려는 싸움이 자리잡고 있다.

우리는 많이 성취하려고 애쓰며, 이것은 자신의 가장 깊은 열망을 만족시키려는 방법 가운데 하나이다. 그러나 우리는 자신의 목표에 이르더라도 결코 만족하지 못할 것이다. 우리는 자신의 노력이 전도서 기자의 말처럼 '바람을 잡으려는 것'이며 '헛되고 헛된 것'임을 발견하게 될 것이다. 그러기에 위대한 신학자 아우구스티누스는 이렇게 말했다. "오 주님, 당신께서 우리를 지으셨으므로, 우리가 당신 안에서 안식할 때까지 우리의 영혼에는 안식이 없나이다." 우리의 노력으로 이룬 성취로는 하나님 그분을 향한 갈망을 결코 만족시킬 수 없을 것이다. 그렇다면 우리는 왜 계속해서 노력하는가? 왜 자신에게 항상 공허감을 주는 바로 그 기준으로 다른 사람들의 가치를 판단하는가?

우리가 안식일을 지킴으로써 누릴 수 있는 두 번째 종류의 그침은, 끝없이 계속되는 생산을 위한 노력의 수레바퀴를 멈추는 기쁨이다. 일단 일을 그치면, 그에 대한 죄책감도 당연히 느끼지 않게 될 것이다.

몇 해 전 대학원에서 종합시험을 준비할 때, 도서목록에 있는 것을 모두 준비하기 위해서는 시험 7개월 전부터 적어도 하루에 한 권씩 책을 읽어야 했다. 그런데 시험에 통과한 후에도 논문을 준비하기 위해 쉴 새 없이 계속 같은 속도로 책을 읽어야 했다. 그렇게 2년을 보내고 난 후에, 몇 가지 매우 건강하지 못한 생각을 갖게 되었다. 대학원을 마치고 성경 교사와 수련회 인도자로서 다시 전임 프리랜서로 돌아온 후에는 뭔가 허전한 감이 들었던 것이다. 더 이상 하루에 적어도 책 한 권을 읽지 않고 있었기 때문이었다! 당신에게는 참으로 우습게 보일 것이다. 그러나 당신은 '성공적인' 하루를 보냈다고 느끼기 위해 자신에게 어떤 것들을 요구하는지 생각해 보라. 당신은 자신이 가치 있는 사람이라는 것을 확실히 느끼기 위해 일정 수준의 성취에 이르러야 하지 않는가?

젊은 어머니들이 자주 겪는 가장 큰 좌절이 하나 있다. 그것은 기저귀를 빨거나 부엌 서랍을 어질러 놓기에 바쁜 아이를 쫓아다니며 치울 때면 자신이 결코 아무것도 성취하지 못하고 있다고 느낀다는 것이다. 더욱이, 여성해방운동은 (그것이 가져다 준 좋은 점들도 많지만) 많은 여성들로 하여금 직장을 갖지 않으면 성취감을 맛볼 수 없다고 느끼게 함으로써 우리 문화에 큰 해를 끼쳤다. 이 개념은 우리 사회의 아이들에게 특히 해로운 것으로 보인다. 사회는 아이들로 하여금 그들이 어머니의 관심을 온종일 받을 만하지 않으며, 어머니는 직장을 통해 성취감을 느끼는 게 더 중요하다고 생각하게 만든다. 나는 우리 문화에서 자녀 양육이 여성뿐만 아니라 남성에게도 영광스러운, 아마도 가장 중요한 사역이자 직업이라는 의식을 회복시키고 싶은 마음뿐이다. 더욱이 부모는 일차적으로 그들의 **행위**가 아니라 그들의 **존재**에 의해 자녀를 양육한다. 나는 부모님의 헌신과 신실함에서 보았던 하나님에 대한 바로 그 사랑과 헌신이 내게도 있기를 바라면서 자랐다.

거룩한 안식일을 구별하는 것은 우리가 칠일 가운데 하루 동안 생산과 성취를 그칠 수 있다는 뜻이다. 놀라운 것은 이렇게 할 때 나머지 엿새에 대한 우리의 태도도 바뀐다는 것이다. 우리는 나머지 엿새 동안 얼마나 많이 생산해야 하는지에 대해 덜 걱정하게 된다. 더욱이 바람을 잡으려는 헛된 노력을 끝낼 때 우리는 진정으로 쉼을 얻고 새로운 방법으로 기쁨을 얻을 수 있다.

    이런 태도가 나의 나머지 엿새에 점차적으로 스며들 수 있도록 필사적으로 안식일을 충실하게 지킬 필요가 있다. 아직도 그날의 충분한 양을 성취하지 못했다는 생각이 들 때마다 너무 쉽게 좌절하게 된다. 내가 그다지 많은 것을 할 수 없을 동안에는, 하나님이 나의 인격을 바꾸시고 나를 그분의 형상으로 변화시키려고 일하실 때 내 속에서 더 중요한 일들이 일어나고 있다는 사실을 잊어버린다. 나의 생산성을 지나치게 걱정할 때면, 내가 변화될 수 있도록 하나님이 내게 허락하시는 교훈을 대개는 놓쳐 버린다.

    이 주제와 관련하여 내가 가장 좋아하는 성구가 있는데, 거기에는 이스라엘을 향한 하나님의 말씀이 들어 있다.

> 야곱아 너를 창조하신 여호와께서 지금 말씀하시느니라.
> 이스라엘아 너를 지으신 이가 말씀하시느니라.
> 너는 두려워하지 말라. 내가 너를 구속하였고
> 내가 너를 지명하여 불렀나니 너는 내 것이라.
> 네가 물 가운데로 지날 때에
> 내가 너와 함께할 것이라.
> 강을 건널 때에 물이 너를 침몰하지 못할 것이며…
> 대저 나는 여호와 네 하나님이요

> 이스라엘의 거룩한 이요 네 구원자임이라…
> 네가 내 눈에 보배롭고 존귀하며 내가 너를 사랑하였은즉….
>
> (사 43:1, 2상, 3상, 4상)

여호와께서 자신의 백성을 포로 상태에서 구해 내어 고향으로 돌려보내시겠다고 약속하시는 문맥에서, 본문은 당신의 백성이 왜 귀한지를 밝히시는 하나님의 명확한 선언에 초점을 맞춘다. 본문은 여호와는 우리를 귀하게 하시는 분이라고 거듭 주장한다. 여호와는 그분의 백성을 창조하셨고, 지으셨고, 구속하셨고, 지명하여 부르셨고, 그들을 그분의 것으로 삼으셨고, 그들과 함께하셨고, 그들을 보호하셨고, 그들을 구원하셨고, 그들을 그분의 눈에 보배롭고 존귀하게 하신 분이시다. 이 본문의 마지막 절은 정말 믿을 수 없을 정도로 놀랍다. 여기서 '사랑하다'로 번역된 단어는 대개 아내에 대한 남편의 사랑을 의미한다. 하나님은 바로 이러한 개인적이며 친밀한 사랑으로 죄악된 이스라엘 백성을 사랑하신다.

   하나님은 분명 이스라엘의 성취나 생산성 때문에 그들을 택하신 것이 아니다. 이들은 고대 근동에서 가장 작은 민족이었다. 이들은 반항적이며 자기중심적이었다. 이들은 여호와의 언약 관계에서 자신의 역할을 수행하는 데 계속 실패했다. 그러므로 이들에 대한 하나님의 사랑은 이들이 무엇을 하느냐와 관계있는 것이 아니라 영원히 '스스로 있는 자'이신 하나님의 성품과 관계있다.

   이것이 내가 안식일에 기념하는 것이다. 우리는 우리가 하나님의 눈에 보배롭고 존귀하며, 사랑받되 깊이 사랑받는 이유는 우리가 생산하는 것 때문이 아니라는 사실을 기억하기 위해 하루를 구별했던 모든 시대의 신자와―하나님의 백성인 유대인에게까지 거슬러 올라가서―하나가 된다.

안식일에 하나님의 사랑을 기념하는 일은 우리가 그와 같은 방법으로 다른 사람들을 더욱 귀하게 여길 수 있도록 우리를 변화시키기도 한다. 생산적이어야 한다는 중압감에 눌려 있지 않을 때, 다른 사람들과 함께 거하며, 그들과 함께 있고, 그럼으로써 그들이 누구인지를 발견하는 시간이 우리에게 주어진다.

인디애나에 있을 때 알게 된 가장 가까운 친구 중에 피아니스트가 있는데, 나는 그녀의 연주를 들을 때마다 큰 행복을 느낀다. 그 친구와 안식일을 자주 함께 보냈는데, 이것은 단지 그녀가 성취하는 것 때문이 아니라(그녀의 성취는 정말 놀라운 것이다!) 그녀의 존재 때문에(이것이 훨씬 낫다!) 그녀를 아는 데 도움이 되었다. 우리가 생산을 그칠 때, 내가 경험한 그녀는 나의 가장 깊은 가치관을 나누는 사람, 미적인 감각이 뛰어나며 다른 사람을 깊이 배려하는 사람, 주님과 세상의 평화에 헌신된 사람이었다.

우리는 우리의 기대를 충족시키지 못한다는 이유로, 어떤 일을 우리만큼 잘하지 못한다는 이유로, 또는 세상이 요구하는 유용함의 기준에 미치지 못한다는 이유로 다른 사람들을 제대로 평가하지 못할 때가 많다. 내가 보기에는 교회야말로 개개인을 소중히 여기는 새로운 가치관을 제시하는 데 앞장설 수 있을 것 같다. 분명히, 우리를 창조하시고 지으신 분은 우리들 각자를 특별한 속성을 지닌 하나밖에 없는 존재로 만드셨다. 무엇인가를 생산해야 하고, 마찬가지로 다른 사람들을 그들의 성취에 따라 판단해야 한다는 생각을 포기할 때, 우리는 자유롭게 되어 다른 사람들이 이 세상에 가져다 주는 특별한 선물을 귀중하게 여길 수 있다. 그러므로 우리가 안식일에 생산을 그칠 때, 이것은 주변 사람들의 삶뿐만 아니라 우리 자신의 삶을 크게 치유할 수 있다.

이처럼 생산의 그침을 뒷받침해 주는 안식일의 습관 가운데 하나는 분명히, 단지 다른 사람들과 함께 있는 데 시간을 쓰려는 의도적인 선택이다. 여기서 요점은 반드시 무엇인가를 하는 것―놀거나, 가벼운 애정표현에 필요한 시간을 나누는 것―이 아니라 무엇보다도 오직 함께 있는 것이다. 우리는 서로가 한 개인의 가치를 그의 성취에서 찾지 않는 법을 배우도록 도와줄 수 있다. 따라서 좀더 나은 자아 의식, 곧 우리의 유용함과 성공에 매여 있지 않은 자아 의식을 길러 주는 것이 기독교 공동체의 가장 큰 은사 가운데 하나일 수 있다. 물론 나는 지금 이상적으로 말하고 있다. 나는 우리 기독교 공동체들이 세상의 가치 체계에 매여, 성경의 지속적인 메시지, 즉 우리가 소중한 이유는 우리가 하나님의 사랑을 받는 자들이기 때문이라는 사실을 잊어버리는 게 슬프고 안타까울 뿐이다. 이 책을 읽고 있는 당신이 주변에서 생산성이라는 잣대로 다른 사람의 가치를 재는 일을 그치는 데 앞장설 수 있기를 바란다.

3.   근심, 걱정, 긴장을 그침

바로 지난 주일에 나는 한 교단 보험회사가 스트레스와 씨름하는 가정들을 돕기 위해 준비한 새로운 자료를 소개하는 영광을 누렸다. 사실 이 발표는 내 친구 마이런이 하기로 되어 있었다. 그러나 그가 맡은 3학년 학생들의 성적표를 작성하느라 너무 바빠서 이것을 제대로 준비할 수 없었기에 내가 대신 자원했다. 나는 이 일을 하고 싶었다. 그에게 중압감으로부터의 해방이라는 안식일 선물을 주고 싶었을 뿐만 아니라 이 주제가 안식일의 온전한 의미와 깊이 관련되어 있기에 모임에 참석한 사람들에게 안식일 지키기라는 주제를 소개할 기회를 가질 수 있기 때문이기도 했다.

   스트레스와 관련된 미국의 통계를 보라. 긴장과 염려 때문에 일어나는 엄청난 수의 심장마비, 전에는 남성이 했던 분야에 여성이 점점 더 많이 뛰어들면서 그녀들이 걸리는 스트레스 관련 질병, 생활에서 받는 스트레스를 줄이도록 도와주는 스포츠 클럽의 인기를 생각해 보라. 바로 오늘 아침 나는 수영장에서 여자 둘이서 운동 시간을 스케줄에 맞추는 게 어렵다고 얘기하는 걸 우연히 들었다. 마지막에 한 여자가 이렇게 말했다. "그러게 말이야. 스트레스 해소하러 수영장에 올 시간을 내기 위해 다시 스트레스를 받아야 하다니, 어디 이게 말이나 돼!"

현대인의 스트레스의 주된 원인 가운데 하나는 할 일이 너무 많다는 것이다. 그러기에 안식일―어떤 일도 할 필요가 없는 시간―은 일이 동반하는 염려로부터 우리를 해방시킬 수 있다(우리가 주일에 너무 많은 책임을 떠맡음으로써 자신의 스트레스를 가중시키지 않는 한 말이다). 더욱이 생산적이어야 한다는(교회에서조차) 우리의 잘못된 생각은 스트레스를 가중시킨다. 자신의 과도한 기대를 스스로 충족시킬 수 없다는 걸 알게 될 때 특히 더 그렇다. 우리는 안정된 지위를 확보하려고 애쓴다. 그리고 승진의 사다리를 올라가 사람들의 존경을 받으면 그 누구보다 강해질 거라고 생각한다. 그러나 결국 자신은 영원히 약하며 깨지기 쉬운 존재라는 걸 발견할 뿐이다. 따라서 우리는 안식일에 생산과 성취를 그침으로써 스트레스에서 또 한번 해방될 수 있다.

그러나 안식일 지키기에서 필요한 또 한 부분은 염려 그치기에 구체적으로 집중하는 것이다. 내 경우에는 안식일을 좀더 철저하게 지키며 그럼으로써 나머지 엿새 동안 근심에서 좀더 자유로울 수 있도록 근심을 한쪽으로 제쳐 두는 데 도움이 되는 몇 가지 훈련이 있다.

그 가운데 하나는 '안식일의 여왕'을 맞기 위해 집안을 준비하는 것이다. 이 준비 자체가 성가신 부담이 되지 않게 하는 것이 중요하다. 그렇다고 토요일 밤이면 어김없이 집안을 티끌 하나 없이 청소하는 것은 아니다. 그저 내게 일처럼 보이는 것들을 말끔히 치워 버린다. 이렇게 토요일 저녁에 모든 서류와 글쓰기 자료며 책을 한곳으로 치워 버릴 때면 이미 안식일이 주는, 긴장으로부터의 해방이 시작된다.

잠자리에 들면서 키두쉬 기도를 드림으로써 나 자신을 위한 모든 일을 주님의 손에 맡기는데, 이때는 긴장이 더욱 완연히 사라진다. 안식일 지키기가 시작된 후에도 근심이 여전히 나를 괴롭힐 때면, 마음에서 염려를 없애기 위해 염려와 근심을 가능한 한 빨리 그리고 자세히 기록한다.

염려를 그치는 데 도움이 되는 특히 중요한 또 한 가지 훈련은 안식일을 지키는 동안에 관계―특히 나와 하나님과의 관계―에 초점을 맞추는 것이다. 안식일에는 지위를 구하는 대신에 우정 관계를 돈독히 한다. 우리는 기독교 공동체의 사랑 안에서 근심을 그친다.

그 밖의 훈련에 대해서는 이 책 3부의 각 장에서 살펴보기로 하겠다. 왜냐하면 쉼과 받아들임과 향연의 안식일 습관 모두가 우리가 스트레스로부터 해방되는 데 기여하기 때문이다. 염려 대신 긍정적인 개념들이 우리 마음을 채울 때, 우리는 염려를 더 잘 그칠 수 있다.

이 시점에서 당신은 단지 하루 동안 염려를 제쳐 두는 것으로 무슨 도움이 되겠느냐고 생각할지 모른다. 우리가 그저 염려로부터 도망친다면, 염려는 안식일 다음 날에도 그대로 남아 우리를 괴롭힐 것이다. 나도 안식일을 진지하게 지키기 전에는 그럴 거라고 생각했다. 그런데 안식일을 진지하게 지킨 후에 발견한 것은 오히려 그 반대였다. 안식일들을 더 오래 즐길수록 안식일의 관습 자체가 내게 새로운 활력을 주어 주중에 긴장을 늦춰 줄 뿐 아니라 새로운 우선 순위와 하나님의 임재에 대한 새로운 감각을 주어 남은 엿새 동안 긴장 자체가 덜 적대적인 형태를 띠게 했다. 안식일은 문제들로부터 도망치는 것이 아니라 그것들과 맞서기 위해 은혜를 받는 기회다.

안식일 지키기는 바울이 빌립보서에서 말한 다음과 같은 것을 행하는 한 방법이다.

> 주 안에서 항상 기뻐하라. 내가 다시 말하노니 기뻐하라…아무것도 염려하지 말고 오직 모든 일에 기도와 간구로, 너희 구할 것을 감사함으로 하나님께 아뢰라. 그리하면 모든 지각에 뛰어난 하나님의 평강이 그리스도 예수 안에서 너희 마음과 생각을 지키시리라. 끝으로 형제들아 무엇에든지 참되며 무엇에든지 경건하며 무엇에든지 옳으며 무엇에든지 정결하며 무엇에든지 사랑 받을 만하며 무엇에든지 칭찬 받을 만하며 무슨 덕이 있든지 무슨 기림이 있든지 이것들을 생각하라…그리하면 평강의 하나님이 너희와 함께 계시리라. (빌 4:4, 6-8, 9하)

안식일을 축하하는 것은 하나님의 임재를 기뻐하는 것이다. 안식일을 지키기 위한 훈련에는 감사를 표현하는 별도의 시간과 기도와 간구를 드리는 특별한 시간이 포함된다. 우리는 이 시간을 통해 우리의 이해를 초월하는 하나님의 평강이 그리스도 예수 안에서 우리의 마음과 생각을 지킬 수 있도록 자신의 근심과 염려를 하나님 앞에 내어놓을 수 있다. 마지막으로, 우리는 근심보다는 건설적인 것들—아름답고 고상한 것들, 뛰어나고 칭찬할 만한 것들—을 생각할 때 평강의 하나님의 임재에 들어가게된다.

나는 이 빌립보서 말씀에 나타나는 진전 과정을 좋아한다. 바울은 자신에게서 보고 들은 것을 행하라는 초대와 함께 독자들을 교훈하면서[1] 독자들이 그들의 마음과 생각을 지키는 하나님의 평강을 경험하는 데서 그들과 함께하시는 평강의 하나님을 경험하는 데로 옮겨 가게 한다. 안식일 지키기의 습관들은 우리로 하여금 이러한 진보를 더 깊이 누리고, 하나님의 평강뿐 아니라 그분의 임재까지 알 수 있게 해 준다. 더욱이 우리가 안식일에 이러한 경험을 많이 하면 할수록 더욱 바쁜 주중에도 진보를 더 쉽게 이룰 수 있다. 안식일 관습은 우리로 하여금 하나님의 임재를, 그 목적을 위해 특별히 구별되지 않은 날에도, 더욱 철저히 연습할 수 있게 해 준다.

감사하는 훈련은 내가 알기로 염려를 그치는 가장 좋은 방법 가운데 하나다. 그러나 감사를 바르게 이해하기 위해서는 무엇보다 먼저 현대 기독교의 위험한 이단과 싸우지 않으면 안 된다. 우리가 모든 것으로 **인해** 하나님께 감사해야 한다는 잘못된 개념이 많은 그리스도인들에게 엄청난 고통과 해를 끼쳤다.

나 역시 신체적인 장애로 고통당하는 한 사람으로서, 많은 장애인 친구들이 "당신에게 아직도 장애가 있는 것은 그 장애에 대해 하나님께 감사하지 않았기 때문입니다"라는 말을 자주 듣는 걸 보면 슬프다. 이단은 신자들이 하나님께 단 한 번만 치유를 구하고 그다음에는 그분이 행하시는 치유에 감사해야 한다는 확신을 심어 주는 일에는 전문가들이다. 이러한 주장의 논리적 결론은 결국 치유받지 못한 사람은 하나님께 올바로 감사하지 않았기 때문이라는 말이다.

이러한 이단적인 주장을 뒷받침하는 데 이용되는 구절에서 헬라어 어구를 조금만 살펴보면 문제는 명확해진다. 방금 인용한 빌립보서 구절은 우리가 '모든 일에 감사함으로' 우리의 간구를 하나님께 아뢸 수 있음을 강조한다. 우리는 모든 상황에서 하나님께 감사할 이유를 찾을 수 있지만―그분이 하고 계시는 일 때문에, 우리가 어려움을 당할 때 늘 우리와 함께하시는 것 때문에, 그분의 백성들이 우리를 후원하는 방법들 때문에―자신에게 닥치는 악으로 인해 하나님께 감사하라는 명령을 받지 않은 것은 분명하다. 나는 내 눈이 화상을 입어 흐려진 것으로 **인해** 하나님께 감사하지 않지만, 그분이 이 장애를 통해 온갖 선한 일을 이루시는 모든 방법 때문에 그 상황에서 그분께 분명히 감사한다. 강연을 위해 계속 여행을 하는 가운데 정말 훌륭한 사람들을 많이 만났다. 9년 동안 프리랜서로 강연을 다녔지만, 강연장까지 태워다 줄 차가 없어서 고생했던 적이 없었으며, 이 사실을 통해 하나님이 계속해서 준비하고 공급해 주시는 것을 보았다(바로 지난 주에도 그랬다. 평상시에 나를 태워다 주는 두 사람이 서로 길이 엇갈렸고, 이웃집 사람도 내가 떠날 시간 직전에 몸져 누웠다. 그때 우리 교회 목사님이 나를 버스 정류장까지 태워다 줄 사람을 급히 찾아서 보내 주셨다). 분명히 나는 하나님이 주시는 이러한 좋은 선물들을 기뻐하지만 그러나 악으로 **인해** 감사하지는 않는다. 또 그렇게 하려고 애쓰지도 않을 것이다.

이와 비슷하게, 헬라어 원문에서, 에베소서 5:20은 문자적으로 우리가 '모든 일에 관하여' 하나님께 감사해야 한다고 말한다. 다시 말하지만 이것은 우리가 모든 일로 **인해서**가 아니라 모든 일**에서**, 그분의 개입이 의미하는 것에 **관하여** 하나님께 감사해야 한다는 뜻이다. 마지막으로, 데살로니가전서 5:18은 모든 것으로 **인해서**라기보다는 모든 것에서 하나님께 감사한다는 이러한 세밀한 어조를 똑같은 방법으로 강조한다.

안식일은 우리에게 고난과 염려 가운데서도 하나님께 감사할 방법을 찾을 기회를 준다. 많은 학자들은 유대인들이 그들의 역사 속에서 그 엄청난 고통에도 불구하고 그렇게 강하게 유지될 수 있었던 것은 안식일을 거룩한 날로 구별했기 때문이라고 말한다. 바빌론 포로기에 유대인들은 비록 낯선 땅에 객으로 있었지만, 안식일은 그들에게 고향과 하나님을 상기시켜 주었다. 유럽 역사상 유대인 학살이라는 어려운 시기에도, 그들은 안식일을 지킴으로써 용기를 얻었다.

홀로코스트 기념회가 "귀중한 유산: 체코슬로바키아에서 정부가 수집한 유대 유물전"이라는 이름으로 연 전시회에서 나는 큰 감명을 받았다. 이 유물들은 히틀러가 '유대인 문제'를 좀더 철저히 연구하려 했기 때문에 그의 폭정 아래서도 기적적으로 파괴를 면했다. 350점이 넘는 종교 유물과 일상생활 용품 가운데는 집단 수용소의 "유대인들이 영적 저항의 수단으로 종교 예술에 눈을 돌려 나무 조각과 천 조각으로 소박한 예배 의식의 도구들을 만들었다"는 사실을 보여 주는 것들도 있었다.[2] 이들은 고통 가운데서도 자신들의 거룩한 시간을 지킬 수 있도록 주변에서 구할 수 있는 것은 무엇이든지 이용하여 안식일 용품과 기도복을 직접 만들었다. 이들은 안식일을 지킴으로써 얻은 힘으로 믿음이 덜한 우리들이라면 벌써 무너뜨렸을 두려움을 의연하게 헤쳐 나갈 수 있었다.

실제로 체임 그레이드는 자신이 러시아의 빌나를 떠나 독일로 도망갈 때 어머니가 그에게 마지막으로 한 말을 되뇌인다. "얘야, 네가 유대인이라는 걸 절대 잊지 말아라. 안식일을 지키거라." 며칠 후, 그는 지치고 목마르며, 겁나고 불안한 가운데서도 어머니의 말씀을 기억하면서 계속 나아갔다.[3]

근심과 염려를 그치는 가장 좋은 방법 가운데 하나는 삶에서 우리의 참된 위치를 인식하는 것이다. 우리는 하나님께 감사하는 안식일 훈련을 발전시키기를 원한다. 뿐만 아니라 우리는 스스로 하나님이 되려는 노력을 중단할 때 엄청난 유익을 얻는다. 안식일의 그침과 관련하여 이 부분은 다음 장에서 살펴보겠다.

4. 하나님이 되려는 노력을 그침

안식일이 우리를 그토록 자유케 하는 이유는 무엇인가? 일을 그칠 때, 우리는 자신의 미래를 창조해야 할 필요가 없어지기 때문이다. 이것은 이스라엘 백성이 광야 생활에서 배운 가장 중요한 교훈 가운데 하나였다. 안식일이 처음으로 이스라엘의 종교 생활의 리듬에서 중요한 부분이 되고 있을 때, 하나님은 이들이 안식일에는 만나를 거둘 필요가 없을 거라고 말씀하셨다. 출애굽기에 나오는 이 기사는 아주 흥미롭다.

무리가 아침마다 각 사람은 먹을 만큼만 거두었고 햇볕이 뜨겁게 쬐면 그것이 스러졌더라. 여섯째 날에는 각 사람이 갑절의 식물 곧 하나에 두 오멜씩 거둔지라. 회중의 모든 지도자가 와서 모세에게 알리매 모세가 그들에게 이르되, 여호와께서 이같이 말씀하셨느니라. 내일은 휴일이니 여호와께 거룩한 안식일이라. 너희가 구울 것은 굽고 삶을 것은 삶고 그 나머지는 다 너희를 위하여 아침까지 간수하라. 그들이 모세의 명령대로 아침까지 간수하였으나 냄새도 나지 아니하고 벌레도 생기지 아니한지라. 모세가 이르되 오늘은 그것을 먹으라. 오늘은 여호와의 안식일인즉 오늘은 너희가 들에서 그것을 얻지 못하리라. 엿새 동안은 너희가 그것을 거두되 일곱째 날은 안식일인즉 그날에는 없으리라 하였으나 일곱째 날에 백성 중 어떤 사람들이 거두러 나갔다가 얻지 못하니라. 여호와께서 모세에게 이르시되 어느 때까지 너희가 내 계명과 내 율법을 지키지 아니하려느냐. 볼지어다 여호와가 너희에게 안식일을 줌으로 여섯째 날에는 이틀 양식을 너희에게 주는 것이니 너희는 각기 처소에 있고 일곱째 날에는 아무도 그의 처소에서 나오지 말지니라. 그러므로 백성이 일곱째 날에 안식하니라. (출 16:21-30)

이 이야기 전체의 핵심은 하나님이 자기 백성의 필요를 공급해 주시리라는 것이다. 그들 스스로 해결하려고 발버둥칠 필요가 없었다. 실제로 '하나님이 그들의 필요를 공급해 주시리라'는 것은 히브리 민족사 전체에 나타나는 메시지다. 이것이 성전聖戰의 의미이다. "여호와께서 너희를 위하여 싸우시리니 너희는 가만히 있을지니라" (출 14:14). 하나님은 자기 백성에게 살 곳을 주실 것이다. 하나님은 자기 백성을 인도하여 그들이 홍해를 건너고, 광야를 지나며, 요단강을 건너 약속의 땅에 들어가게 하실 것이다.

20세기의 영성에서, 우리는 발달된 문명과 그 문명이 물질적인 상품을 공급하는 실제 과정과 동떨어져 있기 때문에 하나님이 우리의 필요를 공급하신다는 개념을 쉽게 놓쳐 버린다. 안식일을 지킴으로써 오는 복 가운데 하나는 우리가 안식일을 지킬 때 자신의 미래를 하나님께 맡기지 않을 수 없다는 것이다. 안식일에 우리는 자신의 길을 내는 일을 전혀 하지 않는다. 우리는 일을 삼가고, 생산하고 성취해야 하는 끊임없는 필요를 삼가며, 자신이 앞서가기 위해서 해야 하는 모든 일을 어떻게 하면 성공적으로 할 수 있을까에 대한 모든 염려를 삼간다. 그 결과 우리는 하나님이 우리의 삶에서 진정 하나님 되시도록 할 수 있다.

나는 논문을 쓰면서 이 점을 깊이 깨달았다. 처음에는 일주일에 엿새 동안 정해진 분량을 끝마쳐야 한다는 생각에, 나중에는 그것을 제대로 수정해야 한다는 생각에 엄청난 중압감을 느꼈다. 그러나 주일을 맞아 일을 제쳐 둘 때면, 하나님이 나의 미래를 위해 공급해 주실 것을 믿지 못한 채, 컴퓨터 앞에 앉아 있는 많은 시간 동안 그분의 임재를 느끼지 못한 채, 모든 것을 스스로 해내려고 지나치게 애를 쓰고 있었다는 생각이 항상 들었다. 안식일 지키기를 통해 매주 나는 한 주를 돌아보면서 삶의 모든 부분에서, 특히 학문적인 부분에서, 하나님이 하나님 되시게 하지 못한 것을 깊이 회개하게 되었다.

물론 삶에서 하나님이 하나님 되시게 한다는 것은 수동적인 태도를 의미하는 것이 아니다. 그저 가만히 앉아서 하나님이 우리의 일을 하셔야 한다는 말이 아니다. 오히려 우선순위를 바로 정하고 하나님은 하나님이시며 우리는 다만 그분의 종일 뿐임을 기억할 때, 우리는 우리에게 주어진 모든 은사와 자원의 선한 청지기가 되기 위해 자신이 할 수 있는 모든 일을 할 힘을 얻는다. 확신컨대, 나는 날마다 하는 일들 가운데서 하나님의 인도하심과 공급하심과 힘 주심을 알 때 자유함을 느끼며 일을 훨씬 더 잘하게 된다. 또한 안식일에 스스로 하나님이 되려는 노력을 의도적으로 그칠 때, 나머지 엿새 동안의 모든 일을 예배로 생각하는 것이 더욱더 가능해진다.

안식일을 지키려고 노력했던 초기에는 대학원 공부로 바빴는데, 주중에 요리를 하지 않으려고 주일마다 큰 냄비에 스튜나 수프를 가득 끓여 놓았다. 그러나 이러한 행동 자체가 나의 미래를 안전하게 하려는 또 다른 시도이기 때문에 안식일의 가치를 훼손한다는 것을 곧 알게 되었다. 더욱이 내가 요리를 할 동안 취하는 태도들은 안식일의 목적―내가 자신의 필요를 공급하기 위해 해야 하는 모든 일로부터 나를 자유롭게 하는 것―과 맞지 않았다. 아주 이상하게도, 주일에 수프 끓이는 일을 그만두자 다른 날에 그 일을 할 시간 여유가 항상 생겼다.

안식일에는 다음 주를 준비하는 대신, 일을 그치고 긴장을 푸는 것을 철저히 즐길 수 있었다. 음식에 대해서는 4부의 25장에서 자세히 다루도록 하겠다. 여기서의 요점은 내가 주일에 한 주 분의 음식을 준비했던 것은 이스라엘이 안식일 아침에 만나를 모으러 나가거나 스스로 미래를 안전하게 하려고 주중에 밤새 그것을 보관하려 했던 것과 같았다는 말이다. 만나에는 곰팡이가 슬고 구더기가 끼었다. 이와 비슷하게, 우리가 하나님의 공급하심을 잊어버리고 자신의 미래를 안전하게 하려고 무엇인가를 비축하는 모든 노력에는 곰팡이가 슬고 구더기가 끼게 된다.

안식일은 노력을 그치는 날이다. 더 이상 우리는 강해지려고 애씀으로써 안전을 확보하거나, 모든 해답이나 신속한 해결책을 얻거나, 자신의 시간과 일정을 스스로 책임지거나, 통제권을 손에 넣거나, 손쉬운 만족을 얻으려고 발버둥칠 필요가 없다. 하나님이 되거나, 자신의 미래를 창조하거나, 안전을 확보하려고 애쓰지 않아도 된다니 이 얼마나 홀가분한가!

인간에게 가장 필요한 것 가운데 하나가 안전이며, 우리는 성공적으로 안전을 확보하기 위해 온갖 어리석은 짓을 다 한다. 과거에 어떤 여자들은 안전을 얻기 위해 (사회적으로) 자신이 할 수 있는 최고의 결혼을 했다. 요즘은 여성이 자신의 지위를 확보할 수 있도록 돈을 잘 버는 직장을 가져야 한다는 것이 강조된다. 우리는 자신을 경제적으로 가장 안전하게 해 줄 방법을 택하려고 여러 곳에 투자를 한다. 미국은 자국의 안전을 확보하기 위해 미사일과 폭탄과 발사 시스템을 점점 더 많이 만든다. 그런데 이 모든 것과 관련하여 우스꽝스러운 사실이 하나 있다. 바로 이처럼 거대한 핵무기 확산은 누군가가 사고로 또는 화가 나서 버튼을 눌러 우리 모두를 멸망시킬 위험을 증가시킬 뿐이라는 것이다.

우리는 또한 자신의 안전을 확보하려고 애쓰는 과정에서 다른 사람들에게 심각한 해를 끼친다. 우리는 더 큰 안전을 확보할 수 있도록 남보다 앞서가고 승진하기 위해 다른 사람을 이용하거나 착취한다. 우리는 자신을 드러내기를 꺼린다. 그러기에 감정적으로 안전을 유지하기 위해 가면 뒤에 자신을 숨긴다. 다시 말하지만 이 모든 것은 심히 우스꽝스러울 뿐이다. 왜냐하면 개인적인 안전을 확보하려는 우리의 시도 자체가, 국가의 안전을 확보하려는 시도와 마찬가지로, 실제로는 그 안전을 파괴하기 때문이다. 전문직, 경제, 정치, 기술적인 해결책, 이 모든 것은 우리와 하나님과의 관계에서만 안전을 찾을 수 있다는 사실을 우리에게 숨기는 환영幻影의 거미줄이다. 전문직 자리는 사라질 것이다. 주식 시장은 붕괴될 수 있다. 정당은 큰 실수를 할 것이다. 기술적인 해결책은 해결하는 문제보다 더 많은 문제를 낳을 것이다. 그러나 우리를 향한 하나님의 사랑은 영원히 동일하다. 우리는 언약에 신실하신 그분을 믿을 수 있다.

안전을 확보하려는 우리의 모든 노력이 환영일 뿐이라는 진리와 마주칠 때, 우리는 하나님의 성품을 연구하여 그분의 약속이 어떻게 우리의 안전이 될 수 있는지를 알아야 한다. 그렇지 않을 경우, 우리는 극심한 절망에 빠질 수 있다. 그런 다음에 우리의 노력을 그칠 때, 우리는 스스로 모든 것을 해결하려는 노력을 완전히 포기할 때 주어지는 큰 해방감을 맛보게 될 것이다.

이와 비슷하게, 자신의 삶을 스스로 주관하기를 그칠 때, 우리는 노예처럼 비굴한 의존심이 아니라 더 큰 자유를 누리게 된다. 나는 모든 것을 혼자서 해내려고 애쓰기보다는 내게 주어진 은사와 자원을 관리하는 충성스런 청지기가 되기를 추구함으로써 나의 존재를 철저히 누리는 특권을 선택할 것이다. 너무나 많은 상황이 나의 통제를 벗어나 있다. 나는 주식 시장이나 세계 경제에서 일어날 일이나, 나의 적이나 동료가 내릴 정치적 선택, 혹은 기술적인 과정이 계획을 마무리하는 내 능력에 미칠 영향 등을 예견하거나 바꿀 수 없다. 그러므로 이런 것들을 염려한다고 해서 내게 그다지 유익할 것이 없다. 그러나 모든 역사 위에 주님이 계심을 믿는다면—그리스도의 흰 말이 전쟁의 붉은 말, 경제의 검은 말, 고난과 죽음의 청황색 말과 함께 달리며 역사의 과정을 주관한다는 것을 안다면(계

6:1-8)—나는 나의 통제를 벗어난 힘에 대한 걱정을 그칠 수 있을 것이다.

삶에 있어서 나의 책임은, 나의 창조자와 그분의 뜻을 사랑함으로써 나를 창조하신 목적에 가능한 한 충실하는 것이다. 이렇게 할 때 날마다 자유로이 그분과 동행하는 모험을 즐기며, 내가 하는 모든 것과 내가 되어 가는 전체 과정 속에서 그분의 임재를 연습할 수 있다.

내가 프리랜서 강연자로 일하고 있는 CEM Christians Equipped for Ministry이란 단체는 사역해 온 지 9년이 되었는데, 그동안 이사들과 나는 하나님이 하나님 되시게 할 때 느끼는 기쁨을 발견했다. (솔직히 인정하건대 나는 하나님이 하나님 되시게 하는 일에 익숙하지 못하다. 그러나 이사들은 내가 나 자신을 주관해야 한다는 생각을 포기하도록 계속해서 나를 돕고 있다.) 우리 단체는 내게 고정 강의료를 주지 않기로 했다. 우리가 먼저 하나님 나라를 구하는 데 집중하면 하나님이 다른 모든 것을 우리에게 더해 주시리라는 믿음을 실천해 보고 싶었기 때문이다. 우리는 사례금에서 십일조를 해 왔다. 여호와께서는 우리가 십일조를 하면 하늘의 창을 여시고 풍성한 복을 쏟아 부어 주시겠다고 약속하셨기 때문이다. 이것은 십일조만 하면 자동적으로 돈이 불어난다는 뜻이 아니다. 나는 이 부분에서 또 다른 이단과 싸워야만 한다. 사실, 때때로 우리의 재정은 거의 바닥을 드러냈다. 그러나 풍성한 복에는 기쁨, 곧 하나님이 우리의 십일조를 사용하여 다른 사역에서 그분의 목적을 이루시는 것을 보며 그분이 우리 사역의 모든 필요를 지속적으로 공급하시는 것을 경험하는 기쁨도 포함되었다.

그분의 공급하심이 가장 분명하고 크게 나타났던 것은 CEM이 우리가 운영하는 사랑의 집을 책임질 직원을 한 사람 더 두기로 결정했을 때였다. 사랑의 집은 집이 없는 여성, 알코올 중독이나 마약 중독에서 회복기에 있는 여성, 또는 이혼으로 고통당하는 여성들을 돕기 위해 운영되는 곳이다. 우리가 유급 전임 사역자를 한 명 더 두었던 기간 내내 내가 받은 사례금과 사랑의 헌물들은 우리 두 사람에게 충분했다. 그러나 사랑의 집 원장이 그만두자마자 전임 사역자 두 명에게 급여를 지불할 만한 돈이 다시는 생기지 않았다. (그녀가 오기 전에도 두 사람에게 줄 만한 돈이 들어왔던 적은 없었다.) 하나님의 약속, 곧 우리가 그분이 맡기신 사역을 하려 하면 그 비전을 이루는 데 필요한 모든 것을 공급해 주시겠다는 약속은 사실로 입증되었다.

이 주제를 다루면서 주의해야 할 것은 전 세계에서 심각한 경제적 불의로 인해 고통당하는 수많은 사람들의 문제를 올바로 이해하는 것이다. 이러한 불공평에 대해 하나님을 비난할 수 없는 것은 분명하다. 이것은 인간의 탐심의 산물이기 때문이다. 더욱이 이들의 존재는 하나님이 그분의 모든 피조물의 필요를 공급해 주기를 원하신다고 알고 있는 우리 모두에게 큰 도전을 준다. 우리는 그분의 목적을 이루어 드릴 대리자들로 부르심을 받았기 때문이다. 따라서 안식일에 스스로 하나님이 되려는 노력을 그칠 때, 우리는 이 세상에서 수많은 사람들을 빈곤하게 만드는 사회의 물질주의에 하나님의 종으로서 적극적으로 맞서게 된다. 이때 우리 자신의 물질주의는 도전을 받으며, 이것은 우리의 미래에 대해 자신이 아니라 하나님을 신뢰하는 것이 중요하기 때문이다.

안식일 그침의 이러한 면이 내게 특별히 강하게 다가온 것은 이러한 신뢰의 필요성을 다시금 새롭게 경험했기 때문이다. 대학원 4년 동안, 나는 연구원 장학금과 사례비를 통해 생활의 필요를 공급받았다. 이 때문에 스스로 자신을 주관할 필요 없이 하나님이 어떻게 나의 필요를 지속적으로 공급해 주시는지를 경험하는 기쁨을 잠시 잊어버렸다. 이제는 전임 프리랜서로 돌아왔으며, CEM 회계 담당자를 통해 하나님이 우리에게 예상치 못한 방법으로 다시 한번 은혜를 베푸셨다는 말을 들으면서 전율을 느낄 수 있다.

이것은 안식일에 하나님이 되려는 노력을 그치는 것과 관련하여 내가 경험한 중요한 예 가운데 하나일 뿐이다. 당신도 이 개념을 자신의 삶을 스스로 주관하려고 노력했던 경험에 적용해 볼 수 있기를 바란다. 안식일에 이러한 시도를 그치는 훈련은, 어떻게 당신이 나머지 한 주 동안 하나님의 공급하심을 더 잘 경험할 수 있도록 하겠는가? 하나님이 어떻게 우리의 안전이 되시는가에 주목하는 안식일의 습관이 스스로 안전을 확보하려는 노력을 중단하는 자유를 당신에게 어떻게 줄 수 있는가?

안식일이 일주일 가운데 가장 고귀한 날이 되게 하고 다른 모든 것은 그날을 향하고 거기서 비롯되게 함으로써 삶의 초점을 하나님과의 교제에 맞출 때, 그날에 하나님의 임재가 주는 안전이 주중의 날들에도 스며들 것이다. 내게는 이런 인식을 좀더 강하게 갖도록 도와주는 관습이 하나 있다. 그것은 안식일 밤 잠자리에 들기 전에 촛불을 끔으로써 안식일을 마감하는 의식이다.

유대인은 안식일이 끝나는 일몰 때에 하브달라Havdalah 촛불을 끈다.[1] 나의 안식일 지키기는 토요일 잠자리에 들 때 시작되기 때문에 주일 잠자리에 들 때 끝난다. 그리고 토요일 밤에 촛불을 켜며 안식일을 맞듯이 주일 밤에는 촛불을 끄며 안식일에 작별을 고한다. 유대인의 하브달라 기도는 안식일이 다시 오기를 고대하는 마음으로 가득하며, 바로 이런 태도는 하나님이 내 삶에서 하나님 되시기를 원하는 나의 바람에 아주 큰 의미를 주었다. 나는 안식일의 최종적인 완성, 곧 하나님 나라가 홀로 그리고 궁극적으로 펼쳐질 때를 고대한다. 이 세상의 마지막 날이 올 때, 스스로 하나님이 되려는 우리의 모든 시도는 승리에 찬 하나님의 임재의 기쁨 가운데 끝이 날 것이다. 한편, 날마다 그분의 임재를 축하하는 특별한 안식일을 고대하며 산다면, 한 주 내내 그분이 나와 함께 계심을 훨씬 더 많이 의식하게 된다. 이상적으로는, 매 순간이 안식일을 향해 나아가고 있으며 또한 매 순간이 이전 안식일의 기쁨에서 힘을 얻고 있다는 것을 인식하게 됨으로써 한 주 동안 자신을 주관하려는 모든 시도는 힘을 잃는다.

세상은 우리의 가치를 재는 척도로서 생산성을 강조한다. 그러나 앞에서 말한 태도로 살아갈 때, 세상이 강조하는 것과는 반대되는 것을 강조하는 생활 방식이 생겨난다. 이런 삶은 신자들을 하나님에 대한 필요를 느끼지 않는 사람들, 즉 스스로 하나님의 일을 충분히 할 수 있다고 생각하는 사람들과 구분시켜 준다. 이런 이유에서, 다음 장에서는 우리 문화에서 하나님을 대체하는 가장 일반적인 것들 가운데 하나를 살펴보고, 그다음 장에서는 우리를 둘러싸고 있는 사회의 문화에 대한 대안으로서 기독교 공동체라는 문제를 전반적으로 살펴보기로 하겠다.

5.   우리의 소유를 그침

유대 문헌에서 안식일 지키기와 소유의 관계는 흥미로운 역설이다. 한편으로, 유대인은 안식일에 특별한 음식과 촛불을 즐기기 위해 주중에 좀더 검소하게 사는 쪽을 기꺼이 선택할 것이다. 반면에, 토라는 이들에게 안식일에는 무엇이든 사고팔기를 삼가라고 명령한다. 따라서 소유에 대한 특별한 인식과, 소유에 지배되지 않으려는 바람은 안식일을 거룩하게 지키는 데 있어서 중요한 부분을 차지한다.

역설의 양극단을 조화시키려면 먼저 유대인이 안식일을 지키는 데 사용했던 물품은 단지 개인 소유물이 아니라 그날을 기념하기 위해 구별된 용기容器였다는 사실을 알아야 한다. 이것은 유대인이 가정이라는 성소를 강조한 방식 가운데 하나다. 이는 특히 성전 파괴 후에 더욱 그러했다. 이들은 성전 예배에 사용되었던 용기가 거룩했던 것처럼 자신들이 가정에서 안식일을 지키는 데 사용하는 용기도 거룩하다고 생각했으며, 가장은 가정이라는 성전에서 드려지는 예배에서 제사장 역할을 했다.

이러한 개념은 신약의 청지기 개념, 곧 우리가 가진 것은 우리의 소유가 아니며 다만 하나님을 섬기도록 우리에게 맡겨진 것일 뿐이라는 개념과 상응한다(예를 들면, 바울이 고후 9:11에서 돈에 대해 한 말을 보라. 이에 대한 논의는 이 책 18장에 제시되어 있다). 신약 시대에도 우리의 가정과 성전에서 히브리인의 거룩한 소유 개념이 회복될 수 있다면 얼마나 멋지겠는가!

지금까지 나는 안식일을 시작하고 끝내는 기도를 드릴 때 분홍색 초를 사용해 왔다(분홍색은 전례에서 기쁨을 나타내는 색이기 때문이다). 이러한 초들은 그날만을 위한 거룩한―구별된―것이다. 이 초들을 켤 때마다, 그 은은한 빛은 내가 안식일을 의식하게 해 주며, 일과 생산과 근심과 나의 미래를 주관하려는 노력을 그침으로써, 즉 안식일 지키기가 시작될 때 함께 시작되는 그침을 통해 얻어지는 고요와 평온으로 나를 이끈다.

같은 방법으로, 만찬 모임을 위해 할머니의 도자기 그릇과 은식기를 사용할 때마다(나는 만찬 모임을 주로 주일 저녁에 연다) 거룩한 느낌, 곧 구별을 경험한다. 처음에는 내가 과연 외할머니의 도자기 그릇 세트와 할머니의 은식기 세트를 물려받을 자격이 있는지 걱정이 되었다. 세상에 굶어 죽는 사람이 그렇게도 많은 때에, 이러한 사치를 부려서는 안될 것 같았다. 그러나 히브리인의 거룩한 용기 개념과 더불어 청지기 개념이 이것들을 소유하는 데 따르는 잘못된 죄책감을 떨쳐 버리는 데 도움이 되었다. 손님을 맞기 위해 식탁을 차릴 때마다 외조부모님을 생각하며, 그분들의 신앙과 사랑과 헌신의 유산을 물려받은 것을 하나님께 감사한다. 나라면 이런 접시며 은식기를 결코 사지 않았을 것이다. 그러나 조부모님의 보물을 사용한다는 것은 손님들에게 이 만찬 모임이 매우 거룩한 시간이고, 내 집에 오신 특별한 손님들을 최고로, 가장 아름답게 대접하고 싶으며, 하나님이 우리의 식탁 교제 가운데 함께하신다고 말하는 것이다.

다른 한편으로, 안식일은 사고팔기를 삼가며, 새로운 것을 소유하거나 추가적인 돈벌이를 삼가는 날이다. 앞 장에서 논의했듯이, 이것은 안식일에는 자신의 미래의 필요를 공급하지 않는다는 개념과 관련이 있다. 유대인은 안식일에 만나를 거둘 수 없었다. 마찬가지로 나는 주일에 식료품 가게에 가거나 그 밖의 쇼핑을 하는 것은 안식일의 목적을 스스로 어기고 그날의 의미를 파괴하는 일임을 깨달았다. 사실 서구의 후기 기독교 문화는 안식일에 가게문을 닫는 것을 더 이상 귀중하게 여기지 않고, 또한 많은 가게의 경우 사실상 주일이 가장 벌이가 좋은 날 가운데 하나이지만, 나는 이것이 부끄러운 일이라고 생각한다. 그러기에 주일에 주유소를 열지 않는 친한 친구 두 명을 깊이 존경한다. 이들은 이 원칙을 신실하게 지켜 왔으며, 고객들은 주중에 이들 주유소를 찾는 꾸준한 단골이 되었다.

느헤미야가 바빌론 포로 생활에서 돌아와 예루살렘 성벽을 재건하기 위해 시작했던 위대한 개혁에는 백성들의 약속도 포함되었다. "혹시 이 땅 백성이 안식일에 물품이나 온갖 곡물을 가져다가 팔려고 할지라도 우리가 안식일이나 성일에는 그들에게서 사지 않겠고"(느 10:31). 이들이 이 약속을 얼마나 오래 지켰는지 의문스럽다.

안식일에 사고팔기를 삼가는 이유 가운데 하나는 사거나 파는 행위가 모든 잘못된 것에 초점을 맞추기 때문이다. 우리는 하나님이 원하시는 것 대신, 우리가 원하는 것을 생각한다. 하나님의 임재를 갈망하는 대신, 소유가 우리의 욕구를 지배하게 한다. (그리고 우리는 그런 지배가 거의 돌이킬 수 없게 된다는 것을 너무 늦게 발견할 것이다. 우리는 이기적인 물질주의자, 탐식가, 심지어 알코올 중독자나 마약 중독자가 된다.) 또 우리는 우리가 다른 사람들에게 관대할 수 있을 만큼의 돈을 하나님이 이미 우리에게 주셨다는 사실 대신, 거래에서 얻어 낼 것에만 초점을 맞춘다.

이것은 소유와 안식일 간의 좀더 깊은 관계로 이어진다. 왜냐하면 안식일은 남에게 주는 날, 다른 사람들에게 그저 주기 위해 우리가 할 일을 선택하는 날이 되기 때문이다. 내가 주일에, 특히 나를 다시 초대할 수 없는 사람들을 위해 만찬을 베푸는 것을 좋아하는 이유도 바로 여기에 있다. 인디애나에 살면서 메노나이트 교도인 내 가까운 친구가 베푸는 모습을 볼 때면 너무 기쁘다. 그녀는 주일이면 냄비에 여분의 고기를 넣어 음식을 많이 준비한다. 그러고는 예배가 끝난 후 갈 곳 없는 사람들을 집으로 초대해서 저녁 식사를 함께한다. 우리 문화에서 이런 관습이 회복된다면, 이 땅에 거하는 나그네와 객을 맞을 준비를 항상 한다면, 정말 멋지지 않겠는가?(레 19:10, 33-34) (안식일의 구제에 대해서는 18장에서 좀더 자세히 논의할 것이다.)

훨씬 더 깊은 수준에서 보면, 안식일에 사고파는 행위를 일절 삼가는 것은 거룩한 시간으로서 안식일의 온전한 의미와 관련이 있는데, 이것은 유대교와 기독교 외에 다른 종교에서 말하는 거룩한 공간이나 물질주의적인 거룩과 대조된다. 내가 안식일을 이해하는 데 가장 깊은 영향을 미친 것 중에 하나는 아브라함 요수아 헤셸의

『안식』(복있는사람)이라는 책인데, 이 책은 다음과 같은 대조로 시작된다.

> 기계 문명은 인간이 공간을 정복했음을 보여 준다. 이 승리는 실존의 본질적인 요소, 즉 시간을 희생함으로써 얻어질 때가 많다. 기계 문명에서, 우리는 공간을 얻기 위해 시간을 소비한다. 공간 세계에서, 우리의 주된 목적은 자신의 힘을 강화하는 것이다. 그러나 더 많이 소유한다고 해서 더 크게 되는 것은 아니다. 우리가 공간 세계에서 얻는 힘은 시간의 경계선에 이르면 갑자기 사라져 버린다.…
>
> 심지어 종교들조차 신은 공간에, 즉 산, 숲, 나무, 돌과 같은 특정한 장소에 거한다는 개념에 자주 지배받으며, 따라서 그곳은 거룩한 곳으로 지정된다. 신은 특정한 장소에 국한된다. 거룩은 공간에 속한 것들과 관련된 성질이며, 주된 질문은 '신이 어디에 있는가?'이다. 하나님이 우주에 계신다는 개념에 대한 열심은 많지만, 이것은 그분이 시간보다는 공간에, 역사보다는 자연에 계신다는 개념으로 받아들여진다. 마치 그분이 영이 아니라 물질이신 것처럼 받아들여진다.…
>
> 유대교는 **시간의 성화**를 목적으로 하는 **시간의 종교**이다.…
>
> 유대교는 우리에게 **시간의 거룩**에 애착을 가지라고 가르친다.…안식일은 우리의 큰 예배당이다.…
>
> 성경에서 가장 두드러진 단어 가운데 하나는 **카도쉬**quadosh, 즉 거룩이다. 이 단어는 다른 어떤 단어보다도 신성의 신비와 위엄을 상징한다. 세계사에서 최초로 거룩의 대상이 된 것은 무엇이었는가? 산이었는가? 제단이었는가?

카도쉬라는 특별한 단어가 처음으로 사용된 것이, 창세기에서 창조 기사 마지막에, 바로 시간에 대해서였다는 사실은 참으로 놀랍다. 이 단어가 시간에 적용되었다는 사실은 엄청난 의미를 갖는다. "하나님이 그 일곱째 **날**을 복되게 하사 **거룩하게** 하셨으니"(창 2:3). 창조 기사에는 공간적 차원에서 거룩하게 되었다는 대상에 대한 언급이 전혀 없다.

이것은 우리에게 익숙한 종교적인 사고와는 너무나도 동떨어진 것이다. 신화적인 사고 방식으로는 하나님이 하늘과 땅을 지으신 후 성소가 세워질 거룩한 곳―거룩한 산이나 거룩한 샘―을 창조하셨을 것이라고 예상할 것이다. 그러나 성경에서 거룩과 관련하여 가장 먼저 나타나는 것은 **시간 속의 거룩**, 곧 안식일인 것으로 보인다.[1]

헤셸의 말을 길게 인용한 것은 거룩한 공간, 곧 일종의 성소나 성물이 아니라 거룩한 시간, 곧 안식일의 의미를 그만큼 훌륭하게 표현할 수 있는 사람이 없기 때문이었다. 현대 기독교에서, 우리는 이러한 거룩한 시간의 개념을 완전히 잃어버렸다. 우리는 자신의 성소에 집중하며, '교회'가 기독교 공동체의 사건들과 그 공동체가 세상을 향해 나아가는 가운데서, 즉 **시간** 속에서, 생겨난다는 것을 깨닫지 못한 채 이 성소를 교회라고 부른다. 우리는 예배 **시간**에 하나님의 임재를 경험하는 대신에, 예배당에 간다는 의미에서 '교회에 가고' 거기서 하나님을 발견하기를 기대한다.

안식일의 시간과 그 시간의 거룩함을 누리는 데 사용되는 물건들은 그 자체로써 가치 있는 것이 아니라 다만 하나님의 임재가 우리에게 더 분명해지게 하는 수단으로써 가치가 있을 뿐이다. 따라서 이런 경우만 제외하고 우리의 안식일 축하가 물질로부터, 물질적인 소유로부터 분리되는 것이 그렇게도 중요한 것도 바로 이 때문이다. 주중의 엿새 동안은 사고팔기라는 요소가 주를 이루지만 안식일은 자신이 가진 것을 나누며 물질에 대한 스스로의 노력을 그치는 날이다. 우리가 물질과 공간에 대한 소유를 그치고 안식일을 지킬 때, 시간이 우리를 소유하게 된다.

6. 우리의 문화 순응을 그침

앞 장에서 보았듯이 아브라함 헤셸은 『안식』이라는 책을 시작하면서 우리의 태도와 유대 종교의 태도를 대조시킨다. 우리는 기술 문명과 공간, 그리고 공간적 사물을 강조하는 반면, 유대 종교는 시간을 강조한다는 것이다. 우리의 문화와 기독교 사이에도 똑같은 대조가 가능하다고 본다. 왜냐하면 기독교 또한 거룩한 시간과 시간 속에서 일어난 사건들—성육신, 십자가 죽음, 부활, 오순절 성령 강림—로 이루어져 있기 때문이다. 이 시대는 공간과 사물을 숭배하고 있지만 기독교에는 이러한 우상 숭배를 뒷받침해 주는 것이 전혀 없다. 왜냐하면 기독교의 하나님은 **카도쉬**, 곧 거룩하다는 선언을 가장 먼저 안식일에 적용하신 바로 그 하나님이시기 때문이다.

결과적으로 우리의 안식일 지키기는, 이상적으로 볼 때 기독교 공동체의 구성원인 우리는 세상의 가치와 대조되며 공동체 밖의 사람들에게 다른 길을 선택할 기회를 줄 수 있는 대안 사회의 한 부분이라는 사실을 인정하는 특별한 시간이다. 우리의 윤리는 주변 세상의 윤리와 다르며, 우리는 일반화된 도덕 철학에 안주하지 않는다. 오히려 우리의 윤리는 공동체의 이야기, 곧 하나님이 역사에 개입하신 이야기에 의해 형성된다. 우리는 공간과 사물에 초점을 맞추는 것과는 대조적으로 시간에 초점을 맞추면서 도덕적 결정을 내린다. 그리고 우리와 다른 사람들의 관계는 공간이 아니라 시간에서 그 기준을 찾는다.

유대 공동체에서 안식일 지키기는, 이들을 주변 세상과 구분하는 중요한 표시였다. 사실 학자들이 말하는 바로는, 유대인이 바빌론 포로 기간에도 그들만의 독특한 정체성을 지킬 수 있었던 것은 바로 안식일을 지켰기 때문이며, 심지어 현대 서구 역사에서 유대 문물이 보존되어 온 것도 바로 이 때문이었다고 한다. 유대인 수필가 아카드 하암은 유대교 역사에서 안식일 전통의 중요한 기능을 강조하면서 이렇게 말한다.

> 우리는 유대인이 안식일을 보존했다기보다는 안식일이 유대인을 보존했다고 단언할 수 있으며 이것은 결코 과장이 아니다. 안식일이 유대인의 영혼을 회복시켜 주고 매주 그들의 영적인 삶을 새롭게 해 주지 않았다면, 유대인은 평일의 침울한 경험들 때문에 너무나 절망하여 물질주의와 도덕적, 지적 타락의 바닥에까지 떨어졌을 것이다.[1]

한때 개혁파 유대인은 주변 문화와 더 잘 융합하기 위해 토요일 대신에 일요일을 안식일로 지켜야 하지 않겠는가 하는 논쟁을 벌이기까지 했으나, 이 제안은 결국 무시되고 말았다. 이들은 항상 일곱째 날을 안식일로 지켜 왔으며, 앞으로도 항상 그럴 것이다.

초대교회 그리스도인들은 처음에는 자신들의 유대 전통에 맞추어 일곱째 날(토요일)을 안식일로 지키고, 그리스도의 부활이 자신들의 삶의 중요한 전환점이라는 인식에 맞추어 한 주의 첫날(일요일)도 안식일로 지켰다. 유대인은 안식일의 쉼과 하나님의 창조와 구원에 대한 감사를 강조했으며, 이들에게 기쁨의 일곱째 날은 언약의 한 상징이었다. 그리스도인들은 이 모든 것에 안식일의 방향을 완전히 재설정한 데 대한 기념이라는 의미를 덧붙였다. 이러한 안식일의 방향 전환은 예수님이 특히 안식일의 치유 이적에서 나타내신 것이었다. 또한 그리스도인들은 예수님이 영원히 자신들의 주님이심을 기념하기 위해 그분이 부활하신 날을 따로 구분했다.

주일만이 예배의 날이 된 것은 예루살렘에서 박해가 일어나 그리스도인이 흩어짐으로써 기독교가 이방 세계에 크게 확산된 후부터였던 것으로 보인다. 이러한 변화는 콘스탄티누스 황제가 주후 321년에 반포한 주일 성수에 대한 칙령으로 법제화되었다.[2] 그러나 이러한 변화는 큰 불행을 낳았는데, 그것은 기독교가 이 과정에서 안식일을 거룩하게 지키는 것이 중요하다는 의식을 잃어버렸다는 것이다. 왜 우리는 '살인하지 말라', '도적질하지 말라'는 계명에는 크게 주목하면서(그리고 이것들은 큰 죄라고 생각하면서) 안식일을 지키라는 계명에 순종하지 못한 것은 얼마나 심각한지 인식하지 못하는가?

우리 문화에서 십계명은 점점 더 사회의 도덕적 기초를 제공하지 못하고 있다. 과거에는 오직 하나님만 섬기라는 계명이 가장 먼저 자리를 잃었다. 그러나 오늘날 우리의 문화는 부모를 공경하고 간음하지 말라는 계명을 더 이상 존중하지 않으며, 그 정도는 비극적일 정도로 심각하다. 많은 사람들은 어떻게 이렇게 시대에 뒤진 계명들이 21세기에 중요한 의미를 가질 수 있는지 의아해한다. 사실 파편화되고 무례하며, 폭력적이고 탐욕적인 우리 사회에서, 계명은 도덕의 분명한 기초로서 그 어느 때보다도 절실히 필요하다.

내가 보기에는 안식일을 지키라는 계명을 회복하는 것이 우리의 기독교 공동체들이 다른 계명들을 회복하는 데 도움이 될 것 같다. 우리가 하루를 하나님의 거룩하심을 기념하기 위해 구별된 날로 존중한다면, 우리는 분명히 자신의 우선 순위들을 회복하며, 부모와의 관계, 배우자와의 관계, 소유와의 관계에 대한 하나님의 뜻을 다시 추구하게 될 것이다.

어떤 방법으로든 안식일에 일하지 않기로 할 때, 우리는 이미 주변 문화로부터 자신을 구별한 것이다. 성취에 대한 필요를 포기하고 우리의 지위에 대한 걱정과 염려를 삼갈 때, 우리는 사회의 가치관으로부터 자신을 한층 더 구분짓는 것이다. 스스로 하나님이 되려는 노력을 포기하고 대신에 여호와께서 하나님 되시게 해 드린다면, 우리는 자신의 문화와 다르게 살겠다고 의도적으로 선택하는 것이다. 더 많이 갖겠다는 열망이나 소유의 지배를 받지 않기로 선택하고, 대신에 하나님의 목적을 위해 하나님의 것들을 누리기를 바라는 선한 청지기로서 우리가 가진 것과 우리에게 주어진 것 가운데 많은 부분을 나눠 주려고 결심할 때, 우리는 분명히 우리의 문화에 순응하지 않는 것이다.

안식일을 지키는 방법, 이상적으로 말하자면 기독교 공동체를 주변 문화의 대안 사회로 구별할 수 있는 방법은 이 외에도 많다. 이 책에서는 당신을 놀라게 할 한 가지 특별한 면—우리의 개인적인 성性—에 초점을 맞추고 싶다.

내가 여기서 말하는 것은 생식적인 성이 아니라 우리가 남자와 여자로서(성관계의 파트너로서가 아니라) 서로 어떻게 관계를 맺는가 하는 의미에서 사회적인 성이다.[3] 생식적인 성은 인간이 헌신된 언약 관계의 구조 안에서만 즐기도록 하나님이 정하신 것이다. 그러나 부분적으로는 우리 사회가 이러한 생물학적 성을 크게 남용하여 좀더 깊은 감정적 필요를 충족하려고 미친 듯이 날뛰기 때문에, 우리 문화에서는 사회적 성이 상당한 혼란에 빠져 있다. 우리는 남자라는 사실과 여자라는 사실이 의미하는 바에 대해, 남성성과 여성성이 그 자체로 그리고 완전히 경건하게, 친밀한 관계를 유지하는 것에 대해 혼란을 느낀다. 게다가 우리는 성 차별을 없애려고 시도하면서, 불행하게도 남성과 여성이 갖는 많은 참된 가치를 상당 부분 잃어버렸다.

우리는 하나님이 일곱째 날을 거룩하다고 하신 말씀으로 끝나며 안식일의 거룩성을 영원히 확립해 주는 바로 그 기사에서(앞 장의 논의를 보라) 우리의 남성성과 여성성에 대한 가장 심오한 구절을 찾을 수 있는데, 이것은 매우 의미 있는 일이다. 다음은 창세기 1-2장의 묘사이다.

하나님이 말씀하셨다. "**우리가 우리의** 형상대로 **우리의** 모양대로 **인류를** 만들자. 그리고 **그들로** 하여금 바다의 고기와 공중의 새와 **함께**, 육축과 **함께**, 모든 땅과 **함께**, 땅에서 움직이는 모든 생물과 **함께** 다스리게 하자."

따라서 하나님이 자신의 형상대로 **인류를** 창조하시되,

하나님의 형상대로 그를 창조하셨으며,

남자와 **여자**를 창조하셨다.

…하나님이 자신이 지으신 모든 것을 보시니 **매우 좋았다**. 저녁이 있었고, 아침이 있었다―여섯째 날이었다. 그렇게 해서 하늘과 땅이 거대한 질서를 완전히 이루었다.

　일곱째 날이 되자 하나님은 하시던 일을 끝내셨으며, 따라서 **일곱째 날**에 자신의 모든 일로부터 쉬셨다. 그리고 하나님이 **일곱째 날**을 복 주셨으며 그날을 **거룩하게** 하셨다. 이것은 그날에 하나님이 자신이 하셨던 모든 창조 사역을 **그치셨기** 때문이다. (창 1:26-27, 31; 2:1-3, 번역과 강조는 저자가)

우리는 본문에서 몇 가지 점을 주의 깊게 살펴보아야 한다.

　첫째, 여섯째 날과 일곱째 날은 필연적으로 밀접한 관련이 있는데, 이 사실은 하나님이 여섯째 날에 자신의 형상대로 지으신 인간이, 일곱째 날에는 하나님이 쉬셨듯이 그들도 쉬고 그침으로써 그 형상에 충실하게 되리라는 것을 암시한다. 이것은 유대인의 신앙 발전사 전체에서 나타나는 이해이다. 왜냐하면 출애굽 기사에 나타나는 안식일을 지키라는 계명은 창조의 이러한 면과 우리가 하나님의 쉼을 본받는 것을 강조하기 때문이다.

　둘째, 하나님이 자신의 형상대로 인간을 창조하셨는데, 이 형상은 다른 모든 것들 가운데서 특히 관계에 초점이 맞춰져 있다. 예를

들면 하나님은 "**우리의** 형상대로 **우리의** 모양대로 **인류를** 만들고"라고 말씀하신다.[4] 우리는 남성과 여성으로서 서로 관계를 가질 때 하나님의 형상을 지닌다.

하나님의 형상을 나타내는 것이 인간으로서 가장 큰 잠재력을 성취하는 것임을 인식하는 일은 앞의 것과 밀접한 관련이 있으며, 하나님의 형상은 우리 자신의 독특한 남성다움이나 여성다움 가운데 나타난다. 우리는 융과 같은 현대 심리학자들의 연구를 통해 우리들 각자가 이전에는 남성성이나 여성성으로 여겨졌던 다양한 요소를 함께 지니고 있음을 알게 되었다. 우리는 자신의 아니무스*animus*(융이 말하는 여성에게 있는 남성적 요소)와 아니마*anima*(남성에게 있는 여성적 요소)에 없는 것을 다른 사람들에게서 찾는다. 그러나 이러한 통찰이 발달하기 오래 전에 우리는 이미, 각자가 하나님에 대한 그림을 보여 주는 방식에 따라 자신의 특별한 남성성이나 여성성을 규정할 수 있게 되었다. 이 본문을 통해서 말이다. 전형적인 우리 문화에서, 내 안에 있는 특정한 리더십의 기질들이 이전에는 남성성으로 생각되었다는 것은 중요하지 않다. 이러한 기질들이 내게서 하나님의 형상을 나타내는 수단이라면, 그것들은 내가 하나님의 형상을 지닌 여성이라는 사실의 일부분이다. 하나님은 남성도 여성도 아니시며 그 이상이시지만, 자신을 낮추어 우리를 그분의 형상대로 창조하심으로써 자신을 계시하신다. 그 때문에 우리들 각자는 자신의 남성다움이나 여성다움에 숨겨져 있는 특별한 성격들이 하나님의 모습을 조금씩이나마 나타내는 방식에 기쁨을 느낄 수 있다.

6. 우리의 문화 순응을 그침

더욱이 안식일은 내가 하나님을 더 잘 알기를 구하며 내 삶에서 그분의 임재에 초점을 맞추려고 노력하는 거룩한 시간이다. 그러므로 안식일은 하나님의 형상을 나타내는 나의 여성성에서 새로운 면을 발견하는 특별한 날이 된다. 물론 모든 헌신과 기도의 시간도 마찬가지다. 그러나 안식일 지키기에는 하루가 온전히 이러한 발견으로 채워질 수 있도록 하나님께 특별히 집중하는 것도 포함된다. 내가 하나님을 더 잘 알수록 나 자신의 여성성이 그분의 형상을 어떻게 나타내는지 더 잘 알 수 있다.

예를 들면, 올해 가을에 위스콘신에서 안식일에 산책을 하는 동안 나는 나의 여성성의 중요한 면을 발견했다. 이상하게 보일지 모르지만, 들판의 목화와 밀크위드(유액을 분비하는 식물)를 보면서 산책을 하다가 그 부드러움을 갖고 싶다는 생각이 강하게 들었다—부드러움은 우리의 기술 사회와 내가 최근에 대부분의 시간을 보낸 학문 세계에서는 대개 배척되는 것이다. 길가의 꼬투리 몇 개에서 솜사탕 같은 면화를 따서 얼굴에 대고 몇 킬로미터를 걸었다. 내 삶이 더 큰 부드러움을 깊이 갈망한다는 생각이 들었으며, 이때 이러한 갈망의 근원이 하나님을 향한 나의 인간적인 갈망이라는 것을 깨달았다. 이렇게 깨닫는 순간 하나님이 얼마나 부드러운 분—온화하고, 불쌍히 여기시고, 용서하시고, 치유하시고, 공급하시고, 위로하시고, 보살피시는 분—이시며, 어떻게 하면 내가 나만의 특별한 방법으로 그분의 부드러움을 본받을 수 있을지를 생각하게 되었다. (물론 그렇다고 해서 재판관과 용사의 모습으로 그려지는 하나님의 공의나 거룩과 같은 다른 성품들을 부정하려는 것은 아니다. 헤아릴 수 없이 많은 하나님의 속성들과 행위는 언제나 우리로 하여금 그분의 무한한 자기 계시의 새로운 면을 발견하게 한다.)

하나님의 부드러움과 그분의 백성들이 그것을 다른 사람들에게 확대할 수 있는 방법들은 내가 안식일을 이해하는 데 중요한 개념들이었다. 왜냐하면 나는 대체로 자신이 부드럽다고 생각하지 않기 때문이다. 나는 대개 책임을 맡은 강한 사람, 해답을 가진 사람, 즉 선생이 되어야 한다. 그러나 지난 몇 년 동안 내가 어떻게 하면 치유자, 즉 부드러움의 근원이 될 수 있는가에 집중하는 방법을 점차적으로 발견하고 배워 왔다.

당신이 자신에게서 새로운 것을 마지막으로 발견했던 때를 잠시 생각해 보라. 이전에는 숨겨져 있던 자신의 한 면을 드러낼 때 얼마나 큰 자유를 느꼈으며, 당신과 다른 사람들 또는 특히 한 사람과의 관계에서 참된 자신을 드러낼 수 있을 때 얼마나 큰 전율을 느꼈는가? 우리는 이러한 발견을 통해 하나님이 우리를 창조하실 때 계획하신 남자와 여자의 모습에 더 가까워지게 된다.

나에게 이것은 안식일의 특별한 기쁨 가운데 하나이다. 왜냐하면 주변 문화의 가치―여성의 역할과 기대, 여자라는 사실이 의미하는 바에 대한 정의―를 제쳐 두고 대신에 하나님이 누구시며 내가 어떻게 그분의 형상으로 지음 받았는가에 초점을 맞출 때, 나 자신의 여성성에 관해 온갖 새로운 것을 배우기 때문이다. 나는 문화가 말하는 것을 가치 있게 여기길 그칠 때 자유를 얻으며, 나 자신만의 방법으로 하나님의 성품을 나타내도록 지음 받은 한 여자로서 좀더 진실한 자신이 될 수 있다.

우리가 안식일에 주변 문화의 사상들을 의도적으로 배척하는 것과 관련해서는 다른 예도 많이 들 수 있다. 그러나 성에 대한 우리 사회의 사고방식을 따르기를 거부하는 데서 그 원칙을 발견할 수 있는데, 여기에 대해서는 이 책의 다른 장에서 자세히 다루도록 하겠다. 특히 중요한 문제는 이러한 그침을 따르는 것이다. 우리는 다른 가치관을 받아들여야 한다. 16장에서 이 주제의 긍정적인 면을 살펴볼 것이다.

7.   단조로움과 무의미를 그침

안식일을 지키지 않는 사람들에게 일어나는 최악의 문제 가운데 하나는 이들의 삶이 너무 단조로워지며, 하루하루가 항상 똑같을 수 있다는 것이다! 일에 대한 중압감이 결코 사라지지 않는다. **언제나** 좀더 해야 할 일이 있다. 우리 문화에서 일을 그쳐야 할 필요가 얼마나 큰지를 보여 주는 단적인 예가 있다. 바로 주말마다 도시를 빠져나가는 수없이 많은 사람들이다. 즉 수많은 사람들이 '모든 것에서 벗어나려고' 애쓰고 있는 것이다. 아이러니한 것은 이러한 시도들이 대개는 성공하지 못한다는 것이다. 왜냐하면 일에 대한 중압감에서 벗어나려고 애쓰는 사람들 대부분이 사실은 그 중압감을 덜거나 자신의 염려를 줄이기 위해 아무것도 하고 있지는 않기 때문이다. 단순히 일, 생산, 긴장, 자신을 주관하려는 노력, 사고팔기의 혼란, 지배적인 문화적 가치관 등에서 달아나려는 시도는 성공하지 못한다. 왜냐하면 결국 다시 그곳으로 돌아가야 하기 때문이다.

안식일을 축하하는 것은 달아나는 것과는 다르다. 우리는 단지 앞의 여섯 장에서 논의한 부분들을 떠나는 것이 아니라 실제로 그것들이 우리의 삶을 주무르도록 허락하기를 그치는 것이다.

우리가 안식일을 지킬 때, 모든 것이 바뀐다. 우리가 안식일을 지키지 않으면, 일요일은 그저 우리를 평일의 단조로움으로 되돌리는 날일 뿐이다(많은 사람들이 일요일 저녁이면 그렇게도 풀이 죽는 것도 바로 이 때문이다). 우리는 안식일을 지킬 때 모든 날의 의미가 안식일에서 나온다는 것을 알게 된다. 아브라함 헤셸이 지적하듯이 성경의 정신은 "'휴식은…목적이 아니다.' '휴식은 활동을 위한 것이며', 새롭게 노력할 수 있는 힘을 얻기 위한 것이다"라고 단언했던 아리스토텔레스의 정신과는 다르다. 헤셸은 계속해서 이렇게 말한다.

> 그러나 성경적인 사고방식으로는, 노동은 목적을 위한 수단이며, 안식일은 쉼의 날이자 힘든 노동을 삼가는 날로서 잃어버린 힘을 회복하고 다가오는 노동을 준비하기 위한 것이 아니다. 안식일은 생명을 위한 날이다. 인간은 짐을 지는 짐승이 아니며, 안식일은 인간의 일의 효율성을 강화하는 데 그 목적이 있지 않다. 안식일은 "창조상으로는 마지막이나 의도상으로는 첫째이며, 천지 창조의 목적이다."
>
> 안식일이 평일을 위해 있는 것이 아니라, 평일이 안식일을 위해 있다. 안식일은 삶의 막간이 아니라 절정이다.[1]

미국 문화에서는 모든 사람이 자신의 일을 통해 판단을 받으며 쉼도 노동에 의해 결정된다. 이런 문화에서 우리는 철저한 방향 전환이 절실히 필요한데, 쉼이 일을 결정하는 유대인의 시간 개념이 이것을 가능하게 해준다. 특히 14장에서 보게 되겠지만, 이러한 개념은 사람에 대한 우리의 사고방식을 완전히 바꿔 놓는다.

유대인이 안식일을 중심으로 산다는 사실은 『어머니의 안식일』에 잘 나타나 있다. 이 책의 저자 체임 그레이드는 홀로코스트 이전과 그 기간 그리고 그 후의 삶에 대한 기억들을 어머니의 안식일 지키기에 관한 작은 이야기 형식으로 담아낸다. 비록 저자 자신은 어머니의 경건 방식을 따르고 있지 않지만, 어린 시절 안식일 지키기가 중심이 되었던 가정 환경은 그를 형성하는 데 큰 영향을 미쳤다.[2]

안식일 지키기로 돌아가는 것은 향수에 젖거나 계몽주의 이전, 산업혁명 이전, 그리고 다윈 시대 이전으로 돌아가려는 시도가 아니다. 오히려 이것은 우리를 끈질기게 따라다니는 영적인 차원으로 돌아가는 것이다. 영혼을 잃어버린 시대에, 안식일 지키기는 영혼을 되찾을 가능성을 제시한다. 필사적으로 의미를 찾고 있는 시대에, 안식일 지키기는 새로운 희망을 제시한다. 효율성이 가치의 유일한 기준인 기술 사회와는 대조적으로,[3] 안식일을 지키는 사람들은 하나님의 성품에서 자신들의 기준을 찾는다. 이들은 바로 그분의 형상으로 살고 있기 때문이다.

안식일과 그 안에 있는 쉼과 받아들임과 향연의 기쁨은 삶의 절정이자 초점으로서, 삶에 새로운 에너지와 의미를 준다. 이러한 긍정적인 측면들은 이 책 나머지 부분에서 살펴볼 것이다.

2부

쉼

하나님이 그가 하시던 일을 일곱째 날에 마치시니
그가 하시던 모든 일을 그치고 일곱째 날에 안식하시니라.
—창세기 2:2

하나님이 이 계명[안식일을 거룩하게 지켜라]에서
특별히 의도하신 영적인 쉼은 우리가 노동과 거래를
그치는 것뿐만 아니라 훨씬 더 많은 것을 의미한다.
이것은 우리가 하나님만이 우리 안에서 일하시게 하며,
우리의 모든 능력을 다해 우리 자신의 일을
전혀 하지 않는 것을 의미한다.
—마르틴 루터

샤바트_shabbat_라는 히브리어 동사의 두 번째 의미는 '쉬다'이다. 히브리 성경에서 노동을 그치는 것은 쉼과 관련이 있다. 이 쉼은 하나님, 사람, 동물, 심지어 땅에도 적용된다. 2부에서는 안식일의 쉼이 갖는 다양한 면(영적, 육체적, 정서적, 지적, 사회적 측면), 안식일의 쉼을 돕는 도구들, 그리고 기독교적인 성품의 윤리에 따른 쉼의 중요성을 살펴보기로 하겠다.

우리는 이렇게 할 일이 많은 때에 도대체 어떤 사람이 진정으로 쉴 수 있을지 의문을 품을 수도 있다. 2부에서 살펴보겠지만, 육체적으로 하루를 완전히 쉴 때 얻는 또 하나의 유익은 나머지 엿새 동안의 일을 감당할 여분의 힘과 열심이 생긴다는 것이다. 더욱이 예배를 위해 특별히 구별된 하루는 예배의 정신을 우리의 일터에 적용하는 법을 가르쳐 준다. 한 걸음 더 나아가 우리에게 정서적, 지적 문제들로부터 쉴 수 있는 날이 있을 때, 우리는 신선한 전망과 창의적인 통찰력과 새로워진 정신으로 그 문제들을 다시 직면할 수 있다.

이미 쉼을 위해 온전히 하루를 구별했다면 '쉼을 선택하는 일'은 한결 더 쉬워진다. 왜냐하면 안식일 지키기의 훈련이 우리의 한 주 일정 전체를 재설정하기 때문이다. 사실, 히브리어에는 평일을 가리키는 이름이 따로 없으며, 평일은 다만 안식일과의 관계에서 불릴 뿐이다. 예를 들면 일요일은 '안식 후 첫날'이라 불린다.[1] 『주일을 특별하게』라는 책에서 캐런 메인스는, 안식일이 한 주의 정점이라면 사흘은 안식일을 준비하면서(신부를 맞을 준비를 하면서) 보내고 나머지 사흘은 안식일(결혼의 기쁨)을 기억하면서 보낸다는 것을 강조한다. 그녀는 '거룩의 리듬'을 다음과 같은 표로 제시한다.

고대	축하	회상
신명기 5:12의 '지킴' 목요일, 금요일, 토요일	일요일	출애굽기 20:8의 '기억' 월요일, 화요일, 수요일[2]

   안식일 이전 사흘 동안 안식일을 준비하는 훈련을 꾸준히 할수록, 그리고 안식일 이후 사흘 동안 안식일의 유익을 더 철저히 누릴수록, 우리는 안식일을 고대하고 기억할 때뿐만 아니라(이러한 고대와 기억이 한 주를 완전히 바꿔 놓는다) 실제로 안식일을 지키는 과정에서 기쁨이 더욱 넘치는 쉼을 얻을 것이다.
   더욱이 각 종류의 쉼은 전체의 조화에서 중요한 역할을 한다. 일로부터의 진정한 쉼이 단순히 일을 그치는 것 이상이듯이, 우리 전 존재의 완전한 쉼은 노동이 없는 단순한 육체적인 쉼 그 이상이다. 하나님의 은혜 안에서 철저히 쉬는 것은 온전한 쉼의 기초이다.

8. 영적인 쉼

안식일의 쉼을 생각하면 육체적인 쉼이 가장 먼저 떠오르는 것은 사실이다. 그렇다 하더라도 곧바로 육체적인 쉼을 시작할 수는 없다. 사실 우리의 영혼이 편치 못하면, 우리의 몸도 온전히 쉴 수 없기 때문이다. 1부에서는 우리가 안식일에 일을 그치면 생산성을 중시하는 태도, 중압감과 관련된 염려, 자신의 삶을 스스로 주관하려는 노력, 소유를 향한 분투, 우리 문화로의 함몰과 그로 인한 무의미와 지루함도 포기할 수 있음을 살펴보았다. 마찬가지로, 2부에서는 영적인 쉼에서 시작해서 다양한 형태의 쉼을 살펴볼 것이다.

 가장 먼저 살펴보아야 할 것은 쉼의 영역이다. 왜냐하면 하나님의 은혜로 진정한 자유를 얻었을 때에만 쉬는 방법을 진정으로 배울 수 있기 때문이다. 안식일 지키기를 단순히 나머지 엿새 동안의 일중독에 대한 변명으로 삼는다면, 안식일을 지킨다고 해서 진정한 쉼을 얻을 수는 없을 것이다. 삶에서 스스로의 노력으로 성공을 이루어 낼 필요가 없다는 것을 확실히 알 때에만, 스스로 헤쳐 나가려고 계속 일하지 않아도 되는 자유를 누릴 수 있다. 영혼의 구속救贖은 복잡하고 어지러운 마음으로부터 우리를 해방시켜 준다. 참으로 은혜가 우리로 평안히 쉬게 한다.

  이것은 4장에서 논의했던, 우리의 미래를 하나님의 손에 맡기는 것과 밀접한 관련이 있다. 우리는 스스로 하나님이 되려는 노력을 그칠 때 전혀 새로운 차원의 만족, 곧 우리의 현재 상황에서 하나님의 임재를 맛보는 기쁨을 알게 된다. 우리는 바보처럼 하나님의 목적을 거역하기를 포기할 때 하나님이 우리가 찾고 있는 안전을 주신다는 사실을 발견한다.

  그침에서 쉼으로의 진행은 우상 숭배에서 믿음으로의 기본적인 이동을 강조한다. 첫째, 우리는 세상이 제공하는 안전은 모두 속임수이며 거짓이라는 것을 발견하고, 회개하며, 그것을 신뢰하기를 그친다. 여기에는 특히 스스로 헤쳐나가거나 스스로를 구원하려는 우리의 모든 노력이 포함된다. 그다음으로 우리는 하나님이 우리를 위해 모든 구속 사역을 완성하셨으며, 계속해서 우리를 통해 일하신다는 사실을 깨닫는다. 우리는 믿음으로 그분의 은혜 안에서 쉬는 법을 배운다.

  이것이 종교개혁의 주요 발견이었다. 마르틴 루터는 "선행에 관한 소고"에서 영적인 쉼의 중요성을 다음과 같이 강조했다.

하나님이 이 계명[안식일을 거룩하게 지켜라]에서 특별히 의도하신 영적인 쉼은 노동과 거래를 그치는 것뿐만 아니라 훨씬 더 많은 것을 의미한다. 이것은 우리가 하나님만이 우리 안에서 일하시게 하며, 우리의 모든 능력을 다해 우리 자신의 일을 전혀 하지 않는 것을 의미한다.[1]

그러고 나서 루터는 인간이 죄로 인해 전적으로 부패했다는 것과 하나님이 "금식, 깨어 있음, [그리고] 노동"과 같은 선한 일에서 우리를 통해 일하실 수 있도록 그 부패한 본성을 그리스도 안에서 십자가에 못박을 수 있다는 것을 강조한다(갈 5:24). 우리가 쉴 때 "우리의 일이 그치고 하나님만이 우리 안에서 일하신다"는 루터의 선언이 이 책의 1부와 2부의 두 단계를 강조한다.[2] 유대인의 안식일 전통에서는 하나님의 은혜를 기억하기 위해 하루를 구별하는 것을 언제나 가치 있게 여겨 왔다. 나는 『안식일과 성일을 위한 기도서』를 읽으면서, 모든 전례와 기도에서 은혜와 회개, 그리고 하나님의 선하심이 크게 강조된다는 사실(마르틴 루터의 말과 흡사하지 않은가!)에 깊은 감동을 받았다.[3] 히브리 성경을 연구하는 마티티아후 체바트는 성경적 안식일의 기본 의미는 "하나님의 주권을 받아들이는 것"이라고 주장한다. 우리는 언제나 자신의 삶을 스스로 주관하려고 애쓰지만, 일곱째 날을 지키면서 하나님이 시간의 주인이심을 되새긴다. 이스라엘은 안식일이 주는 회상의 기회에 "자치自治를 포기하고 자신들에 대한 하나님의 지배를 확인한다."[4]

영적인 쉼에 꼭 필요한 도구 가운데 하나는 하나님의 말씀이다. 유대인들에게 토라는[5] 안식일의 초점이었으며, 그러기에 그들은 안식일의 일부를 토라를 깊이 연구하는 데 할애했다. 히브리 성경(구약)과 기독교 성경(신약)을 모두 포함하는 정경 전체는 그리스도인들에게 하나님의 언약적 사랑을 가르쳐 준다. 우리가 개인적인 안식일 기도에서 성경을 읽고 묵상할 때, 그리고 공동의 예배에서 성경이 선포되고 강론되는 것을 들을 때(이것은 안식일 지키기의 본질적인 부분인데, 22-23장에서 이에 대해 자세히 다룰 것이다)에 말이다. 하나님의 말씀을 통해, 우리는 하나님의 은혜 안에서 쉬기 위해 마음과 영을 하늘의 것들에 고정시키고 일상의 일들은 한쪽으로 제쳐놓게 된다.

창세기의 창조 기사는 하루가 아침에서 저녁까지가 아니라 저녁에서 아침까지라고 말함으로써 시간의 양식을 정해 준다. 목사요 작가인 유진 피터슨에 따르면,

[이러한] 히브리인들의 저녁/아침이라는 시간 개념은 우리를 은혜의 리듬에 맞춰 준다. 우리는 잠자리에 들고 하나님은 자신의 일을 시작하신다. 우리가 잠잘 때 하나님은 자신의 언약을 전개하신다. 그러다가 우리가 잠에서 깨어나면, 하나님의 창조 행위에 동참하라는 요청을 받는다. 우리는 믿음으로, 일로 반응한다. 그러나 은혜야말로 항상 선행하며 일차적이다. 우리는 깨어나서, 우리가 만들지도 않은 세상에, 우리가 수고해서 얻은 것도 아닌 구원으로 들어간다.

   저녁: 하나님은 우리의 도움 없이 자신의 창조의 하루를 시작하신다. 아침: 하나님은 우리에게 자신이 시작하신 일을 즐기며 나누고 전개하라고 명하신다.[6]

첫 번째 창조 기사는 일곱째 날을 쉼을 위한 특별한 날로 구별하는 것으로 끝난다. 이렇게 해서 저녁/아침이라는 은혜와 일의 리듬이 은혜에 초점을 맞추기 위해 구별된 안식일과 그 은혜 안에서 일하는 나머지 엿새라는 좀더 큰 리듬 속에 포함된다. 내가 토요일 밤

에 잠자리에 들면서 안식일 지키기를 시작하는 것도 은혜로 시작한다는 이러한 의미 때문이다.

『안식』이라는 책에서 아브라함 헤셸은 '메누하'menuha라는 히브리어를 통해 영적인 쉼을 말한다. 대개 '쉼'rest으로 번역되는 이 단어는 "노동과 작업의 중단, 힘든 일이나 긴장이나 모든 종류의 활동으로부터의 자유를 훨씬 넘어선 것"을 의미한다. 이 단어는 부정적인 개념보다는 오히려 "실재적이고 본질적으로 긍정적인 것"을 함축한다. 고대 랍비들은 "우주를 존재케 하는 데는 특별한 창조 행위가 필요했으며, 이것이 없었다면 우주는 불완전했을 것이다"라고 믿었다.[7] 랍비의 창세기 주석인 『창세기 랍바』는 일곱째 날에 무엇이 창조되었느냐고 물으면서 "고요, 평온, 평화, 휴식"이라고 대답한다.[8]

이 모든 말이 주는 이미지는 단지 육체적인 쉼이 아니라 나의 전 존재, 곧 진정한 나의 쉼이다. 나는 삶에서 이러한 신뢰의 쉼이 더 많아지기를 갈망하며, 나와 하나님의 관계가 중심이 되지 않을 때는 언제라도 이런 쉼이 방해받는다는 걸 알고 있다. 나 자신의 노력을 의지하거나 다른 신들을 선택할 때마다, 사실 나는 하나님이 거저 주시는 고요와 평화를 스스로 가로막고 있는 것이다. 그러면 나는 아우구스티누스의 유명한 말을 다시 한 번 생각해 본다. "오 주님, 당신께서 우리를 지으셨으므로, 우리가 당신 안에서 쉴 때까지 우리의 영혼에는 쉼이 없나이다."

메누하에 대한 헤셸의 논의는 다음과 같이 계속된다.

성경적인 관점에서 보면, 메누하는 행복과 고요, 평화와 조화와 같다. 이것은 어떤 다툼이나 싸움도 없으며, 어떤 두려움이나 혼란도 없는 상태이다. 좋은 삶의 본질은 메누하이다. "여호와는 나의 목자시니 내가 부족함이 없으리로다 그가 나를 푸른 초장에 누이시며 쉴 만한 물가(메누호트menuhot의 물가)으로 인도하시는도다"(메누호트는 메누하의 복수 연계형이다—역주). 후에 메누하는 내세의 삶, 곧 영생의 동의어가 되었다.

우리는 한 주에 엿새 저녁을 이렇게 기도한다. "우리의 출입을 지켜주소서." 대신에 안식일 저녁에는 이렇게 기도한다. "우리를 당신의 평안의 장막으로 맞으소서."[9]

헤셸의 말 가운데 많은 부분은 우리가 안식일 지키기에서 경험하는 영적인 쉼의 본질을 이해하는 데 중요하다.

첫째, 그는 안식일의 쉼을 평화로 묘사한다. '평화'로 번역되는 히브리어 **샬롬**의 가장 중요한 의미는 '하나님과의 평화'이다. 우리가 하나님과 평화를 누리지 못한다면, 다른 어떤 종류의 참된 평화도 불가능하다. 그리스도인으로서 우리는 예수 그리스도의 구속 사역으로 하나님과의 화목이 가능해졌다는 것을 알고 있다. 나는 바울이 고린도후서에서 말한 "누구든지 그리스도 안에 있으면, **거기에 온전히 새로운 창조가 있다**"는 선언을 아주 좋아한다.[10] 이것은 모든 것이 변했다는 뜻이다! 우리가 하나님과 화목할 때, 모든 것이 달라진다. 이것은 성경적인 평화란 수동적인 상태나 존재의 상태가 아니라 실제로 역동적인 과정이라는 것을 강조한다. 바울이 강조하듯이, 그리스도의 고난과 죽음을 통해 우리를 화목케 하시는 하나님의 사역은 또한 우리로 하여금 화목의 대사가 되게 한다. 우리의 죄가 우리를 정죄하지 않기 때문에 경험하는 자유는 우리로 하여금 용서의 메시지를 세상에 더욱 열심히 전하게 만든다.

우리는 안식일 지키기를 통해 쉼을 누릴 때 이러한 하나님의 평화에 더 깊이 잠기게 되며, 모든 장애물이 제거되었다는 것을 좀더 분명히 인식하게 된다. 그 결과 우리는 주변 세상을 갈라놓는 장애물을 제거할 힘을 얻으며, 헤셸이 말한 메누하―조화, 즉 다툼이나 싸움이나 두려움이나 혼란이 없는 상태―를 경험할 수 있다(이런 개념의 전개에 대해서는 13장을 보라).

헤셸이 시편 23편과 연결해서 쓴 '메누호트의 물가'에 관한 글을 처음 읽었을 때, 나는 깊은 휴식과 평온함 같은 것이 나를 엄습하는 것을 느꼈다. 시편 23편은 시대를 초월하여 많은 신자들이 사랑하는 시편이지만, 우리는 이 시편이 주는 깊은 위로를 과연 얼마나 깨닫고 있는가! 우리의 목자이신 여호와는 우리를 푸른 초장으로 인도하심으로써 우리에게 육적인 양식을 주실 뿐 아니라, 우리를 잔잔한 물가로 인도하심으로써 우리로 하여금 만족과 고요에 잠기게 하신다. 이러한 말씀은 영혼의 깊은 위로를 약속한다. 고요한 숲이나 조용한 풀밭에서, 믿을 수 없을 정도로 잔잔한 웅덩이나 평화로운 연못에서 눈을 떼지 못한 적이 누구나 있을 것이다. 이러한 쉼을 담고 있는 또 다른 이미지로는 흔들의자에서 부모의 팔에 안전하게 안겨 가볍게 그네를 타고 있는 아기의 모습을 들 수 있겠다.

나는 대개 이런 포옹을 경험하지 못한다. 일의 성격상 여행을 많이 다녀야 하기 때문에 실제로 집에 잘 붙어 있지 못하는 중년의 독신인 나는, 부모님이나 배우자가 나를 안아 주며 "괜찮아, 괜찮아, 다 잘 될 거야!"라고 말하는 걸 듣고 싶을 때가 자주 있다. 나의 싸움을 혼자서 싸워야 한다고 느낄 때마다 누군가의 무릎에 기어올라 편히 쉴 수 있으면 얼마나 좋을까라는 생각을 한다.

당신도 똑같은 감정을 느꼈을 것이다. 기술화되고 따라서 친밀감이 없는 사회에서 가장 필요한 것 가운데 하나는 '메누호트의 물가'가 암시하는 영혼의 고요가 아닐까?

나를 감싸는 하나님의 쉼과 평안이 내게 놀라울 정도로 강하게 임했던 적이 있다. 논문을 쓰고 있던 중에, 그분의 쉼과 평안이 무섭게 나를 뒤덮는 것을 느꼈다. 어느 날 오후였다. 내가 완전히 소진되어 절망의 정점에 이르렀을 때, 라디오에서 내가 가장 좋아하는 곡 가운데 하나인 랠프 본 윌리엄스의 "토머스 탤리스의 주제에 의한 변주곡"이 흘러나왔다. 일을 멈추고 푹신한 1인용 소파에 앉아(의자는 너무나 망가져서 나를 폭 감싸 안았다) 딴 생각 없이 음악에만 집중했다.

또한 당시 몇 주 동안 나는 Q.T. 시간에 빙엄 헌터의 『귀 기울이시는 하나님』을 연구하면서 '아바'이신 하나님과 관계를 맺기 위해 더욱 애쓰고 있었다.[11] 본 윌리엄스의 음악을 연주하는 현악기의 활기찬 하모니가 나의 감정을 최고조로 끌어올리는 순간, 나는 갑자기 하나님이 나를 무릎에 앉히시는 부드러운 아버지라는 생각이 들었다. 나는 하나님의 품에 안겨 안전함을 느꼈으며, 그분의 포옹은 너무 꽉 껴안지 않고 부드러웠다. 나는 지배당하는 게 아니라 해방되었다. 부서질 정도로 약해진 게 아니라 이해받고 있었다. 나를 안아 주시는 하나님의 사랑에 사로잡혀, 나는 안심하고 울었다.

이것은 내가 알고 있는 그 어떤 것보다 깊은 쉼이었으며, 그때부터 안식일이면 그와 같은 쉼을 경험해 왔다. 하나님이 누구신가에 초점을 맞추기 위해 구별된 날에는 그분이 주시는 쉼과 평안의 선물을 경험할 가능성이 가장 높다. 실제로 하나님과의 첫 번째 포옹의 순간이 가능했던 것은 바로 안식일에 일을 그치고 본 윌리엄스의 멋진 멜로디와 하모니를 들으며 쉬었기 때문이었으며, 이것은 나를 하나님의 임재로 이끌었다.

안식일의 쉼이 주는 가장 큰 결과는 우리의 현재 상황이 어떻든 간에 하나님의 임재를 알게 되는 기회를 갖는다는 것이다. 우리는 자신의 힘으로 비극을 해결하려 할 필요가 없다. 오히려 영적인 쉼은 인간의 행복이 덧없다는 사실을 받아들이고 우리를 모든 비극에서 건져 내기에 충분한 은혜가 있으리라는 것을 믿는 자유를 준다. 우리는 슬픔과 비애의 시기를 겪고 있을 수도 있다. 그러나 우리의 믿음은 슬픔 가운데서도 하나님이 우리와 함께 계시며 우리에게 자신의 임재의 기쁨을 주신다는 것을 확신시켜 준다.

우리는 모든 것을 (특히 하나님을) 우리의 제한된 이해에 맞추어 작고 깔끔한 상자 속에 분류해서 넣으려 하면 안 된다. 오히려 우리에게는 역설과 함께 살아가며, 우리가 볼 수 없는 것을 믿으며, 모순의 긴장을 건설적으로 해결하는 능력이 주어졌다. 간단히 말해, 영적인 쉼을 통해 우리는 하나님이 하나님 되시게 할 수 있다. 우리가 제어하거나 이해하기 위한 모든 노력을 그칠 때, 우리의 공간에는 영원한 것을 위한 시간이 있게 된다.

안식일의 쉼은 영생의 맛보기다. 어느 날 우리는 이 쉼, 이 메뉴 하를 완전히 알게 될 것이다. 이런 이유에서, 우리의 안식일 지키기에는 우리가 언젠가 안식일의 완전한 성취를 맞게 해 달라는 기도가 포함된다. 내 경우에, 이런 기도를 특히 강하게 드릴 때는 강림절(성탄절 전 약 4주간) 때이다. 강림절 첫 주일에는 항상 나의 천사 합창단을 세우고 말구유 장면을 재현한다(아직 아기 예수는 구유 안에 없다). 이것은 예수님의 초림이 의미했던 바를 다시 기억하고, 내가 그분의 재림을 맞을 준비가 전혀되지 않았으며 삶에서 항상 그분의 임재를 놓치고 있음을 회개하며, 그분의 재림을 고대하고 갈망하기 위해서다.

이러한 갈망 가운데 어떤 것은 우리의 안식일 지키기에서 늘 한 부분을 차지하게 할 수 있다. 유대인은 마지막 기도로 안식일에 작별을 고하는데, 여기에는 칠일 후에 안식일이 다시 오기를 갈망하는 일종의 아쉬움이 서려 있다. 우리가 안식일을 위해 살 때, 안식일이 우리의 한 주의 절정이 될 때, 우리는 궁극적인 쉼을, 곧 예수님이 우리를 집으로 데려가시려고 다시 오실 때를 기다리는 건강한 고대가 무엇인지 안다.

집이라는 단어는 몇 가지 감정을 내포한다. 그렇지 않은가? 집이라는 단어 자체가 위로, 부드러움, 안전, 진정한 자신이 되는 자유를 내포한다. 최근에 나는 '집'에 대한 아주 깊은 감정을 느꼈다. 다섯 달 동안 집 없이 지냈기 때문이었다. 지난 5월에 인디애나에 있는 집에서 이사를 했다. 10월 말까지 캠프며 여러 집회의 강연 약속이 너무나 많아서 살지도 않을 아파트에 집세를 내는 것이 청지기로서 사치라고 생각했기 때문이다. 그러나 한 달 또 한 달이 지나면서, 내가 앉아서 차분히 일할 수 있는 책상이 얼마나 절실히 필요하며, 성경 공부 준비에 필요한 내 서재의 책들을 얼마나 필요로 하고, 글 쓰는 데 필요한 컴퓨터를 얼마나 간절히 원하며, 안식일 저녁 식사에 친구들을 초대하기를 얼마나 갈망하는지 뼛속 깊이 느꼈다.

이제 마침내 내게는 다시 집이 생겼으며, 어떤 날 밤에는 잠자리에 들려고 기도할 때면 "하나님, 나의 새집을 사랑합니다!"라는 기도가 저절로 나온다. 내 영혼은 마침내 집에 왔다는 만족과 감사로 넘쳐 난다. 그러나 이러한 현재의 행복은 내가 마침내 집으로 돌아갈 때 나의 것이 될 참된 기쁨의 맛보기일 뿐이다.

미국에서는 집이 없어서 길거리에서 잠을 자는 사람들이 점점 늘어나고 있다. 이들의 비극적인 처지는 죄 때문에 완전히 뒤틀려 있는 우리 세계의 찢겨진 모습을 보여 준다. 이들은 세상의 불의에 분개하고 자신들의 환경에 화를 낼 권리가 있다. 그런가 하면 비싼 집에 살면서도 자신이 실제로 어디에도 속하지 못했다는 생각에 자신은 집이 없다고 느끼는 사람들도 있다. 어떤 사람들은 그렇게도 사랑했던 어린 시절의 집으로 결코 돌아갈 수 없기 때문에 향수를 느낀다. 이러한 것들과 여타의 다양한 필요와 바람이 집에 대한 강한 그리움을 불러일으킨다. 이러한 깊은 갈망은 우리가 그리스도 안에서 갖는 소망, 즉 어느 날 우리가 진정으로 집에 돌아가게 되리라는 소망을 더 크게 갖도록 해 준다. 우리 모두에게는 진정한 집, 진정한 자신이 될 수 있는 자유가 있는 곳, 우리가 안전하다는 것을 분명히 알고 기쁨으로 하나님과 얼굴을 마주할 수 있는 곳이 절대적으로 필요하다.

    안식일 지키기는 우리가 집으로 돌아가기를 고대하는 방법이며, 부분적으로는 그 기쁨을 바로 지금 경험하는 방법이다(안식일에 대한 이러한 종말론적 이해는 22장에서 자세히 다루기로 하겠다). 헤셸이 우리에게 가르쳐 주듯이, 안식일의 기도는 평일의 기도와는 다르다. 평일에 우리는 하나님께 우리의 출입을 지켜 달라고 기도한다. 하지만 안식일에는 그분의 평안의 장막으로 우리를 맞아 달라고 기도한다. 이러한 이미지가 성경 전체에서 아주 강하게 나타나는 것은, 이것이 하나님의 임재를 매우 특별한 방법으로 함축하기 때문이다. 초기 이스라엘 백성이 광야에서 방황할 때, 그들 가운데 있었던 하나님의 임재의 장막에는 여호와의 영광이 특별하게 임했다(출 40:34-38; 겔 10:1-22; 43:4-9을 보라). 더욱이 예수님의 성육신에서, 하나님은 "그분의 장막을 치시고 우리 가운데 은혜와 진리가 충만한 채로 거하셨다"(요 1:14의 문자적 번역).

    마지막으로, 성경의 마지막 책인 계시록은 마지막 때에 "보좌에 앉으신 이가 그들 위에 장막을 치시리니"라고 약속한다(계 7:15하).

    그러므로 우리는 안식일 기도에서 하나님의 심오한 쉼을 구한다. 우리는 하나님이 자신의 평화의 장막, 곧 그분의 임재의 거처로 우리를 맞아 주실 것을 간구한다.

9. 육체적인 쉼

한 무리의 포장마차가 세인트루이스를 떠나 오리건으로 향하고 있었다. 일행은 모두 독실한 그리스도인들이었기에 안식일에는 이동을 하지 않고 쉬었다. 그러나 겨울이 빠르게 다가오고 있었으므로 일부 사람들은 폭설이 내리기 전에 목적지에 이르지 못할 거라는 두려움에 떨기 시작했다. 마침내 몇몇 사람들이 안식일에도 이동을 멈추지 말고 목적지를 향해 계속 달리자고 제안했다.

 이 제안은 큰 논쟁을 불러일으켰으며, 마침내 일행을 둘로 나누자는 의견이 제시되었다. 안식일을 지키기 원하는 사람들과 안식일에도 계속 이동하자는 사람들로 나누자는 것이었다. 이 제안은 받아들여졌고, 첫 주에는 두 그룹이 함께 이동했다. 그러나 안식일이 되자 한 그룹은 여행을 계속했고 다른 그룹은 여행을 중단하고 쉬었다.

 어느 그룹이 오리건에 먼저 도착했을지 생각해 보라.

 그렇다! 안식일을 지킨 사람들이 목적지에 먼저 도착했다. 사람과 말이 안식일을 지킴으로써 충분히 쉬었기에 나머지 엿새 동안 훨씬 더 활기차고 효과적으로 여행할 수 있었다. 하나님은 자신의 계명을 존중하는 자들을 존중하신다.

    누군가 내게 이 역사적인 이야기를 들려 주었지만, 나로서는 이 이야기가 어디서 비롯되었으며 그 자세한 부분들이 모두 확실한지도 알 수가 없다. 그러나 이 이야기가 오랫동안 너무나 흥미로웠기에(나는 오랫동안 안식일에 관한 이 책에 대해 생각해 왔다) 아직도 잊지 않고 있다. 이 이야기가 제시하는 원칙은 나 자신의 삶에서, 특히 지난 4년 동안 박사 과정을 공부하는 과정에서 진실로 입증되었다. 몇몇 동료들은 내가 계속해서 주일마다 공부를 하지 않는다면 결코 내 일을 끝내지 못할 거라고 했다. 그러나 나는 보고서나 과제를 언제나 동료들보다 빨리 끝낼 수 있었다. 바로 안식일의 쉼이 나로 하여금 나머지 엿새 동안 더 오래, 더 효과적으로 일할 수 있게 해 주었기 때문이었다.

    우리는 앞 장에서 묘사된 영적인 쉼을 알 때 완전히 자유롭게 되어 육체적으로 쉴 수 있다. 나는 안식일이면 늦잠이나 낮잠을 자거나 일찍 잠자리에 들 때가 많다. 불안하거나 불편하게 느껴지는 일은 아무것도 하지 않는다. 한번은 어느 안식일 오후에 여러 친구들에게 편지를 써서 그 전주에 편지를 **썼어야** 했는데 쓰지 못한 이유를 설명했다. 전주에 그 편지들을 **썼어야 했**다고 느꼈기 때문에, 오히려 나로서는 그것들을 미루고 대신 푹 쉬는 것이 매우 중요했다. 안식일은 결코 우리 자신에게 압박을 가하여(특히 우리 자신의 거짓된 죄책감이나 다른 사람들의 기대를 통해) 어떤 종류든 간에 행동을 취하게 하는 날이 아니다.

    성경에서 안식일의 의미로 육체적인 쉼이 특히 강조되는 것은 신명기 5:12-15에 기록된 계명에서이다. 출애굽기 20장은 하나님이 일곱째 날에 그분의 모든 창조 사역을 그치신 것을 본받아 안식일을 지키라고 말하는 반면, 신명기 5장은 이렇게 말한다.

> 네 하나님 여호와가 네게 명령한 대로 안식일을 지켜 거룩하게 하라. 엿새 동안은 힘써 네 모든 일을 행할 것이나 일곱째 날은 네 하나님 여호와의 안식일인즉 너나 네 아들이나 네 딸이나 네 남종이나 네 여종이나 네 소나 네 나귀나 네 모든 가축이나 네 문안에 유하는 객이라도 아무 일도 하지 못하게 하고 네 남종이나 네 여종에게 너같이 안식하게 할지니라. 너는 기억하라. 네가 애굽 땅에서 종이 되었더니 네 하나님 여호와가 강한 손과 편 팔로 너를 거기서 인도하여 내었나니 그러므로 네 하나님 여호와가 네게 명령하여 안식일을 지키라 하느니라.

계명은 아주 분명하다. 각 사람은 일을 그쳐야 한다. 주인뿐 아니라 모든 종과 외국인과 가축까지도 일을 그쳐야 한다. 나귀도 쉬게 하라!

종으로 하여금 안식일에 일을 그치게 해야 하는 이유는 이스라엘도 한때 종으로 일해야 했으며, 그러기에 종으로서 일하는 것이 얼마나 비참한지 알기 때문이었다. 그러므로 이스라엘은 여호와께서 자신들을 이집트의 압제에서 건져 내신 것에 감사하며 안식일을 지키고 모든 사람으로 하여금 일을 그칠 뿐 아니라 진정으로 쉬게 해 주어야 했다.

이 개념을 21세기에 적용하는 데는 어려움이 있을 것이다. 왜냐하면 성경 시대에는 대부분의 직업이 힘든 육체 노동을 포함했던 반면에 우리 시대에는 육체 노동을 하는 사람이 많지 않기 때문이다. 이 계명을 처음 받았던 이스라엘 백성에게, 이 계명은 적대적인 환경에서 힘든 농사일을 잠시 쉴 수 있다는 희망을 주었다. 우리는 해석학적인 틈을 넘어 안식일의 쉼을 우리 시대에 맞게 이해하려고 노력하면서, 주중의 활동과 안식일의 활동이 비슷하게 대조를 이루게 할 수 있을 것이다. 주중에 주로 육체 노동을 한다면, 안식일에는 육체적인 휴식을 취하도록 제안한다. 반대로 앉아서 일하는 사람들인 경우에는, 안식일에 육체를 가볍게 움직임으로써 대조적인 변화를 줄 것을 제안한다.

내 경우에는, 안식일 전후로 무엇을 하느냐에 따라 안식일의 육체적인 쉼이 몇 가지로 달라진다. 대부분의 경우에는 건강을 돌보기 위해 주중에 매일 수영을 한다. 그리고 주일에는 수영을 힘들게 하지 않는다. 주일에는 주중과는 다르게 물에 들어간다. 그저 수영장 가장자리에서 놀거나 호수의 물결 위를 한가로이 떠다닌다(수영장 코스를 힘들게 오가지 않아도 되니 얼마나 멋진 휴식인가). 나에게 안식일 지키기는 하나님이나 다른 사람들에게 집중하는 방식으로 운동하는 것을 의미한다. 그래서 숲속으로 하이킹을 자주 가거나(이럴 때는 언제나 하나님이 창조하신 아름다운 세계를 보며 그분을 찬양하게 된다) 친구들과 함께 산책을 한다(이때는 긍정적이고 건설적인 대화에 초점을 맞춘다).

또 하나 강조해야 할 것은 우리가 안식일에 노동을 쉴 수 있도록 특별한 주의를 자주 기울여야 한다는 것이다. 때때로 이것은 안식일이 진정으로 쉬는 날이 될 수 있도록 안식일 전날에 더 많은 일을 하거나 그 일을 주중에 나눠서 해야 함을 의미한다. 나 같은 경우는, 월요일에 강의가 있을 경우에는 토요일에 강의안을 최종 점검해야 한다. 이것은 대개 토요일에 일을 두 배로 해야 한다는 뜻이다. 왜냐하면 나는 보통 주일에도 강연이 있어서 그것도 준비해야 하기 때문이다. 그러나 내가 안식일 하루를 온전히 쉴 때 경험하는 자유로 볼 때, 주일 이전에 모든 일을 끝내기 위해 기울이는 추가적인 노력은 그만한 가치가 있다.

최근에 한 학교 교사는 내게, 교사들이 월요일에 학생들에게 성적표를 나눠 줘야 할 때 주일에 어떻게 쉴 수 있겠느냐고 물었다. 이 질문에는 세 부분으로 이루어진 대답이 필요하다. 먼저, 안식일을 지키겠다고 굳게 결심한 사람은 일을 안식일 이전의 평일에 나누어 할 수 있도록 계획을 수정하는 법을 점차적으로 배우게 될 것이다. 더욱이, 앞선 안식일의 쉼은 이들로 하여금 한 주 동안 좀더 열심히 일해서 다음 안식일이 오기 전에 자신들의 일을 더 잘 끝낼 수 있게 해줄 것이다(교사인 나의 친구는 바로 이것을 직접 경험했다). 마지막으로, 율법주의적이 되지 않도록 하자! 우리는 오류를 범할 수 있는 인간이기에 때로는 적절한 계획을 세우지 못한다. 그래서 월요일까지 끝내야 하는 일을 모두 끝내지 못할 수도 있다. 이럴 경우 우리에게는 세 가지 선택이 있다. 그 일을 끝내기 위해 토요일 늦게까지 일하거나, 월요일 아침에 일찍 일어나거나, 안식일의 시간을 얼마간 사용하는 것이다. 개인적으로 나는 온전한 하루를 쉼과 예배에만 쓰는 것을 매우 귀중하게 여기기 때문에 필요에 못 이겨(필요는 정말 은혜의 반대이다!) 나의 쉼과 기쁨의 날을 망치기보다는 기꺼이 첫째나 둘째를 선택할 것이다.

흥미롭게도, 과학적 연구는 성경에 제시된 하나님의 원칙들이 갖는 가치를 확증해 주는 증거를 자주 제시한다. 애리조나 대학의 후안-카르도스 레만은 육체적 활동과 쉼의 순환을 광범위하게 연구했는데, 그의 연구는 생물학적으로 볼 때 칠일마다 휴식을 취해야 하며 이렇게 취하는 휴식이 새로운 에너지를 공급해 준다는 것을 보여 준다.[1] 레만의 이론에 따르면, 엿새 동안 꾸준히 일한 후에 쉬지 못할 경우 이것은 불면증, 호르몬 불균형, 피로, 신경 과민, 신체 기관의 스트레스, 그 밖의 점차 심각해지는 신체적, 정신적 징후들로 이어진다. 레만은 이렇게 칠일마다 쉬어야 하는 것은 사실 인간의 생물학적 시계가 25시간을 주기로 돌아가기 때문이라고 주장한다.[2] 조직화된 사회에서는 자연의 시계에 맞추기 위해 매일 아침 한 시간씩 늦게 일어나는 것이 불가능하다. 따라서 우리의 신체를 너무 짧은 24시간의 시간 주기에서 회복하기 위해 때때로 '잠을 자거나' 쉴 시간이 필요하다. 레만은 우리의 시간 주기를 따라잡기 위해서는 칠일마다 반드시 '노동을 그치고' 다른 날들보다 더 오랫동안 몸을 쉬어야 한다고 주장한다. 그는 또한 성경의 안식일 계명에는 노동의 그침과 재충전의 개념이 모두 포함된다고 덧붙인다.

물론, 이러한 과학적 연구가 하나님의 계명의 정당성을 '증명해 주는' 것은 아니다. 과학과 신앙의 목적은 매우 다르기 때문이다. 그러나 과학적 탐구의 방법들까지도 오래 전에 안식일 계명에서 확립된 쉼을 위한 하나님의 계획이 진리라는 것을 보여 준다는 사실은 흥미롭다.

　육체적 쉼이라는 주제를 다루면서 곧바로 생각나는 중요한 경고가 하나 있다. 내가 보기에 우리 문화는 시청각 매체에 사로잡혀 있기 때문에 진정한 육체적 쉼을 누릴 수 있는 가능성이 그만큼 줄어든 것 같다. 우리의 감각이 광고의 공격을 받고 우리의 지각이 부도덕의 포격을 받을 때, 우리의 몸은 쉴 수 없다. 우리 사회에는 고요한 쉼이 절실히 필요하다(안식일 지키기에서 침묵이 갖는 중요성에 관한 논의는 22장을 보라).

　내 어린 시절에는 현관에 있는 그네가 안식일의 쉼을 위한 중요한 도구였다. 우리 가족이 거기에 앉아 있노라면 그저 산책을 즐기며 지나가던 동네 사람들이 잠시 들렀다. 우리는 부드러운 대화를 나누고 개똥벌레를 유심히 쳐다보았다. 현대 건축에서 이러한 현관이 회복되었으면 좋겠다. 현관을 다시 짓는 것은 기술화되고 마치 고치처럼 되어 버린(자기 영역에서만 사는) 우리 사회에서 이웃과 공동체 의식을 회복하는 데 도움이 될 것이다. 우리가 현관의 그네에서 쉴 수 있다면, 개똥벌레를 관찰하고 이웃과 다정하게 지내는 법을 좀더 쉽게 배울 수 있을 것이다.

　우리의 주변 세상은 더 나은 쉼이 필요하다는 것을 인식하기 시작하고 있다. 몇 해 전 "U.S. 뉴스 앤 월드 리포트"에 "캠퍼스에서 사업계까지 확산되는 안식일"이란 제목의 기사가 실렸다.[3] "목사의 안식일"이라는 글에서 유진 피터슨이 주장하듯이 "믿음도 없고 은혜도 없이 바쁘게만 돌아가는 악하고 급속하며 언제까지나 계속되는 사이클, 그 속에서 우리가 의식하는 거라고는 우리의 선한 의도뿐인 이런 사이클에 개입할 힘이 있는 것은 다름 아닌 하나의 계명이다." 그리고 피터슨은 안식일이란 우리가 하나님이 무엇을 하고 계시는지 볼 수 있을 정도로 자신의 활동으로부터 멀리 벗어나는 정돈된 시간과 공간이라고 설명한다. 우리가 일주일에 하루를 쉴 수 없다면, 우리는 자신을 혹사시키고 있다는 것이다.[4]

정신없이 달려가는 우리 문화에서 쉰다는 것은 너무나 어렵다. 따라서 안식일의 쉼을 자신들의 생활 양식으로 정착시키려는 사람들을 지원하는 것은 기독교 공동체의 매우 본질적인 기여일 수 있다. 너무나 많은 요인이 우리를 지속적으로 압박하며, 우리는 언제나 할 일이 너무 많다. 그러므로 우리는 그리스도의 몸의 지체들로서 서로가 쉬는 법을 배우도록 도와주어야 한다. 이상적으로 말하자면, 우리는 편안한 쉼을 누리는 방법으로—함께 가볍게 산책을 하거나, 서로에게 수면을 권하거나, 하나님의 은혜가 우리를 성취의 필요에서 해방했다는 것을 알도록 서로 도와주면서—안식일을 맘껏 누리기로 약속할 수 있을 것이다.

우리는 또한 실제적인 방법으로 서로를 도와줄 수 있다. 예를 들면, 주중에 다른 사람들의 허드렛일을 도와줌으로써 그들이 주일에 그 일을 하지 않아도 되게 하는 것이다. 때때로 나는 빨래를 할 때 친구 마이런의 빨래도 같이 해준다. 이렇게 하면 그는 토요일에 다른 일들을 끝내고(토요일은 그가 유일하게 학교 수업이 없는 날이다) 안식일에 자유롭게 쉴 수 있다. 사실 안식일에도 일을 그칠 수 없는 사람들이 너무나 많다. 음악가나 캠프의 요리사가 그렇다. 나는 의자를 정리하거나 설거지를 같이 함으로써 이들에게 도움의 손길을 주는 것은 우리에게 일이라고 생각하지 않는다. 우리가 서로에게 줄 수 있는 작은 지원 하나 하나는 다른 사람이 안식일의 쉼을 갖는 데 중요한 기여를 한다.

신명기 5장의 안식일 계명에는 이러한 지원이 내포되었을 것이다. 주인들에게 남종과 여종도 쉬게 하라는 계명은 주인들 자신에게 한 가지 사실을 상기시켜 주는 것으로 보인다. 그것은 바로 이들도, 여호와의 가르침을 통해, 스스로의 노력과 통제를 포기하고 하나님의 메누하의 달콤한 휴식을 누리라는 초대를 받았다는 것이다.

10. 정서적인 쉼

성경에서 가장 통쾌한 장면 가운데 하나는 갈멜산 꼭대기에서 엘리야가 바알의 선지자들과 대결하는 장면이다. 엘리야는 선지자들에게 불의 결투를 신청했다. 엘리야는 여호와께 제단을 쌓고 선지자들은 바알에게 제단을 쌓아, 각자 송아지를 잡아 제단에 올려 놓고 어느 신이 불을 내려 제물을 태우는지 보자는 것이었다.

이 장면은 점점 더 고조된다. 엘리야는 선지자들에게 먼저 해 보라고 한다. 선지자들은 아침부터 정오까지 기도하고 부르짖으며, 춤을 추고, 자해까지 했지만 아무 일도 일어나지 않는다. 이들은 아무런 응답도 없자 어찌할 바를 모른다. 엘리야는 이들을 조롱한다. "큰 소리로 부르라. 그는 신인즉 묵상하고 있는지 혹은 그가 잠깐 나갔는지 혹은 그가 길을 행하는지 혹은 그가 잠이 들어서 깨워야 할 것인지"(왕상 18:27). 자신을 구해 내는 동시에 당신들을 봐주지 못하는 신이라면, 도대체 그게 무슨 신이겠는가?

이 조롱은 아주 통쾌하다. 그리고 이 대결 전체는 바알이 전혀 신이 아니라는 것을 매우 분명하게 보여 준다. 물론 엘리야의 하나님, 곧 언약의 하나님만이 참 하나님이시다. 그분은 엘리야의 제단에 강력한 불을 내리심으로써 자신을 나타내셨다. 엘리야는 제단에 열두 통의 물을 부었는데 이것은 열두 지파를 상징할 뿐만 아니라 긴장감을 더하기 위해서였다. 당시는 3년간의 가뭄 끝이라 물은 아주 귀한 상품이었기 때문이다. 이어지는 장면에서 엘리야는 거짓 선지자들을 살육했고, 오래도록 기다리던 비도 내렸다. 분명히, 그날 엘리야는 믿을 수 없을 정도로 감정이 격해 있었을 것이다. 바알 선지자들과의 대결은 그를 몹시 지치게 했을 것이다(왕상 18:16-46).

그러나 이세벨 왕후는 이 사건에 별로 충격을 받지 않았다. 선지자들은 그녀의 신 바알을 섬겼고 엘리야는 골치 아픈 훼방꾼이었다. 그녀는 즉시 엘리야에게 사자를 보내 그의 운명도 선지자들의 운명과 같이 될 거라고 경고했다.

당신이 엘리야라면 이런 상황에서 어떻게 하겠는가? 나 같으면 틀림없이 도망칠 것이다. 엘리야도 그렇게 했다. 그는 서둘러 광야로 하룻길을 들어가 여호와께 자신의 생명을 거두어 달라고 간구했다. 예언자의 삶은 너무나 힘들었다.

놀라운 것은 여호와의 응답이다. 그분은 엘리야를 잠들게 하셨다! 그리고 나서 천사를 보내어 그를 먹여 주셨고, 그 후 엘리야는 다시 낮잠을 잤다. 그 후에 천사가 두 번째로 나타나 엘리야가 호렙까지 가는 긴 여행을 견딜 수 있도록 다시 음식을 준다. 여호와께서는 호렙에서 엘리야에게 나타나셨으나, 바람이나 지진이나 불과 같은 통상적인 형태가 아니라(이것들은 곧바로 시내산과 그곳에서 하나님이 나타나신 사건을 상기시켜 주는 이미지이다) 조용하고 부드러운 속삭임 가운데 나타나셨다(왕상 19:1-12).

이 이야기를 길게 논한 것은 이것이 우리 시대에 절실히 필요한 것을 깊이 있게 말해 주기 때문이다. 그것은 바로 정서적인 쉼이다. 우리는 정서적으로 지나치게 메말라서 우리에게 또는 우리 때문에 일어나고 있는 일에 대처하지 못할 때가 너무 많다. 우리는 시간과 변화의 속도, 우리에게 주어지는 요구들의 무게 때문에 육체적으로 지쳐 있다.

우리는 일상생활에서 바로 앞에서 말했던, 엘리야가 이틀 동안 겪었던 감정들과 똑같은 감정들을 경험한다. 의심할 여지 없이, 엘리야가 느낀 감정에는 두려움, 통쾌함, 공포, 확신, 당혹감, 기쁨, 의심 등이 뒤얽혀 있었다. 그가 죽기를 원한 것은 이상할 게 없다. 그러나 여호와께서 그를 위해 가장 먼저 하신 일은 그를 잠들게 하시는 것이었다.

이것은 정말 이치에 합당하다. 우리는 먼저 육체적으로 원기를 회복해야 하며, 그렇지 않을 경우 정서적인 필요를 제대로 해결할 수 없다. 안식일은 우리에게 육체적인 쉼—우리의 노동의 중단과 자신을 회복시키기 위한 수면—을 주며, 그런 다음에 특히 새로운 전망을 줌으로써 우리에게 정서적인 쉼을 준다.

어느 특별 전시회에서 여덟 점의 일련의 인상주의 그림들을 본 적이 있다. 그때 내 맘에 가장 덜 들었던 그림이 내가 자리를 옮겨서 다시 보자 새로운 아름다움으로 다가오는 것을 발견했다. 이와 마찬가지로, 안식일은 우리와 하나님, 우리 자신, 그리고 세상과의 관계에서 우리에게 다른 자리를 제공함으로써 정서적인 쉼을 준다.

엘리야가 육체적으로 힘을 얻은 후, 하나님은 새로운 방법으로―그 부드러운 사랑에서 나오는 조용하고 온화한 속삭임으로―그를 만나심으로써 그의 정서를 다루신다. 하나님은 엘리야의 의심과 두려움을 비판하지 않으신다. 오히려 그를 인자하게 맞으시고, 그에게 왜 그렇게 당혹해 하느냐고 물으시며, 그의 거듭된 불평에 귀를 기울이시고, 그에게 다음에 무엇을 해야 할지 새롭게 지시하신다. 이 모든 선물은 엘리야에게 정서적 치유를 위한 공간과 도구를 제공한다(이것들은 우리가 낙담 가운데 있을 때 서로를 어떻게 보살펴야 하는지에 대해 귀중한 모범을 제시한다).

안식일은 우리와 하나님의 관계를 좀더 깊게 하기 위해 구별된 날이며, 그분과의 깊은 관계는 필연적으로 정서적인 치유로 이어진다. 하나님은 우리가 연합하여 드리는 예배의 성경 봉독과 설교, 찬양과 의식 가운데서 인자하게 우리를 만나 주신다. 그분은 부드럽고 온정 어린 방법으로 자신을 우리에게 나타내신다. 더욱이, 하나님은 개인 기도에서 우리를 만나 주신다. 개인 기도는 우리의 감정을 쏟아놓을 기회를 주는데, 우리가 감정을 쏟아놓는 것은 하나님이 들으시리라는 것을 알기 때문이다. 고요히 묵상하는 시간에도, 하나님은 우리가 삶에서 일어나고 있는 일에 대처할 수 있도록 구체적인 지시를 주실 때가 많다. 기도와 묵상을 위해 구별된 특별한 날은 우리의 정서적 치유를 위한 큰 선물이다.

우리의 기술 사회는 헌신이 빠진 환락을 조장하기 때문에 우리에게는 참된 자아에 대한 헌신이 없으며, 그 결과 우리의 정서는 자주 고통을 당한다. 정서적인 쉼을 위해 구별된 날은 우리에게 침묵의 기회를 주어, 우리가 자신을 발견하며 자신의 본래 모습과 창의성을 회복하게 해 준다(이에 대해서는 뒤에서 몇 장에 걸쳐 좀더 자세히 살펴볼 것이다).

또한 우리가 다른 사람들과의 관계를 더욱 깊게 할 때―이것은 우리의 안식일 지키기에서 또 하나의 필수적인 부분이다―이들도 우리에게 정서적인 쉼을 선물한다. 내가 인디애나에 살 때 안식일은 나를 얼마나 자유케 했는지 모른다. 친구 다이애나와 함께 저녁을 먹고 연주회에 갈 때가 많았기 때문이었다. 그때 다이애나는 나를 짓누르는 감정의 무거운 짐을 내려놓을 수 있게 해 주었다. 음악 또한 큰 치유를 가져다 주었다(지금 나는 다른 곳에 살고 있는데, 대학 문화의 연주회며 독주회가 정말 그립다). 아름다운 음악은 언제나 하나님께 대한 나의 정서적인 삶을 고조시키며, 내 안에 그분의 위엄과 창조성에 대한 경외심이 가득하게 한다. 때로는 피아니스트인 다이애나 자신이 연주회를 하거나 연주회에 참여하기도 했다. 이런 경우에, 다이애나는 자신의 놀라운 음악적 재능을 자신의 안식일 예배로 드렸으며, 또한 다른 사람들의 예배의 깊이도 더해 주었다. 특히 내게 그러했는데, 사랑하는 친구의 예술성을 통해 하나님의 은혜를 듣노라면 예배의 깊이가 더해졌다.

안식일이 주는 정서적 치유에는 고독과 교제(공동체)에 대한 기여가 큰 부분을 차지한다. 우리에게는 조용한 공간, 성찰과 묵상을 위한 시간이 필요하다. 다른 한편으로, 우리에게는 상호 작용, 즉 가족의 하나됨, 여유로운 대화, 돈독한 우정을 다지는 안식일의 활동도 필요하다. 우리는 안식일 지키기를 통해 혼자서뿐만 아니라 관계 속에서 쉬는 법을 배울 수 있다.

더욱이 고독과 교제는 역설 가운데 조화를 이룬다. 우리가 갖는 고독의 시간은 교제 시간의 깊이를 더해 준다. 왜냐하면 우리는 혼자 있을 때 자신에 대해 더 많은 것을 알게 되고, 후에 그것을 전체에게 줄 수 있기 때문이다. 반대로, 우리가 갖는 교제 시간은 다른 사람들과의 상호 작용을 통해 우리의 자의식을 재정립해 주며 개인적인 성찰거리를 준다. 따라서 홀로 있고 다른 사람들과 함께하는 안식일 시간의 리듬은 우리의 정서적 삶에 큰 치유의 쉼을 가져다 줄 수 있다.

현대 세계는 삶에서 정서적인 긴장이 계속될 때가 많은데, 이것은 우리의 힘과 이해를 벗어난 것들이 너무나 많기 때문이다. 취미가 큰 도움이 되는 것도 바로 이 때문이다. 취미는 우리가 삶을 통제할 수 있는 작은 부분이 되기 때문이다. 우리는 새 옷을 잘 만들었거나 친구에게 직접 뜬 옷을 선물할 때, 모형 기차를 조립했을 때, 새로 들여온 새들의 이름을 지어 줄 수 있을 때 자신에 대해 뿌듯함을 느낄 수 있다.

세상적인 방법들에 대한 대안으로, 안식일의 영성은 현대 사회의 '통제 불능'과 싸우는 몇 가지 방법을 우리에게 제시해 준다. 첫째, 안식일의 영성의 질서와 리듬 자체가 정서적인 쉼을 준다. 삶의 너무나 많은 부분이 불확실하고 통제 불능인 환경에 좌우될 때, 칠 일마다 모든 것을 제쳐 놓을 수 있는 날이 온다는 확신은 우리에게 정서적 안정을 준다.

더욱이 안식일에 우리가 의도적으로 기억하는 것이 있다. 바로 우리가 스스로 하나님이 되려는 노력을 그쳤으며, 대신 우리의 모든 삶을 그분의 다스림에 맡겼다는 사실이다. 삶에서 하나님의 주 되심에 집중할 때, 우리는 우리의 통제를 벗어나 있으며 우리를 위협하는 모든 것을 주권적인 그분의 손에 맡길 수 있다. 일단 이러한 것들을 안전하게 그분의 손에 맡긴 다음 어리석게 그것들을 되찾아 오지 않는 한, 우리의 정서는 참된 위로와 치유를 주는 쉼을 얻을 수 있다.

적절한 예로, 독신자에게는 정서적인 지원이 필요하다. 가끔씩 내가 느끼는 개인적인 지원에 대한 필요가 앞으로도 과연 충족될 수 있을지를 생각하다 보면 큰 두려움을 느끼는 경우가 있다. 그러나 안식일의 영적인 쉼은 하나님의 은혜가 나의 삶을 든든히 받쳐 주며, 그분이 나의 정서적인 안녕을—엘리야의 경우에서 나타났듯이—친밀하게 보살피신다는 것을 계속해서 상기시켜 준다. 우리가 기독교 공동체 속에서 함께 예배하고 교제를 나누는 시간은, 하나님이 우리의 모든 필요를 공급하시는 데 있어서 언제나 육체적, 영적인 것뿐만 아니라 정서적인 것도 포함된다는 믿음으로 설 수 있도록 우리를 감싸 안아 준다.

우리는 또한 감정이 삶의 최우선적인 결정권자가 아니라는 사실을 깨달을 때 큰 쉼을 발견할 수 있다. 우리의 문화는 '느낌대로 해라' 또는 우리가 유혹을 받을 때는 감정에 복종해야 한다고 말한다. 안식일 지키기는 의지가 감정보다 강하며, 우리는 감정으로 인한 유혹을 물리칠 수 있고, 의지의 행위로써 우리의 감정까지도 의도적으로 바꿀 수 있다는 것을 상기시켜 준다. 내 말을 오해하지 말기를 바란다. 나는 감정을 억눌러야 한다고 주장하는 게 아니다. 감정을 억누르면, 큰 상처로 이어질 수 있다. 대신에 내가 주장하는 것은 감정을 삶이라는 기차의 승무원 칸으로서 적절한 자리로 돌려놓자는 것이다. 우리의 의지나 의도적인 생각은 기관차이며 감정은 적절히 따라올 뿐이다.

물론 우리는 자신의 감정에 주목해야 한다. 우리가 감정이라고는 전혀 없는 정서적으로 메마른 로봇이 되어야 한다고 촉구하는 것은 분명 아니다. 오히려 우리의 삶에서 하나님이 하나님 되시게 할 때, 우리는 감정을 건설적으로 다루고, 감정을 받아들이며 감정에 귀를 기울이되 감정에 지배되지 않는 자유를 누린다. 사실 스스로 하나님이 되려는 노력을 그칠 때, 우리는 참된 감정 가운데 쉼을 얻으며 자기 성격이 갖는 모든 색조의 가치를 인정하게 된다.

우리가 잘 알듯이, 삶의 무게는 우리로 하여금 자신의 가장 깊은 감정 및 내적인 바람과 접촉할 수 없게 한다. 우리에게는 삶의 모든 선물을 좀더 깊이 느끼고 감지하며 경험할 수 있는 시간이 절실히 필요한데, 하루 동안의 안식일 휴식은 이러한 우리의 깊은 필요를 채워 준다. 우리는 일의 속도 속에 묻혀 있었던 모든 감정을 발견하며, 그러고 나면 자신의 개인적인 특성을 이루는 진정한 요소인 가장 깊은 감정을 알 수 있다.

나의 새집이 주는 기쁨 가운데 하나는 몇몇 이웃집에 아름다운 장미 관목이 있다는 것과, 내가 이 책을 쓰기 시작한 올해처럼 따뜻한 가을에는 장미꽃이 평소보다 오래간다는 것이다. 매일 아파트 끝쪽에 있는 우편함에 갈 때마다 아직도 아름답게 피어 있는 온갖 장미 향기를 맡을 때면 얼마나 기쁜지 모른다. 내가 평일에 일하는 중간에 우편함을 찾는 일이 장미 향기를 즐길 기회를 내게 주듯이, 일하는 날들 사이에서 갖는 안식일의 쉼은 그렇지 않으면 숨겨져 있을 모든 감정을 즐길 기회를 우리에게 준다. 우리는 잠시 걸음을 멈추고 장미 향기를 맡고, 나뭇잎을 보고 기쁨을 느끼며, 세상의 색깔과 노래와 구조를 감상하고, 영혼의 깊은 곳에서 울고 웃으며, 하나님이 선하시기 때문에 기뻐 소리칠 수 있다.

이러한 묘사들은 3부와 4부에서 좀더 자세히 살펴볼 받아들임과 향연의 영역으로 우리를 인도한다. 이것들을 좀더 자세히 살펴보기 전에, 여기서는 우리가 안식일을 지킬 때 경험할 수 있는 또 다른 종류의 쉼을 살펴보기로 하겠다.

11.　　　　　　　　　　　　　　　지적인 쉼

"혼자 있게 해 줘. 생각할 시간이 필요해!"

　우리 문화가 미치는 가장 부정적인 영향 가운데 하나는 우리에게 창의적이고 깊이 있는 사고를 위한 시간을 별로 주지 않는다는 것이다. 우리 모두는 진행되고 있는 일을 파악하고, 우리에게 우리 속에서 우리 때문에 일어나고 있는 일에 대처하기 위해 생각할 시간이 필요하다. 그러나 단편화된 우리의 경험은 우리로 하여금 전체에 대한 일관된 시각을 갖지 못하게 한다.

　이 모든 것을 가장 잘 분석해 놓은 책 가운데 하나가 바로 자크 엘륄의 『굴욕당한 말』(대장간)이다. 이 책에서 엘륄은 일상을 바꾸어 놓고 대체로 파국에 초점을 맞출 정도로, 현실에 대한 우리의 시각이 작고 단편화된 조각의 형태로 주어지는 '뉴스' 때문에 심하게 왜곡되어 있다고 한탄한다. 그 결과 우리는 세상의 사건을 부적절한 시각으로 바라보고 따라서 희망과 의미에 대한 감각도 무디어진다. 우리는 머릿기사가 순간적으로 강하게 와 닿을 경우가 아니면 거기에 대해 별로 생각지 않으며, 따라서 우리의 시각은 대체로 부분을 전체 상황과의 관계에서 생각하지 않는 단절된 것이 되고 만다.

안식일 지키기는 우리에게 좀더 큰 전망을 가질 수 있는 시간, 단편화된 우리의 실존을 좀더 큰 전체에 비추어 볼 수 있는―자크 엘륄의 용어로 말하자면 우리의 보이는 실체를 보이지 않지만 좀더 큰 진리에 비추어 볼 수 있는― 시간을 준다.[1] 예를 들면, 세상의 보이는 실체에는 수많은 전쟁, 정치적인 혼란, 경제 불안, 무너진 기후 양태가 포함된다. 그러나 그럼에도 불구하고 이보다 우세하며 우리에게 희망을 주는 진리는 우리의 은혜로운 하나님이 아직도 우주를 주관하시며 궁극적으로 그분의 목적을 이루신다는 것이다. 이러한 좀더 넓은 전망은 우리의 태도를 재정립해 준다. 우리는 안식일 지키기의 한 부분으로서 하나님이 누구신가에 집중하는데, 이것은 뒤에 이어지는 날들 동안에 생각의 초점을 다시 맞출 수 있는 새로운 틀을 우리에게 준다.

이것은 안식일 지키기가 우리로 하여금 하나님의 좀더 큰 목적을 이해하며 우리의 지적인 일을 우주적인 틀 속에 둘 수 있게 해 준다는 사실과 관련이 있다. 우리의 문화는 전문화를 조장하며, 이 때문에 많은 학자들은 작은 문제들에 매달려 탐구한다. 우리는 믿음으로 하늘에서 우리의 자리를 취할 때(엡 2:6), 하나님이 세상에서 무엇을 하려 하시는지 좀더 분명하게 깨닫고 그럼으로써 그분의 목적 안에서 우리의 위치를 좀더 세밀하게 발견할 수 있을 만큼 세상의 성공 개념에서 멀리 벗어날 수 있다. 이렇게 말한다고 해서 전문화가 전체적인 시각에서 적절히 조절되고 있는데도 전문화 자체를 거부하고 있는 것은 아니다. 내가 반대하는 것은 세상의 격앙된 움직임, 탁월함과 성공을 향한 혈투, 다른 사람들의 안녕에 기여하는 것이 아니라 사상가만 떠받드는 공허한 지성화이다. 대신에 우리의 지적인 추구는 문제를 해결하거나 다른 사람들이 생각하거나 믿음을 고취하도록 도와줄 수 있다.

안식일 지키기의 침묵 속에서 우리의 지성은 쉼을 얻으며, 이러한 쉼은 하나님의 영광을 위해 우리의 지성을 가장 잘 사용할 수 있는 새로운 방법을 배울 수 있는 자유로 이어질 때가 많다. 노동을 그치고 두뇌를 쉬게 할 때, 우리는 크나큰 두려움, 곧 우리가 성취에 대한 세상의 기대에 희생될 때 마음에 밀려오는 두려움을 내어쫓을 수 있다. 게다가 우리의 지적인 쉼은 하나님의 목적을 위협할지 모르는 모든 무의미한 생각이나 지적인 교만을 버릴 용기를 우리에게 준다.

더욱이 안식일을 지킨다는 것은 철저히 쉰다는 뜻이기 때문에, 우리는 안식일에 자신의 일상적인 지적 노동으로부터 쉴 수 있다. 안식일에는 평일에 우리의 지성을 지배하는 것들을 생각할 필요가 없다. 그런 문제들을 일시적으로나마 제쳐 둘 때, 우리는 다시 새로운 활력을 얻고 일상적인 사고의 주제들로 돌아갈 수 있다.

여기에 특히 주목하게 된 것은 이 책을 교정할 무렵의 어느 주일이었다. 외부 강연 약속 때문에 이미 많은 주말을 밖에서 보낸 후, 나는 마침내 집에서 안식일을 맞았다. 가정교회에서 예배를 드리고, 가까운 친구에게 특별한 점심을 대접하며, 낮잠을 자고, 방마다 장미꽃을 장식하며, 시원한 가을 바람에 산책을 하며 몇몇 친구 집을 찾아가고, 다른 네 친구들에게 편지를 쓰면서 그들을 위해 기도할 기회를 마음껏 누렸다. 다음 날 새로운 활력을 얻어 이 책을 교정하는 일을 다시 시작했다.

안식일 지키기는 우리의 태도에도 직접적인 영향을 미친다. 우리는 쉴 때 좀더 객관적으로 생각할 수 있다. 문제나 중압감이나 고통이 주는 당장의 영향 때문에 시각이 흐려져서 생각이 크게 혼란스러워질 때가 많다. 하지만 하루만이라도 모든 것을 제쳐 두고 안식일을 축하하는 동안 그런 문제로 마음 졸이기를 그치고 나면, 우리는 좀더 맑은 정신으로 생각할 수 있다.

더 나아가 우리가 안식일 지키기에서 경험하는 기쁨은 우리로 하여금 좀더 현실적이 되게 해 준다. 우리는 즉각적인 요즘 세상, 그리고 세상의 부정적인 면들을 현실주의로 대응할 수 있다. 이 현실주의는 바로 여전히 하나님은 아주 미쳐 버린 것처럼 보이는 모든 것 위에 계시는 하나님이시며, 그분의 사랑이라는 보이지 않는 진리가 이 세상의 고통이라는 보이는 실체보다 더 크다는 것을 아는 지식에서 나온다.

거룩한 시간은 고요함도 낳는다. 이 고요함은 나머지 엿새 동안에도 계속되며 우리로 하여금 좀더 철저히 생각하게 해 줄 뿐만 아니라 우리를 자유롭게 하여 좀더 창의적이 되도록 해 줄 것이다. 나의 가장 좋은 생각들 가운데 어떤 것들은 안식일 지키기의 고요 가운데 생겨난다. 그리고 나는 갑작스럽게 다가오는 좀더 완전한 이해의 순간을 자주 경험한다. 이것은 쉼을 통해 나의 마음이 새로워졌고, 생각이 강요당하지 않을 때 좀더 유기적으로 생각할 수 있기 때문이다. 나는 가능한 한 창의성이 오랫동안 자유롭게 노닐도록 놔두고 더 깊은 성찰을 위해 새로운 발견들을 일기장에 기록해 두려고 노력한다. 그러나 안식일에 생각하는 일을 하지 않는 것도 중요하다고 생각한다. 우리의 창의성이 부담스러운 것이 되기 시작할 때는 언제든지, 그 창의성이 안식일의 쉼을 망쳐 버린다.

내가 안식일에 일하지 않는다는 원칙을 매우 엄격하게 지키는 것이 그렇게 중요한 것도 바로 이 때문이다. 나는 내가 하고 있는 글쓰기 작업이나 준비해야 할 성경 공부를 생각하지 않으려고 노력한다. 새로운 생각들이 생겨나면, 그것들을 하나님이 주신 특별한 안식일 선물로 여기고 기쁘게 받지만, 내가 그것들에 대해 **일하지 않게** 하려고 노력한다.

내가 주일 아침에 성경 공부를 인도하는 게 좋은 예일 것 같다. 내가 안식일 지키기에 관해 말하는 것을 들은 사람들은 자주 이렇게 묻는다. "하지만 설교를 해야 하는 사람들이나 예배에서 음악을 담당하는 반주자, 혹은 성가대 지휘자들은 어떻게 해야 합니까? 우리에게는 이들이 꼭 필요합니다. 그리고 안식일에 성경 공부를 인도하는 당신은 어떻게 됩니까?" 맞는 말이다. 그러나 내게 있어 성경 공부를 인도하는 것은 더없는 기쁨이며 대개는 성령의 힘 주심을 새롭게 경험하는 토대이다(내가 주일 아침에 오르간을 연주하거나 성가대를 지휘할 때, 혹은 성가대에서 노래를 하거나 설교를 할 때도 항상 이렇게 느낀다). 그러나 안식일 아침에 이런 일들을 위해서 공부를 하거나 연습을 하지는 않는다! 나의 모든 공부는 주중이나 주말에 미리 마무리되어야 한다. 그러면 내가 가르쳐야 할 시간에는 성령께서 내가 공부한 것을 생각나게 하시고, 내가 말할 때 새로운 통찰력을 내게 주실 수 있다. 내가 나의 숙제—성경 공부를 준비하면서 언어를 연구하고, 개요를 잡고, 내용을 묵상하는 일—를 하지 않는다면 성령께 귀 기울이는 이러한 자유는 불가능하다. 그러나 안식일은 지적인 쉼을 위한 날이다. 따라서 나는 모든 숙제를 토요일 밤에 잠자리에 들기 이전에 확실히 끝내고 싶다.

그러고 나면 안식일이 즐겁기만 하다! 나는 안식일의 지적인 쉼을 통해 가능해진 창의성과 아름다운 성경 본문을 다룰 때마다 나를 뒤덮는 하나님과의 친밀함을 온전히 누릴 수 있다! 하나님이 은혜로 나를 그분의 종으로 삼아 다른 사람들을 그분이 우리를 위해 준비해 두신 성경의 발견들로 이끌게 하시는 것에 매우 깊은 감사를 느낀다.

물론 내가 항상 이렇게 '유쾌하고 밝을' 수는 없다. 모든 것이 잘못되어 가고, 온갖 장애물이 안식일의 자유를 가로막을 수도 있다. 그러나 그침과 쉼의 날이라는 안식일의 의미는 우리가 이런 것들에 너무 들볶이지 않게 해 준다. 우리는 부딪히는 문제들로부터 좋은 교훈을 얻으며, 안식일 이전에 준비를 더 잘 함으로써 앞으로는 그 문제들을 예방하려고 노력할 수 있다. 이 책의 설명은 이상적이라는 것을 기억하라. 분명히 우리는 안식일을 완벽하게 지킬 수는 없다. 그러나 우리의 비전과 그 비전에 대한 불완전한 실현 사이의 불일치 때문에 안식일 지키기가 주는 유익을 망칠 필요는 없다. 한 주 한 주는 안식일을 가능한 한 철저하게 누릴 새로운 기회를 준다. 안식일 지키기의 지적인 쉼이 그렇게 중요한 이유 가운데 하나는, 성경이 우리에게 계속 상기시키듯이, 성령께서 일차적으로 우리의 마음을 새롭게 하심을 통해 일하신다는 사실 때문이다. 바울이 로마서에서 하는 다음 권고는 특히 생생하다.

> 그러므로 형제자매들아 하나님의 자비하심에 눈을 크게 뜨고 너희에게 촉구하노니, 지적인 예배의 한 행동으로, 너희 몸을 하나님께 거룩하고 기쁜 산 제사로 드려라. 더 이상 세상의 방식을 따르지 말고, 너희를 향한 하나님의 계획이 선하고, 합당하며, 참된 성숙의 목표를 향해 나아간다는 것을 행동으로 입증하기 위해 너희 마음을 새롭게 함으로 변화되어라.[2]

지적인 예배는 자신의 가치관과 목표를 따르라는 주변 세상의 압력을 피하는 한 방법이다. 우리의 눈이 하나님의 자비의 풍성하심에(영적인 쉼에) 열려 있을 때, 우리는 우리의 몸을 하나님께 산 제사로 드릴 수 있다. 이것은 하나님이 우리를 그분의 거룩한 은혜의 불로 사르시게 함으로써 하나님께 거룩하고 기쁜 존재가 되려는 자신의 모든 노력에 대해 죽을 수 있다는 뜻이다. J. B. 필립스가 이 구절을 의역한 대로, 우리는 주변 세상이 우리를 자신의 틀에 밀어 넣도록 허락할 필요가 없다. 대신에 우리는 안에서부터 개조될 수 있다. 하나님이 이 일을 하시는 방법은 바로 우리의 마음을 새롭게 하시는 것이다. '새롭게 함'으로 번역되는 헬라어 '아나카이노시스' *anakainosis*는 사고의 중대한 개혁을 암시한다.

건물이 개조될 때, 새 건물이 새 재료로 더 견고하게 세워질 수 있도록 낡은 재료는 제거된다. 이와 마찬가지로, 우리에게는 하나님이 우리의 생각을 명하는 데 사용하기를 원하시는 영적 전망의 새 건물을 세우기 위해 우리의 낡은 지적인 양식을 그치는 안식일의 쉼이 필요하다. 우리에게는 이러한 지적인 정밀 검사가 매주 필요하다. 그렇지 않으면 우리는 세상의 사고방식에 점점 더 빠져들게 된다. 우리는 참된 현실주의와 희망, 균형 잡힌 주관성과 객관성, 하나님의 온정 어린 지혜의 따사로움과 같은 재료로 우리의 생각을 건축하는 대신 세상의 냉소주의와 절망에, 세상의 지나치게 객관적인 합리성과 기술적인 메마름에 너무나 쉽게 빠져들 수 있다.

안식일 지키기는 후기 기독교 세계에서 그리스도인으로서 생각의 싸움에서 쉴 수 있는 시간을 준다. 안식일 지키기는 우리가 다른 데 정신을 팔지 않고 하나님께 생각의 초점을 맞추게 해 준다. 성령께서 새롭게 하는 능력을 가지고 이 거룩한 시간에 들어오셔서 안에서부터 우리의 생각을 하나님의 온전한 지혜에 맞는 새로운 양식으로 변화시키신다.

12. 쉼을 돕는 도구들

나의 안식일 관습 가운데 몇 가지는 앞에서 이미 소개했다. 지금은 잠시 시간을 내어 당신의 안식일 지키기가 일, 생산, 염려, 하나님이 되려는 노력, 소유, 그 밖에 우리 문화 속에서 모든 함정에 빠질 만한 모든 것들과 그것의 무의미함을 그치고 제쳐 둠으로써, 안식일이 거룩한 시간이 될 수 있도록 계발하고 싶은 관습이 무엇인지 생각해 봐야 할 시간이다. 삶에서 당신을 쉴 수 있게 해 주는 선물은 무엇인가? 이미 2부에서 논의한 몇 가지 쉼을 돕는 도구들을 생각해 보는 것이 도움이 될 것이다.

첫째, 당신이 하나님의 은혜 안에 좀더 완전하게 쉬는 데 도움이 될 관습이나 도구는 무엇인가? 당신이 특별한 방법으로 하나님의 임재를 더 깊이 경험하게 해 주는 것은 무엇인가? 나를 하나님의 임재로 인도해 주는 효과적인 도구는 아름다움이다. 아름다움은 형태가 아주 다양하며 모든 감각을 자극시켜 준다. 아름다운 음악, 산, 꽃, 단풍, 겨울의 눈으로 어우러지는 장엄한 자연, 초와 향품의 향기, 모포의 부드러움과 따사로움, 성찬의 빵과 포도주의 맛, 아이들과 가까운 친구들의 포옹, 예술 작품의 신비…. 이 모든 것이 나로 하여금 창조자요 디자이너이신 하나님의 임재를 경험하게 한다.

이것들은 당신에게는 하나님의 세미한 음성을 듣게 해 주는 것들이 아닐 수도 있다. 나의 목록을 제시하는 것은 다만 당신 자신의 성찰을 자극하기 위해서일 뿐이다. 당신은 어떤 것이 자신에게 참된 쉼을 가져다 줄지 생각하면서 당신을 하나님의 임재로 이끄는 것들을 가려낼 수 있을 것이다.

나는 또한 하나님을 찬양하는 가운데 창의성을 자극하는 모든 것을 통해 영적인 쉼을 경험한다. 예를 들면, 다양한 악기를 연주하는 것은 내게 있어 하나님을 찬양하는 한 방법이다. (나는 피아노, 기타, 켈틱 하프, 세 개의 리코더, 아프리카의 카림바, 일본식 실로폰, 그 외 많은 리듬 악기들이 있다!) 나는 즉흥 연주를 좋아한다. 그 누구도 연주자가 얼마나 잘하는지 신경 쓰지 않기 때문이다. 우리는 연주회를 열 정도의 실력을 갖춰야 한다는 부담감 없이 자유롭게 주님을 향해 기쁨의 소음을 낼 수 있다.

무엇보다도, 하나님의 말씀을 묵상하는 것이 우리를 영적인 쉼으로 이끈다. 나는 특히 성경에 관한 전문적인 책이 아니라(이런 책은 주중에 일하면서 자주 읽는다) 하나님을 찬양하는 데 초점을 맞춘 책들을 읽기를 좋아한다. C. S. 루이스의 『나니아 연대기』(시공주니어), 조지 맥도널드의 소설들, 찬양, 시, 아름다운 그림들로 가득하며 영감을 주는 책들, 신비적인 작품들, 그저 하나님의 말씀의 진리를 기뻐하는 책들이 여기에 속한다. 안식일에 그저 성경 본문만을 생각하면서 여가를 즐기는 것은 바쁜 주중에는 대개 누릴 수 없는 특권이다.

물론 우리의 안식일 지키기에는 모든 종류의 쉼이 서로 맞물려 있다. 우리에게 육체적인 쉼을 주는 모든 것은 우리를 하나님의 은혜에 더 깊이 잠기게 해 주기도 할 것이다. 더욱이 우리는 육체적으로 쉴 때 정서적으로도 더 많은 쉼을 얻을 것이다. 여기서 기억해야 할 중요한 사실은 어떤 행동이나 도구는 다양한 안식일의 쉼에 특히 도움이 된다는 것이다.

우리는 육체적인 쉼을 생각할 때 무엇보다도 먼저 어떤 종류의 전통이 삶의 속도를 늦추는 데 도움이 되는지 생각할 것이다. 어린 시절, 우리 가족은 주일 저녁이면 아버지가 교장이고 어머니가 교사였던 루터교 학교의 선생님들을 저녁 식사에 초대함으로써 삶의 속도를 늦추었다. 메뉴는 매주 똑같았다. 난롯가에서 먹는 핫도그였다. 그것은 분명 고급 음식은 아니었지만 주일 저녁은 내게 너무나 특별했다. 그랬기에 최근 주일 저녁에 나의 대자녀 셋과 그들의 부모를 핫도그 파티와 음악 만들기에 초대했다. 이러한 관습은 대개는 학교 운영과 가르치는 일로 눈코 뜰 새 없이 바빴던 부모님의 삶의 속도를 크게 바꾸어 놓았다. 아늑한 난로가에 둘러앉은 친구들의 따뜻한 분위기는 부모님의 삶의 속도를 늦춰 주고 그분들에게 긴장을 풀 시간을 주었다.

내 아파트의 난로도 같은 역할을 한다. 난롯가에 앉아 있노라면 타오르는 석탄을 주시하게 된다. 장작들이 갈라지면서 유쾌한 소리를 낼 때면 책을 읽다 말고 자주 그곳을 쳐다보게 된다. 난로가 주는 아늑한 따사로움은 손님들과 나누는 부드러운 대화의 깊이를 더해 준다.

(난로가 있건 없건 간에) 친구들과 함께하는 일도 나의 삶의 속도를 늦춰 준다. 이것은 나로 하여금 일에 대한 생각을 떨쳐 버리고 긴장을 푸는 은혜의 시간으로 들어가게 해 준다. 특별한 사람들을 저녁 파티에 초대하는 것이 내가 안식일에 가장 하기 좋아하는 일 가운데 하나인 것도 바로 이 때문이다. 여기서는 요리를 간단하게 한다는 사실을 강조해야겠다. 색다른 메뉴를 준비하기 위해 온갖 수고를 더한다면, 이것은 안식일의 쉼의 모든 가치를 파괴하는 것이 되고 말 것이다. 나는 도자기 식기세트를 사용하고 촛불을 켜 놓고 최대한 분위기를 아름답게 함으로써, 특히 누군가를 감동시키기 위해 자신을 혹사시키지 않음으로써, 저녁 식탁을 아름답게 꾸밀 수 있다고 믿는다.

앞에서 안식일에 육체적인 쉼을 누리기 위해 행동을 바꾸는 것에 대해 말했다. 즉 우리가 주중에 수영장에서 힘껏 수영을 한다면 안식일에는 그렇게 하지 않거나, 대신에 가볍게 산책을 하는 것이 좋을 거라고 말했다. 나는 작년 2월 첫 번째 안식일 오후에 밸런타인 선물을 준비하는 멋진 시간을 가졌다. 가게에 갈 짬이 없었기 때문에, 선물을 멋지게 장식할 일반적인 재료가 없었다. 가장 소중한 사람들에게 일상 용품을 쓰지 않고 나의 사랑을 표현할 방법을 찾는 일은 정말 즐거웠다. (나는 사랑하는 사람들에게 그들의 지원이 없었다면 나의 대학원 시절이 지루하고 무미건조했으리라는 것을 알려 주기 위해 헌 판지 조각들을 사용하는 방법을 마침내 찾아냈다!) 이러한 행동이 내게 정서적인 쉼을 준 것은 내가 애정과 감사를 표시할 기회를 얻었기 때문만이 아니라 내 자신에게서 새로운 창의성을 발견하게 되었기 때문이기도 했다.

역설적으로, 고독과 교제 양쪽 모두 나를 정서적인 쉼으로 이끈다. 때로는 (하나님의 임재 가운데) 혼자 걸을 때 엄청난 정서적 치유가 일어나지만, 슬픔을 친구에게 쏟아놓는 것이 더 큰 도움이 될 때도 있다. 우리들 각자에게 있어, 이처럼 정서적인 쉼을 주는 것들은 우리를 불안케 하는 감정들로부터 우리를 끌어내거나 우리를 괴롭히는 모든 것과 맞서기에 충분한 정서적인 안정을 준다.

이와 비슷하게, 지적인 쉼에 가장 큰 도움이 되는 것은 우리를 새롭고 창의적인 사고의 길로 이끌거나 다가오는 날들(평일)에 마주쳐야 하는 고통스러운 생각을 결박할 수 있도록 하나님 안에서 우리의 마음을 강하게 하는 도구들이다. 나는 이야기며 동화 읽기라는 방법을 통해 지적인 쉼이라는 하나님의 선물을 받기를 가장 좋아한다. 나는 종합시험을 보기까지 8주 동안 주일마다 조지 맥도널드의 이야기를 읽었다. 그의 책에 등장하는 주요 인물들의 착한 마음과 그들의 덕스러운 행동이 좋다. 이들은 하나님의 길을 선택하도록 나를 고무시키며, 내 안에 더 사랑하고 더 선하고자 하는 강한 열망을 일으킨다. 특히 시험이 시작되기 전날에는 몇 달 동안 준비한 것을 제쳐 두고, 모든 지적인 일을 그치며, 대신에 좋은 이야기로 지적인 쉼을 즐기면서 엄청난 새 힘을 얻었다. 좋은 동화도 큰 정서적 치유를 가져다주는데, 이것은 동화가 해피엔드로 끝나기 때문이다. 즉 우리 속에 새로운 희망과 신뢰를 창조한다.

모든 형태의 안식일의 쉼에 가장 큰 도움이 되는 것은 거룩한 시간이라는 하나님의 선물이다. 우리는 주중에는 온갖 일들 때문에 시간이 없다. 일을 제쳐 둘 수 없다. 우리의 정서의 수위를 낮출 여유도 없다. 긴급한 일에 지성을 집중해야 한다. 그 결과 우리는 모든 것 저변에 있는 하나님의 은혜를 보지 못하고 쉽게 지나친다. 따라서 우리의 안식일 지키기가 하나님의 큰 은혜와 좀더 확고하게 연결될 때, 우리는 온전한 쉼을 경험할 수 있다. 온전히 하루를 안식일로 지키는 것, 즉 24시간을 온전히 안식일로 지키는 것이 그렇게 중요한 것도 바로 이 때문이다. 이렇게 안식일을 지킬 때, 우리는 노동을 그치고 참된 쉼을 경험할 충분한 시간을 가질 수 있다.

13. 사회적인 쉼

'사회적인 쉼'이라는 말은 들어 본 적이 없다. 대신에, 우리가 대개 듣는 것은 **사회적 불안**이라는 말이다. 안식일 지키기의 신명 나는 부분 가운데 하나는 그것이 우리의 가까운 공동체에는 물론, 혼란스럽고 전쟁에 찢긴 세계 양쪽에 매우 실제적인 결과를 가져다 준다는 것이다.

안식일 지키기에 대한 나의 강한 헌신과 굶주린 자들을 돌아보고 세상의 평화를 세우려는 나의 뜨거운 바람은 지난 여러 해 동안 함께 커져 왔다. 나는 최근에야 이러한 모든 것이 아주 긴밀하게 연결되어 있음을 깨닫기 시작했다.

내 어린 시절의 즐거운 세상이 처음으로 크게 뒤흔들렸던 것은 대학교 3학년과 4학년 사이였다. 그전에 건강상 매우 심각한 문제들을 겪었으나 이러한 개인적인 문제들도 여전히 안전하고 선해 보이는 더 큰 세상에 감싸여 있었다. 나는 토마토가 많이 나는 오하이오의 어느 부유한 시골에서 신실한 그리스도인들에 둘러싸여 아주 안전하게 살아 왔다.

그러나 대학 합창단원으로 세계 순회 공연에 참여하면서, 기아라는 거대한 세계적인 문제에 갑자기 눈을 뜨게 되었다. 인도에서 그곳 루터 교회를 격려하기 위해 연주회를 열었던 열흘 동안, 우리는 수천 명의 거지, 거리에 쓰러져 있는 수백 명의 사람들, 시신을 묻기 위해 시신을 한곳으로 모으는 수십 개의 큰 수레를 보았다. 거기서 나의 모든 것이 뒤집어졌다. 세상에 대한 나의 이해가 완전히 바뀌었다. 세계의 기아와 가난과 맞서 싸우는 데 남은 생애를 보내야 한다는 걸 알았던 것이다.

대학을 졸업하고 성경 교사로 일하는 동안, 원수를 사랑하라는 예수님의 지속적인 도전이 나를 점점 더 괴롭혔다. 그분은 우리에게 원수들을 먹이라고까지 명령하셨다. 그러기에 평화에 대한 나의 관심은 이전에 눈을 떴던 경제적인 관심과도 연결되었다. 그래서 세계의 군사력 증강이 가난한 사람들을 먹일 자원이 부족하게 된 주된 이유라는 것을 알기 시작했을 때, 평화를 위해 일하려는 열망과 굶주림에 맞서 싸우려는 열망이 내 속에서 완전히 하나가 되었다.

그런가 하면 교회가 분명히 어딘가 잘못되었다는 생각도 들기 시작했다. 왜 우리는 도적질하지 말라, 살인하지 말라는 계명에는 주목하면서, 너무나 많은 경우에 안식일을 지켜라, 간음하지 말라는 계명에는 주목하지 않는가? 이 문제를 생각할수록 실제로 우리가 여호와 우리 하나님을 공경하며 오직 그분만 섬기라는 것에서부터 어느 한 계명에도 주목하지 않았다는 걸 더 많이 깨달았다. 우리는 은행을 털어 도적질을 하거나 배우자를 죽여 살인하지는 않을 것이다. 그러나 그리스도인들은 가난한 자들의 것을 도적질하는 데 가담하며, 현재의 경제 정책이 이를 조장하고 있다. 그뿐 아니라 '민

주주의 수호'라는 이름으로 행해지는 살인에도 가담하고 있다.

따라서 이러한 성경적 관심들은 함께 생겨났으며, 나는 이것들이 모두 하나인 것을 보았다. 우리가 오직 여호와만 섬기기를, 특히 이 목적을 위해 구별된 날에, 그분만을 섬기기를 거부하는 것은 가난한 자들과 배고픈 자들과 원수들을 사랑하기를 거부하는 것과 강하게 얽혀 있다. 우리의 모든 거부는 하나님이 우리의 삶에 주시는 교훈의 지혜에 대한 거부이다. 우리는 자신을 행복하게 하는 방법을 하나님보다 더 잘 안다고 생각하며, 그래서 그분이 참으로 즐거운 삶을 위해 우리에게 주신 모든 교훈을 무시한다. 생명을 창조하시는 분에게 헌신하라, 엿새 동안 일하고 안식일의 그침과 쉼과 받아들임과 향연의 리듬에 따라 살아라, 성생활은 하나님의 계획에 따라 건전한 관계 속에서 가져라, 경제 안정과 정치적 평화 양쪽 모두를 구함으로써 이웃과 원수를 사랑하라 등등.

긍정적인 면에서, 특별한 날을 하나님께 예배하는 데 바친다면, 우리는 안식일 지키기를 통해 영적, 육체적, 정서적, 지적으로, 사회적으로 크게 변화되어 하나님과 다른 사람들에 대한 우리의 섬김도 나머지 계명들과 훨씬 더 큰 일치를 이룰 것이다. 우리가 안식일을 지키기로 선택할 때, 이것은 우리가 나머지 세상과 관계하는 법을 결정적으로 바꿔 놓을 것이다. 내가 이 장의 제목을 '사회적인 쉼'이라고 한 것은 근심을 줄이고, 성취와 생산성에 목을 매는 태도를 바꾸며, 정서적인 쉼을 누리고, 그 외 우리가 그침과 쉼이라는 부분(1부와 2부)에서 논의한 그 밖의 요소들이 우리로 하여금 세상의 긴장 속에서 다르게 행동할 수 있게 해 줄 것이기 때문이다. 확신컨대, 세상의 모든 그리스도인이 안식일을 철저히 지킬 수 있다면, 우리는 서로를 죽일 필요가 없다는 것도 배울 수 있을 것이다.

인디애나에 살 때 내 아파트 거실에는 포스터가 한 장 걸려 있었다. 흑인과 백인이 포옹하고 있고, 그 밑에는 아주 도전적인 글귀가 적혀 있었다. "평화를 위한 가장 간단한 제안: 세상 모든 그리스도인이여, 서로를 죽이지 않기로 결심합시다." 우리 그리스도인들이 이것을 진지하게 받아들인다면 세상에 어떤 일이 일어날 수 있겠는지 상상해 보라!

안식일 지키기에 본래부터 담겨 있는 평화 세우기라는 개념은 유대인 뿌리로 거슬러 올라간다.『어머니의 안식일』에서 체임 그레이드는 어머니가 안식일을 욕되게 하지 않으려고 자신의 혀에 분명히 재갈을 물리는 것을 여러 번 보았다. 체임이 어릴 때, 한 이웃 사람은 그를 이렇게 꾸짖었다. "어떻게 유대인 소년이 그렇게 이방인 같은 폭력을 쓸 수 있니?"[1]

주후 200년경에 편집된 미쉬나는[2] 안식일에 공공장소에서 어떤 종류의 짐도 나르지 말라는 안식일 율법에는 무기도 포함되며, "칼, 활, 화살, 방패, 창을 거룩한 날에 가지고 나가서는 안 된다는 것"을 가르쳐 준다. 랍비 엘리에젤은 무기는 몸에 지니는 장신구라는 근거에서 여기에 반대하며 안식일에 무기를 가지고 다닐 수 있다고 말한다. 그러나 다수의 랍비는 이와는 반대되는 결정을 내렸으며, 랍비 엘리에젤을 반박했다.

그러한 무기들은 인간에게 수치일 뿐이다. 그러기에 이사야는 "그 칼을 쳐서 보습을 만들고 그 창을 쳐서 낫을 만들 것이며 이 나라와 저 나라가 다시는 칼을 들고 서로 치지 아니하며 다시는 전쟁을 연습지 아니하리라"고 예언하지 않았는가? 이것이 우주 역사의 궁극적인 이상이라면, 어떻게 무기가 장신구의 의미를 가질 수 있겠는가![3]

중세 교회의 성직자 계층은 서구 세계의 그리스도인들에게 안식일과(주일에 지켜졌다) 다른 축일에는 서로를 죽여서는 안 된다는 것을 확신시킬 수 있었다. 서로 싸우는 집단 대부분이 적어도 정치적으로는 그리스도인이었기 때문에, 성직자들은 '하나님의 정전'이라 불리는 것을 시행할 수 있었다. 그러한 날에는 전쟁하는 사람들이 예배할 수 있도록 어떤 싸움도 없었을 것이다. 성직자들은 '하나님의 정전'이라는 방패 아래 지켜지는 날들을 확대함으로써 싸움을 크게 줄일 수 있었다. 심지어 전쟁 중에도 그리스도인 농부들은 때때로 고립된 적군 병사들에게 성탄절 만찬을 베풀었다.

내가 이 장을 집필하고 있을 때 생애의 많은 부분을 평화를 위해 일하는 데 바친 친한 친구에게서 전화가 왔다. 기가 막힌 타이밍이었다. 내가 '하나님의 정전'이라는 개념을 설명하자, 글렌은 이것이 최근 많은 흡연자가 모두 같은 날에 담배를 끊으려 했던 "미국의 대금연 운동"과 같은 것으로 들린다고 했다. 이 운동의 의도는 흡연자들로 하여금 일일 금연에 성공하고 담배 없는 하루를 즐기게 함으로써 완전 금연을 유도하려는 것이었다. 이와 마찬가지로, 그리스도인들이 모두 안식일에 서로를 죽이지 않기로 결심한다면, 이들은 곧 이것을 한 주의 다른 날들로 확대하여 전쟁을 완전히 그치게 될 것이다.

　핵무기 시대에 이러한 하나님의 정전 개념은 어떤 의미를 갖는가? 물론 후기 기독교 세계에서, 우리는 더 이상 이 개념을 전쟁 중에 있는 모든 나라에 적용할 수는 없다. 그러나 모든 그리스도인이 서로를 죽여서는 안 된다는 것을 확신한다면, 이 개념을 실제적으로 적용함은 무엇을 의미할 수 있겠는가?

　안식일 지키기는 우리로 하여금 원수를 사랑하라는 예수님의 명령을 좀더 진지하게 다시 생각해 보게 한다. 생산성과 성취에 대한 우리의 필요를 그칠 때, 이것은 또한 우리가 옆 사람보다 더 나아야 한다는 필요를 줄여 준다. 쉼—특히 정서적인 쉼—은 적대감을 줄여 준다.

　안식일 지키기의 이러한 효과에는 모든 수준의 적대감이 포함된다. 지난 몇 년 동안, 참된 안식일 지키기는 나로 하여금 적대감이 일어나고 있는 모든 관계—가족, 친구, 이웃, 내가 속한 기독교 공동체뿐만 아니라 지구촌 공동체의 사람들과의 관계—를 다시 생각해 보게 한다는 것을 발견했다. 내가 '참된 안식일 지키기'라고 말한 이유는, 내가 원하기만 한다면 적대감이 주로 나의 교만과 악의에 찬 행동이나 뒤틀려진 의식 때문이라는 사실을 받아들이기보다는 하나님의 일깨우심을 항상 무시할 수 있기 때문이다. 그리고 이렇게 무시해 버리는 편이 훨씬 쉬울 것이다. 안식일 지키기는 그 대신에 우리의 온화함과 부드러움, 다른 사람들에 대한 비호전적인 자세, 무장을 해제하는 능력을 길러 준다.

　대인 관계에서, 안식일 지키기는 우리의 관계들에 대해 하나님께 책임을 다하는 좋은 방법이다. 역시 하나님이 창조하신 다른 사람들과의 관계가 나쁘다면, 하나님과의 교제를 위해 구별된 하루를 누릴 수 없다. 그분의 은혜를 받고, 깨지고 죄악된 나의 삶을 회복하시는 그분의 치유를 경험할 때, 모든 사람과의 관계를 회복하고 싶어진다. 하나님이 그분의 거룩하심 가운데 은혜로 우리를 감싸신다는 것을 발견할 때, 우리 속에는 모든 사람에게 그와 똑같이 하고 싶은 바람이 생겨난다.

더욱이 안식일 지키기는 우리의 정치적 환영幻影을 드러낸다. 하나님과 그분이 요구하시는 생활 방식을 생각할 때, 우리의 권력 놀음이 하나님의 목적을 성취하지 않는다는 것을 깨닫지 않을 수 없다. 이스라엘 백성이 군사 동맹을 확고히 하고 무기를 의지하려는 그들의 노력이 헛되다는 이사야의 경고에 주목했어야 했듯이, 우리도 "너희가 돌이켜 조용히 있어야 구원을 얻을 것이요 잠잠하고 신뢰하여야 힘을 얻을 것이어늘"이라는 여호와의 경고에 담긴 진리를 깨달아야 한다(사 30:15). 우리는 국가적인 승리와 정복에서, 전쟁과 군사적인 공격 준비에서 안전을 구하는 대신에, 협력과 나눔, 비폭력과 지원의 가치를 다시 배워야 한다.

우리는 매우 무자비한 사회에 살고 있다. 기술은 우리에게 온갖 유익을 가져다주지만 비인간화, 환경에 대한 통제 상실, 방사능으로 인한 암등도 가져다준다. 시간, 소유, 섹스, 지위에 대한 집착은 폭력, 격분, 강간, 기술적인 공격, 착취, 술책으로 이어진다. 따라서 안식일 저녁 식사 기도에는 우리 자신이 안식일을 지키는 특권을 누리는 가운데 다른 사람들의 필요를 되새기며 굶주린 자들을 더 많이 돌보게 해 달라는 간구를 포함시킬 수도 있을 것이다. 이와 비슷하게, 삶에서 안식일의 평화를 구하는 기도는 틀림없이 세계 평화를 위한 기도와 행동으로 이어질 것이다.

8장에서 인용한 『안식』의 한 구절에서, 아브라함 헤셸은 메누하, 즉 안식일의 쉼을 정의하기 위해 **조화**라는 단어를 사용한다. 유대인에게 메누하는 다른 모든 사람과의 조화, 다툼과 싸움과 두려움과 불신이 없는 상태를 포함했다. 이와 마찬가지로, 신약의 서신서들은 그리스도께서 죄가 사람들 사이에 세운 담을 허무셨다고 선포한다. 더 이상 유대인과 이방인은 분리될 필요가 없다. 그리스도께서 양쪽 모두 성령을 통해 아버지께 나아갈 수 있게 하셨으며, 그 결과 이방인도 "성도들과 동일한 시민이요 하나님의 권속"이 될 수 있다(엡 2:14-19). 교회 내에서 인종 간의 적대감은 끝이 났으며, 그 결과 서로는 서로를 사랑하는 법을 배울 수 있다. 더욱이 이들은 함께 세상에서 인종 간의 화해와 부의 재분배와 긴장 완화에 앞장설 수 있다.

이 장의 대부분은 사회적 쉼이 갖는 평화 세우기라는 면에 집중되었다. 이것은 교회가 화해가 아니라 전쟁에 앞장섰던 때가 너무 많았기 때문이다. 그러나 세상에서 평화를 구하는 가장 효과적인 방법은 정의를 위해 일하는 것이라는 사실을 구체적으로 지적하지 않을 수 없다. 25장에서 굶주린 자들을 먹이는 것에 대해 좀더 자세히 논의하겠지만, 여기서 우리가 기억해야 할 것은 성경적인 안식일의 개념에는 안식년과 희년에 관한 가르침, 그리고 정의에 관한 가르침이 포함된다는 사실이다. 항상 일곱째 해에는 땅을 쉬게 해야 했다. 그리고 '일곱 안식년'마다(레 25:8) 재산을 원래 주인에게 돌려주어야 했다(레 25:28). 이러한 평등화를 통해 경제적 균형이 유지되어야 했으며, 유대인은 '그 땅에 안전히 거할' 수 있을 것이었다(레 25:18).

    하나님의 백성이 다시 안식일을 지킨다면, 우리는 더욱더 희년의 백성이 될 것이다. 경제적 불의에 의해 억압당하는 자들을 해방하며, 빚을 탕감하고, 땅을 회복하며, 그리하여 평화를 세움으로써. 나는 이 책이 그리스도인들 사이에 안식일을 지키려는 바람을 다시금 일깨우도록 기도한다. 이 기도는 교회에서 우리의 안식일 지키기가 세상에서 정의를 지키고 평화를 지키는 가운데서도 이루어지기를 바라는 간구로 확대된다.

14. 인격의 윤리

　그침을 다루었던 1부의 마지막 장에서, 안식일의 그침이 갖는 모든 면은 우리를 둘러싸고 있는 문화의 단조로움과 무의미함에서 우리를 자유롭게 한다는 것을 좀더 포괄적으로 살펴보았다. 이와 비슷하게, 이 장에서는 2부에서 논의한 쉼의 모든 면이 기독교 윤리의 성격을 좀더 포괄적으로 이해할 수 있게 해 준다는 것을 살펴보겠다.

　첫째, 영적인 쉼에 관한 장에서 강조했듯이, 우리의 윤리는 하나님의 은혜에 기초한다. 우리는 도덕적 선택을 하지 않는다. 우리가 **따라야 할** 특정한 삶의 방식이 있기 때문이다. 그러나 우리는 특정한 방식으로 행동하기 위해 스스로를 훈련시키지는 않는다. 우리는 스스로의 노력으로 생활 방식을 만들어 가야 하기 때문이다. 우리의 윤리는 자유의 윤리,[1] 하나님이 우리를 먼저 사랑하셨기 때문에 사랑으로 반응하는 윤리다.

　둘째, 우리의 일의 가치는 안식일의 쉼에 의해 결정된다(일이 다른 모든 것의 가치를 결정하는 우리 사회의 윤리와 대조된다). 이 점은 육체적인 쉼에 관한 장에서 강조하였다. 이것은 사람들을 그들의 성취가 아니라 그들의 존재 때문에 가치 있게 여기는 태도로 이어진다. 우리는 스스로에게 **하라**do고 강요하기보다는 그냥 **존재하길**be 허락할 때 삶에서 새로운 고요와 평온을 발견한다.

더욱이 안식일의 정서적인 쉼과 지적인 쉼은 성령께서 안에서부터 우리의 마음과 인격을 바꾸려고 일하실 때 우리로 하여금 하나님을 가로막지 않게 해 준다. 그분은 우리를 자유케 하시며, 우리에게 힘을 주어 그분이 계획하신 모습에 점점 더 가까워지게 하신다. 더 나아가 이것은 안식일 지키기와 평화 세우기를 연결시키는 앞 장에서 보듯이, 세계적인 차원에도 적용된다. 의도적으로 안식일을 지켜 평화의 사람이 될 때, 우리는 평화를 낳는 인격을 통해, 평화를 촉진하는 삶을 살 것이다.

이 모든 것은 안식일의 리듬이 **행위**의 윤리가(우리가 구체적인 상황에 어떻게 반응하느냐) 아니라 **되어 감**의 윤리로(우리의 인격이 어떻게 발전하느냐) 이어진다는 것을 의미한다. 행위의 윤리는 어떤 규범을 따르거나 특정한 행동이 어떤 결과를 낳을 것인가에 근거하여 특별한 상황에서 도덕적 결정을 내리는 데 집중하는 윤리 체계를 말한다. 반면에 인격의 윤리는 우리가 어떤 종류의 사람이 되어 가고 있느냐에 집중한다. 성령께서 우리 속에서 어떤 덕목을 신장시키셨다면, 어떤 특정한 경우에라도 우리의 행동은 그 인격에서 나올 것이다.

니콜라스 월터스토프는 바로 매주의 예배와 쉼이 그리스도인의 인격의 본질적인 부분임을 강조한다. 『정의와 평화가 입맞출 때까지』(한국 IVP)라는 책에서, 그는 "일과 예배, 노동과 전례典例의 규칙적인 순환은 그리스도인이 세상 속에 거하는 방식에서 중요하고 두드러진 특징 가운데 하나다"라고 단언한다.

더욱이 이 장에서 강조하고 4부에서 더 자세히 살펴보겠지만, 안식일의 쉼은 탈진한 가운데서의 쉼이나 지루함으로부터의 탈피가 아니라, 하나님이 창조에서 일곱째 날에 쉬실 때 기뻐하셨던 것과 같은 기쁨의 쉼이다.[2]

안식일 지키기는 우리의 인격을 바꿔 놓는다. 우리는 우리와 하나님과의 관계를 위해 구별된 특별한 날에 헌신함으로써 틀림없이 변화될 것이며, 이러한 변화는 우리의 안식일 지키기의 초점이신 하나님의 성품에 걸맞는 생각과 태도와 정서와 행동을 낳을 것이다.

그 반대도 사실이다. 히브리 성경과 초대교회의 성경은(즉 구약성경과 신약성경은) 기독교 공동체의 인격과 그 몸의 지체인 우리의 성장을 향한 하나님의 뜻은 그분의 계시에 새롭게 충성하라는 소명을 우리에게 주시는 것임을 보여 준다. 여기에는 안식일을 지키되 거룩하게 지키라는 명령도 포함된다. 우리가 여호와 우리의 하나님을 예배하고 그분만을 섬기기를 바랄수록, 우리는 그분을 더욱 닮아 갈 것이다. 또한 우상 숭배, 살인, 도적질, 간음, 탐심을 금하는 그분의 지시와 부모를 공경하고 안식일을 지키라는 그분의 계명을 따르기를 더욱 원할 것이다.

쉼은 성령께서 우리의 인격을 빚으시는 데 필요한 시간을 준다. 받아들임에 집중해 볼 3부에서는, 우리가 하나님이 계획하신 사람이 될 수 있도록 하나님이 우리로 하여금 안식일 지키기에서 선택하고 행할 수 있게 하시는 가치들에 초점을 맞출 것이다. 우리가 의도적으로 선택할수록, 하나님의 성령은 우리 속에서 특정한 인격, 특정한 덕목, 경건한 생활 방식을 더 많이 이루실 수 있다.

  이것은 우리에게 성가신 부담거리가 아니다. 이 책의 4부에서 향연, 축하, 즉 안식일 지키기에 수반되는 가치들을 삶에 적용하는 것에 초점을 맞추는 것도 바로 이 때문이다. 분명히 이 모든 것의 근본은 우리를 자유케 하는 하나님의 은혜 안에서 누리는 참된 쉼이다. 그러나 우리를 둘러싸고 있는 문화의 가치에 빠져들기를 그치지 않는다면, 이러한 쉼은 찾을 수 없다. 따라서 이 책의 모든 부분은 서로 긴밀하게 연결되어 있다. 3부와 4부에서 받아들임과 향연에 대해 살펴볼 모든 것은 우리가 이미 누린 그침과 쉼 위에 세워진다.

3부
받아들임

안식일을 지켜 더럽히지 아니하며
나의 언약을 굳게 지키는 이방인마다
내가 곧 그들을 나의 성산으로 인도하여
기도하는 내 집에서 그들을 기쁘게 할 것이며
— 이사야 56:6-7

우리의 모든 [하나님을] 본받음에서
요점은 신중한 의도성이다.
우리는 그저 하나님의 가치들이 좋다고 생각하는 게 아니다.
우리는 그것들을 온전히 받아들인다….
받아들인다(embrace)는 것은 기쁨으로 수용하며,
완전히 거기에 따라 살며,
특별히 의도성과 끈기를 가지고 선택하는 것이다.
— 마르바 던

안식일 지키기는 그저 부정적인 그침에 불과한 것이 아니다. 2부에서 모든 형태의 안식일의 쉼은 우리 사회를 부정적으로 특징짓는 생산과 염려와 분투를 그치는 것과 긍정적으로 관련되어 있음을 보았다. 안식일의 가치 받아들이기라는 3부의 주제는 훨씬 더 긍정적이다. 우리는 먼저 안식일을 지키는 사람들의 생활 방식을 특징짓는 의도성과 신중함(이 단어에는 계획성, 자의성의 의미도 내포되어 있다—역주)부터 살펴볼 것이다. 그런 다음 우리가 안식일의 백성으로서 기독교 공동체의 가치를 신중하게 받아들이는 것이 얼마나 중요한지 생각해 보기로 하겠다. 이러한 선택을 할 때, 우리는 공간 대신 시간을, 요구하기 대신 주기를 받아들인다. 우리는 하나님의 은혜에 반응하는 가운데 삶에서 우리의 소명을 기쁘게 받아들인다. 그리고 하나님과의 교제에서 얻는 충만한 치유 속에서 그분의 **샬롬** Shalom의 온전함을 받아들일 수 있다. 마지막으로, 이 모든 안식일의 선물은 세상을 받아들이도록 우리를 자유케 한다.

당신도 알듯이, 하나님 나라와 그분의 목적을 받아들이는 것과 관련된 이러한 요소들은 우리로 하여금 그침의 회개와 쉼의 믿음을 넘어 그리스도인의 생활 방식에 적용하는 데까지 나아가게 한다. 우리는 하나님의 엄청난 은혜와 사랑에 반응하여 그분의 지시를 받아들임으로써 그분을 본받기로 선택한다. 이러한 본받음의 개념은 출애굽기 20:10-11에 뿌리를 두고 있다. 이 구절은 우리가 안식일에 일을 삼가는 것이 바로, 여호와를 본받는 것임을 강조한다.

그분도 일곱째 날에 쉬셨으니까 말이다. 이스라엘 백성은 하나님께 속했고 그러므로 의식적으로 그분을 본받음으로써 여호와의 성품을 자신들의 삶에 적용했기 때문에, 거룩하다는 개념은 유대 역사 전체에서 그들의 시간과 안식일 개념에 매우 강하게 나타난다.[1] 많은 민화民話들까지도 천사들이 하늘에서 어떻게 안식일을 축하했는지를 말해 줌으로써, 인간들이 그것을 본받을 수 있게 해 준다.

우리의 모든 본받음에서 중요한 핵심은 그 신중한 의도성이다. 우리는 하나님의 가치들이 좋다고 그저 생각만 하는 게 아니다. 우리는 그것들을 온전히 받아들인다.

15. 의도성을 받아들임

어제 주일 아침 예배 후에 손님 세 명이 우리 집에 점심을 먹으러 왔다. 점심을 다 먹은 후, 한 사람이 곧바로 설거지를 하기 시작했다. 나는 그녀에게 그러지 말라고 말해 주어야만 했다. 나는 일하지 않음으로써 안식일을 지키려고 애쓰는 사람이다. 그래서 그녀도 부담 없이 이러한 나의 안식일 지키기에 동참해 주기를 원했다. 불행히도, 우리 문화에서 우리는 주로 우리가 하는 일을 통해 인격적인 가치 의식을 이끌어 낸다. 나는 이 특별한 손님으로 하여금 그녀가 사랑받거나 인정받기 위해 나를 도와줄 필요는 없다는 걸 알게 하고 싶었다.

안식일 지키기의 가장 중요한 면 가운데 하나는 우리가 의도성을 받아들인다는 것이다. 이 말은 우리가 일을 어떻게 하느냐에 신경 쓰는 것이 가치 있는 일이라는 걸 강조한다. 내 집에 온 손님들에게 그들이 귀중한 것은 그들이 무엇을 하느냐 때문이 아니라 그들이 누구이냐 때문이라는 메시지를 전달하고 싶다면, 의도적으로 그들이 일하지 못하게 하는 것이 중요하다.

20세기 미국에서 이러한 신중함은 많은 그리스도인의 삶의 모습과 맞지 않는다. 우리는 헌신이라고는 전혀 찾아볼 수 없는 주변 세상의 양식과 습관에 너무나 쉽게 빠져 있어서 자신이 하는 일을 어떻게 하는지 살펴볼 시간이 거의 없다.

오래전에 내 소유의 집이 있을 때, 이웃집 여자아이가 찾아와 온 집안, 온 방을 뒤지고 다녔다. 그 모습이 하도 신기해서 아이에게 무엇을 찾고 있느냐고 물었다. 그랬더니 아이는 이렇게 대답했다. "아줌마 텔레비전이요. 근데 아줌마 텔레비전 **어디** 있어요?"

우리 집에는 텔레비전이 없다고 대답하자, 아이는 "아줌마 **그렇게** 가난해요?"라고 물었다. 나는 가난한 게 아니라 텔레비전을 갖지 않는 쪽을 선택한 것이다. 나는 광고의 집중 포화를 받는 가치들을 좋아하지 않는다. 내 마음이 만연된 노골적인 성이나 드라마에 그려진 가정 생활의 가치에 오염되게 하고 싶지 않다. 텔레비전에 좋은 프로그램도 있다는 데는 이웃집 아이에게 동의한다. 그러나 그런 프로그램을 보고 싶을 때는 이웃집에 가서 동시에 교제도 즐길 수 있다. 내가 텔레비전을 갖고 싶지 않은 이유는, 텔레비전이 나에게 건설적이기보다는 파괴적이기 때문이다.

이웃집 소녀가 이러한 나의 동기를 이해할 것이라고는 기대할 수 없으리라. 그러나 대부분의 가정은 텔레비전을 갖는 것이 좋은지 나쁜지 결코 자문해 보지도 않으며, 이것은 우리 사회의 상태를 보여 주는 슬픈 단면이다. 대부분의 가족은 그저 다른 사람이 모두 가졌다는 이유 때문에 자기들도 텔레비전을 갖는다. 이것은 당연한 일로 여겨진다.

안식일 지키기가 말하는 것은 우리는 다른 사람이 모두 하는 것을 하지 않으리라는 것이다. 우리는 하나님의 은혜에 반응하며 살기를 원하면서 참된 삶을 살려고 자신의 선택에 신중할 것이다. 우리는 특정한 가치에 헌신되어 있으며, 따라서 가능한 한 온전히 그 가치에 맞춰서 산다.

다른 사람들은 모두 주일에 나가서 일하지만, 우리는 안식일에는 일을 쉬는 쪽을 선택했다. 다른 사람들은 모두 주일에 윈도우 쇼핑을 가지만 우리는 미국인의 소유욕을 그치기로 선택했다. 우리는 안식일을 신중함을 위한 거룩한 시간으로 받아들인다.

내가 안식일 지키기를 배움으로써 얻은 보물 가운데 하나는 유대인이 왜 의도적으로 행동하기를 강조하는지 더 잘 이해하게 된 것이다. 유대교는 의식화된 율법의 종교라는 비판을 자주 받아 왔지만 우리는 이러한 잘못된 개념을 재고해 보아야 한다. 물론 유대교 의식의 면밀함이 공허한 형식주의나 율법주의적인 의무가 되기 쉬운 것은 사실이다. 그러나 다른 한편으로, 우리는 의식에 대한 이들의 일관성을 존중해 주어야 하는데, 이들의 의식은 "너보다 거룩해"라는 엘리트주의적인 방식이 아니라, 이들이 가진 성경적 믿음과 그 믿음의 특정한 가치가 주변 문화에 함몰되지 않게 막는 방식으로 이들을 문화로부터 구별해 준다. 이들을 세상과 구별하기 위해, 특정한 가치들이 더 높은 수준으로 격상되어야 했다.

『어머니의 안식일』에서 체임 그레이드는 자신이 스탈리나바드에 망명 중일 때 분명 유대인 같은 남자가 자신에게 다가왔던 이야기를 한다. 이들의 대화는 이러한 유대인의 의도성과 주변 문화로부터의 구별을 생생하게 보여 준다.

나는 즐거운 표정으로 말했다. "선생께서 머릿수건을 두른 것을 보는 순간 오늘이 안식일이라는 걸 금방 알았습니다. 스탈리나바드에도 이루브[1] 있다는 게 조금도 이상하게 생각되지 않습니다."

"그럼 나를 보기 전에는 오늘이 안식일이라는 걸 몰랐단 말이오?" 그는 나를 곁눈으로 슬쩍 보았다. 그의 길고 뾰족한 수염, 날카로운 코와 이글거리는 눈은 그가 하시드, 즉 열심당원임을 말해 주었다.

"알고 있었습니다." 나는 [그를 만나기 조금 전에] 갑자기 떠오른 어머니의 기도를 생각하며 중얼거렸다. "그러나 선생께서도 아시듯이, 이곳에는 안식일을 기억나게 해 줄 만한 게 없습니다. 선생께서는 정확하게 언제 촛불을 켜고 언제 하브달라를 암송할지 어떻게 아십니까? 러시아에는 유대교 달력이 없지 않습니까?"

"뜻이 있는 곳에 길이 있는 법이오." 그는 야릇한 미소를 지으며 대답했다. "인쇄된 것만 달력이라는 법은 없잖소."

"손으로 쓴 것 말씀이군요? 하지만 여기서 쉬는 날은 일요일뿐인데 어떻게 안식일을 범하지 않는지 말씀해 주시겠습니까?"

"뜻이 있는 곳에 길이 있소." 그는 자신이 집에서 일하며 책 한 권당 얼마씩 받는 제본 기술자라고 했다.

나는 그가 이제 가던 길을 계속 가려 한다는 걸 알았지만 대화를 여기서 끝내고 싶지는 않았다. 그래서 내가 한때 예쉬바yeshiva(탈무드 학원)에서 공부했다고 그에게 말했다. 그는 화를 내며 불쾌한 반응을 보이고, 나를 응시했다. 그런 후에 거리에 사람이 없는 것을 확인하고는 엄하게, 천천히, 한마디 한마디에 힘주어 말했다.

"젊은이가 한때 토라를 공부했다니 안식일이 유대 민족과 우주의 주인 사이에 오가는 비밀 신호라는 건 잘 알겠구먼! 그리고 젊은이가 자신의 유대교 신앙을 드러낼 수 없는 이유가 있다면, 막 결혼한 신혼부부처럼 행동해야 할걸세. 두 사람이 낯선 사람들 속에 있을 때 다른 사람들은 전혀 이해하지 못하는 은밀한 신호로 메시지를 주고받지만 서로를 매우 잘 이해하지 않소. 그들에게는 사랑과 애정을 표현하는 그들만의 개인적인 신호가 있지."

"만약 내가 일곱째 날을 잊어버린다면(하나님이 금하신 것이지) 거룩한 쉼의 날이 다가오는 게 뼛속까지 느껴질 거네. 좋은 안식일 되구려."

나는 어둡고 텅 빈 거리에 혼자 남아 저 멀리 솟아 있는 바위산을 응시했다. 황금빛 석양이 신비스런 빛으로 파란 하늘과 수정빛 하얀 눈, 그리고 산꼭대기의 녹색 얼음을 비추고 있었다. 다이아몬드의 불길에 모든 것이 함께 녹고 타 버렸다. 자줏빛 구름과 눈 덮인 산과 바위들은 유리벽과 하얀 탑들로 거대한 도시처럼 보였다. 마치 안식일이 이 땅에서 소멸되었다가 다시 불 밝혀진 도시처럼 말이다.[2]

이 대화를 길게 인용한 것은 이 대화를 보며 우리는 한 가지 질문을 하지 않을 수 없기 때문이다. 우리는 사회에 하나의 대안을 제공하는 공동체로 남아 있기 위해 어떤 대가를 기꺼이 치를 것인가? 계몽주의 시대 이후로 우리는 개별주의를 거부하고 보편주의를 선택했지만, 이 시대의 도덕적 타락과 영적인 마비를 보면서 이런 태도에 의문을 제기하지 않을 수 없다.

이러한 신중함의 가치와 이것이 율법주의적이거나 지루한 것이 될 필요가 없다는 사실은, 모네가 그린 지베르니의 수련 그림들에서 나타난다. 모네는 수련을 수십 장도 더 그렸다. 각 장마다 세밀한 주의와 의도성을 가지고 말이다. 그는 그림의 대상을 찾기 위해 해외에 나갈 필요가 없었다. 그저 지베르니의 연못을 그 누구보다도 좀더 깊이 들여다본 것뿐이었다. 그러나 각각의 그림은 심오한 아름다움을 담고 있으며, 나머지 것들과 비교할 때 놀랍도록 다양한 느낌을 자아냈다. 이와 비슷하게, 우리는 자신의 생활 양식의 각 부분에 주의를 기울이기로 할 때 그 생활 방식의 아름다움을 세상에 전하는 것이다. 이러한 의도성은 율법주의가 아니다. 그와는 반대로, 이것은 우리로 하여금 삶의 모든 수련을 새로운 방식으로 보고 다른 사람들에게 나타내도록 우리를 자유롭게 해준다.

제이콥 뉴스너의 『탈무드로의 초대』는 내가 안식일의 신중함을 이해하는 데 많은 도움이 되었다. 이 책은 랍비들 사이에서 이루어지는 탈무드 연구의 발전을 설명하는데, 이들의 강력한 "논리적이며 합리적인 연구는 단지 논리 싸움에 불과한 것이 아니다."[3] 오히려 "이것은 평일의 세계에서 가장 특별하고 구체적인 행동을 이끌며 거룩하게 하기 위해 하나님의 계시된 뜻의 근본적인 원칙을 사소한 것에 적용하려는 가장 진지하고 본질적인 노력이다." 뉴스너의 요점은 랍비는 지성을 사용함으로써 하나님을 본받으려 했다는 것이다. 이들은 자신의 이성과 논리로 "토라―계시된 가르침―를 하늘에서 땅으로 옮기며, 또 반대로 속된 것을 거룩하게 하려" 했다.[4]

뉴스너는 미쉬나에서 냅킨을 어디에 두어야 하느냐라는 문제를 다루는 장을 취해서 이것이 토세프타Tosefta, 팔레스타인 탈무드, 그리고 바빌론 탈무드에 얼마나 상세히 설명되어 있는지 보여 준다.[5]

우리에게는 다행스럽게도, 그가 선택한 장은 안식일 지키기의 의미에 관한 우리의 연구와 직접적인 관련이 있다. 안식일에 유대인은 특정한 규범에 따라 음식을 준비하고 먹는 것에 대해 보통 때보다 특별한 주의를 기울이는데, 이것은 이들이 보통 사람으로서 어떻게 제사장 역할을 하는지—어떻게 그들의 집과 장소를 거룩하게 하는지—보여 주는 한 예이다.

이 가운데 많은 부분은 이들이 역사 속에서 처했던 상황, 곧 이들이 망명자로서 겪은 가난과 소외와 관련이 있다. 이러한 비극 속에서 이들은 더 나은 곳을 상상했으며, 자신들의 평범한 것들을 거룩하게 하기 위해 엄격한 규범을 지켰다. 뉴스너는 이들의 노력을 다음과 같이 적절하게 요약한다.

> 그러므로 우리가 어떻게 생각하느냐에 따라 사물의 상태가 바뀌며, 우리가 생각하는 것이 실체에 영향을 미친다. 왜 그런가? 단언컨대 이스라엘은 모든 비극과 굴욕과 실망과 패배 가운데서도 제의적 정결을 유지함으로써 하나님의 거룩한 백성으로 남는다.[6]

안식일 지키기가 유대인에게 상기시켜 준 것은 바로 이들은 유대인이며, 비록 함께 모여서 여호와를 예배할 성전은 없을지라도 각 가정에서 하나님의 거룩한 백성으로 남을 수 있다는 것이었다. 어쨌든 간에 하나님이 먼저 시간을 거룩하게 하셨다. 따라서 성전의 회복이 하나의 민족으로서 이들의 회복을 나타내는 표시가 될 것이라고 하더라도, 성전처럼 거룩한 곳이 반드시 필요한 것은 아니었다. 어쩌면 우리도 자신이 이 땅에서 나그네이며 객이라는 생각을 다시 가질 수 있도록 우리의 성전 건축을 중단해야 할 것이다. 안식일은 우리가 이러한 진리와 접촉하고 이 땅의 건물 및 우리의 현재 상황에 지나치게 얽매이는 대신 우리와 영원의 관계를 다시금 확립할 기회를 준다.

여기 하나의 역설이 있다. 그것은 우리가 우리를 둘러싸고 있는 물질적인 대상을 거룩하게 함으로써 물질의 속박에서 벗어난다는 것이다. 우리는 음식과 접시를 어떻게 다루느냐에-심지어 냅킨을 어디에 놓느냐에-초점을 맞춤으로써 거룩한 시간에 집중한다.

내게 있어 이러한 물질적 소유로부터의 해방은, 안식일의 여왕을 맞을 준비가 되도록 토요일 밤에 가능한 한 집안을 깨끗하게 청소하는 것처럼, 의도적인 많은 행동에서 일어난다. 그 밖의 의도적인 행동으로는 안식일에 일할 필요가 없도록 안식일 손님을 위한 것들을 전날 밤에 주의해서 가지런히 정리해 두고 그 과정에서 가능한 한 깔끔하게 마무리하기, 키두쉬로 안식일 시작하기, 개인 예배나 전체 예배를 드리면서 남은 시간 보내기, 편지 쓰면서 기도하기, 안식일을 축하하는 동안에 어떤 활동에 참여할지 주의 깊게 선택하기, 우리가 여는 안식일 축하연의 의미를 새겨 주는 특별한 기도로 만찬 모임 시작하기, 손님들과 내가 우리의 날을 지낸 방법을 강조하는 기도로 식사 마치기, 그리고 하브달라로 하루 끝내기 등이 있다.

기독교는 안식일을 지키기 위해 따라야 할 세밀한 규범을 제시하지 않는다. 예수님 시대의 몇몇 바리새인들의 경우, 어떻게 이러한 규범들이 목적을 위한 수단이 아니라 그 자체가 목적이 되었는지를 우리는 잘 알고 있다. 그러나 우리는 모든 유대인이 이러한 규범들을 지나치게 확대하고 구원의 수단으로 바꾸는 잘못을 범했다고 생각해서는 안 된다. 바르게 이해하자면, 안식일의 규범은 하나님의 사랑을 벌기 위해 극단적으로 세밀해진 법률이 아니다. 오히려 뉴스너가 가르치듯이, 유대인의 원래 의도는 사랑받고 거룩한 하나님의 백성으로서 자신들의 정체성을 회복하기 위해 자신들의 행동에 신중을 기하려는 것이었다. 이와 유사하게, 『백성과 함께하는 삶』이라는 유대 문화에 대한 인류학적 연구서는 "안식일의 금지 조항을 완전하게 준수하는 것은 안식일을 매우 사랑하며, 만끽하고 있다는 안식일의 느낌과 잘 어울린다. 그 느낌이란 안식일이 다른 세상, 다른 삶, 우주의 다른 체계라는 느낌이다"라는 점을 강조한다.[7]

그리스도인은 이러한 종류의 의도성을 당연히 따를 것이다. 우리는 자신의 생활 방식에 더 신중할수록 하나님의 은혜를 더 많이 인식하고, 하나님의 백성으로서 우리가 누구이며, 주의 깊은 선택이 제자의 삶과 어떻게 관련되는지 더 많이 인식할 것이다. 우리가 참된 그리스도인의 삶을 살기 위해 이처럼 깊은 주의를 기울일 때, 우리는 세상을 향해 더 나은 증인이 된다.

이것은 유지해야 할 미묘한 균형이다. 우리가 안식일을 지키는 이유 가운데 하나는 하나님이 지시하신 대로 쉬는 법을 다시금 배우기 위해서이다. 그러나 하나님의 거룩한 백성이라는 우리의 정체성 가운데서 쉬는 법을 배울 때 얻게 되는 몇 가지 결과 중에 하나는, 하나님의 은혜를 다른 사람들에게 나타내는 동시에 우리와 그분의 관계를 더욱 깊게 하기 위해 자신이 하는 일을 어떻게 하느냐에 깊은 주의를 기울이려는 바람이 생겨난다는 것이다. 물론 이러한 의도성이 결국 율법주의가 되어, 이것을 더 많은 일로 바꾸고 싶은 유혹도 크다. 안식일 규범이 짐으로 느껴질 때마다 나 자신이 하고 있는 일이나 내가 안식일을 지키는 방식을 바꾸는 데 매우 조심해야 하는 것도 바로 이 때문이다. 내가 보기에 나는 대개 극단을 오간다. 이럴 때 나는 잠시 동안 내가 하는 일을 어떻게 하는지에 주의를 기울여야 한다는 걸 잘 기억한다. 그러나 이것이 너무 지나치고 무자비하게 된 후, 나는 반대편 극단으로 치달아 율법주의적으로 되는 게 두려워 신중함을 잃어버린다. 손님이 식탁을 치우는 일을 하지 못하도록 막은 것은 요즘 내가 안식일 지키기에서 좀더 신중해져야 한다는 걸 상기시켜 주는 좋은 예였다.

16. 기독교 공동체의 가치를 받아들임

우리가 자신이 하는 일을 어떻게 하느냐에 신중해야 하는 이유 중 하나는, 우리가 하나님의 백성이기 때문에 견지해야 하는 특별한 가치 체계를 좀더 확고히 회복하기 위해서이다. 우리는 우리를 너무나 쉽게 덫에 빠뜨리는 문화에의 순응을 그칠 필요가 있을 뿐 아니라(부정적인 그침; 6장을 보라), 긍정적으로-그리고 의도적으로-하나님 나라의 가치를 선택해야 한다. 하나님의 목적을 이루기 위해, 우리는 자신의 삶에서 그리고 자신의 삶을 위해 중요한 것이 무엇인가에 대해서 다른 우선순위, 다른 생각을 가져야 한다.

참으로 우리가 좀더 진정한 그리스도인이 되고 싶다면 자신들을 세상으로부터 독특하게 구별하는 유대인을 더 많이 닮을 필요가 있다. 『백성과 함께하는 삶』은 이러한 공동체 의식과 그 가치를 강조한다.

유대인들은 각자 쉬테틀(유대인 촌, 작은 마을-편집자 주)의 모든 사람이 서로의 안식일 경험을 나누고 있다는 것을 알고 있다. 그뿐 아니라 그들은 이를 넘어 전 세계에서 안식일을 지키고 있는 유대인들과 일체감을 느낀다. 이것이 안식일의 느낌에서 주류를 이룬다. 이것은 전통과 과거와 선조, 그리고 현재 존재하거나 사라져 버린 모든 유대 세계에 대한 자긍심이자 그것들과의 기쁜 일체감이다. 안식일에 쉬테틀은 "유대인이라는 게 좋다"는 것을 가장 강하고 가장 기쁘게 느낀다.[1]

우리 그리스도인이 세계적으로 좀더 강한 동료 의식을 갖고, 전체적인 예수님의 제자들의 전통에서 한 부분을 이루는 것이 얼마나 큰 특권인지 좀더 강하게 느낀다면 얼마나 멋지겠는가! 그리스도인이라는 사실이 얼마나 좋은가!

세계적인 기독교 공동체 의식을 지니고 그것의 독특한 가치를 인식할 때 실제적인 결과들이 뒤따른다. 예를 들면 2부에서 우리의 안식일 지키기가 평화 세우기라는 전체적인 문제와 어떻게 직접적으로 관련되는지 보았다. 특히 주일에 **샬롬**의 백성이 되는 법을 배우며 이를 위해 기도한다면, 우리는 한 주 내내 그 평화를 온 세상에 퍼뜨리려고 노력할 것이다.

이와 비슷하게, 우리는 하나님의 백성으로서 우리의 성에 대해서도 다른 시각을 갖고 있다. 우리는 각자의 개성에 대한 하나님의 계획을 따르기를 원하며, 성생활에 대한 그분의 가치를 영원한 언약 관계와 평생 지속되는 충실한 결혼 생활 내에서만 신중하게 선택한다. 우리 가운데 젊은이들이 이러한 생각이 성을 즐길 자신들의 자유를 가로막는다고 생각하지 않도록, 우리는 이들이 성적 친밀함에서 하나님의 계획을 따르고, 사회적인 성 역할의 기쁨을 선택하며, 성적인 것 외에 다양한 친밀함이 포함되는 다른 사람들과의 견실하고 건강한 관계에서 얻어지는 진정한 자유를 알도록 도와주어야 한다.

이것들은 기독교 공동체의 몇 가지 가치이며, 히브리 성경에 있는 우리의 뿌리에 기초하고 예수님과 신약의 서신서들이 우리에게 가르친 윤리적 개념들이다. 이것들은 우리가 그 규범을 벗어날 때 우리를 내리치려고 머리 위에 매달려 있는 규범도 아니고, 하나님의 사랑을 버는 수단도 아니다. 오히려 이 계명들은 우리로 하여금 넘치도록 충만한 하나님의 사랑에 반응하여 그분의 목적을 깨닫고 그분의 계획을 선택하게 하는 교훈이다.

유명한 사회학자 에밀 뒤르켐은 사회가 주도적인 방향 감각을 잃었기 때문에 우리 시대에서 일어난 사회적 해체 현상을 가리켜 '아노미'라고 했다. 이러한 현대 세계의 무질서는 종교적, 도덕적 구속력이 그 효과를 잃어 감에 따라 삶의 모든 분야에 영향을 미친다. 아노미로 고통당하는 사람들이 일종의 결속을 갈망한다고 하더라도 통제가 없기 때문에 이기주의가 날뛴다. 쉘던 월린은 현대 세계에서 인간이 처한 상태를 기술하면서 이 모든 요소를 한데 묶는다.

> 안정된 사회, 의문의 여지가 없는 권위, 그리고 가족과 공동체와 직장과 종교인들의 강한 유대가 없다면, 개인은 상실감과 엄청난 고독과 허무함을 느낄 수밖에 없다.[2]

기독교 공동체 내에서 하나님의 목적을 선택하는 것은 우리 사회의 아노미에 역습을 가하는 일이다. 하나님의 은혜와 교회의 지속성은 안정을 낳는다. 하나님의 말씀은 권위를 준다. 하나님의 백성들의 교제는 강하고 친밀한 유대감을 준다. 이러한 지원 속에서, 개인은 질서와 결속과 방향 감각과 도움을 발견한다.

기독교 공동체에서 또 하나 중요한 가치는 예배의 우선순위이다. 우리는 특히 안식일에 하나님께 헌신된 사람들과 함께 모여 다 같이 그분의 백성으로서 우리의 정체성을 기억하고, 그분의 은혜로 우리가 하나됨을 축하하는 데 시간을 보낸다. 우리는 예배 시간에 하나님을 찬양하고 그분을 높이며, 그분이 누구신가에 초점을 맞추고, 그분을 본받기 위해 그분이 어떤 분이신지 좀더 온전히 배우려고 노력한다. 우리는 그분의 말씀을 듣고, 그분의 백성으로 살기 위해 그분의 가르침을 들으며, 그분의 언약의 계획들이 주는 기쁨을 누린다. 우리는 기도하며, 그분의 뜻을 구하고, 그분의 임재 속에서 쉬는 데 시간을 보낸다. 우리는 그분의 진리가 주는 자유를 누릴 수 있도록 그 진리에 잠기면서 성경 공부반과 개인적인 기도의 삶에서 그분의 말씀을 더욱 깊이 묵상한다.

예배와 기도의 시간이 특히 중요한 것은, 이 시간을 통해 우리가 기독교 공동체에서 결합시키고 싶은 하나님의 가치의 여러 면들에 대해 생각할 거리를 얻기 때문이다. 앞의 어느 장에선가 내가 성경 연구를 통해 평화 세우기에 대한 가치들을 어떻게 얻었는지 설명했었다. 예수님이 우리에게 원수를 사랑하며 먹이라고 말씀하신 모든 본문이 계속해서 나를 괴롭혔기에, 나는 우리를 반대한 사람들을 다룰 때 쓰는 일상적인 폭력을 정당화할 수 없었다.

그러나 내 삶에는 아직까지도 많은 폭력이 남아 있다. 섬뜩하게도, 나 자신이 아직도 다른 사람들을 지적으로 때려눕히기를 원하며, 나의 영이 아직도 협력적이기보다는 꽤 경쟁적일 때가 많다는 것을 발견한다. 안식일은 하나님의 가치를 받아들이기로 선택하고, 그분이 계획하신 우리의 모습에 더 가까워지기를 바라는 특별히 거룩한 시간이다. 안식일에 하나님은 나를 회개로 이끄시고 그분의 형상에 좀더 온전히 들어맞게 하려고 특별한 일을 하실 때가 많다.

내가 조지 맥도널드의 소설을 즐겨 읽는 이유 가운데 하나는 주요 등장 인물들의 착한 모습이 나를 고무시켜 이야기 속에서 제시되는 가치들을 선택하게 하기 때문이다. 주일에 그의 소설을 읽었던 주간에는 변화에 대한 도전을 계속해서 받으며, 하나님이 나의 삶에서 변화의 역사를 일으키시기를 바라는 갈망이 내 속에서 더욱 깊어지는 것을 느꼈다.

내가 매일 아침 저녁으로 드리는 개인 기도 시간에 사용하는 기도서는 존 베일리의 『개인 기도 일기』인데, 이 책의 주일 아침 기도에는 다음과 같은 간구가 포함되어 있다.

모든 진리의 근원이요 근거이시며, [인간의] 마음을 여셔서 우리로 존재하는 것들을 분별케 하시며 오늘 우리를 인도하시는 빛들의 빛이신 주님, 독서 시간에 당신께 구하나이다. 바른 책을 선택하고 그것을 바르게 읽도록 은혜를 주소서. 내게 인내할 뿐만 아니라 삼가는 지혜를 주소서. 성경이 바른 자리를 차지하게 하시며, 내가 읽을 때에 내 속에 계신 성령의 역사를 생생히 느끼게 하소서.[3]

특히 감사한 것은, 이 기도문을 통해 우리가 읽는 것이 하나님의 가치를 선포하며 성령을 통해 우리의 영혼이 그러한 가치를 선택하도록 고무되고 변화될 수 있도록, 안식일의 책을 선택할 때도 하나님의 인도하심을 구해야 한다는 걸 상기하게 된다는 것이다.

그리고 베일리의 저녁 기도는 안식일의 가치 선택이 어떻게 다른 모든 날에도 영향을 미칠 수 있는지 보여 준다. 기도는 이렇게 끝난다.

하늘에 계신 아버지여, 오늘 내가 누린 영적 재충전이 내일 일상으로 돌아갈 때 없어지거나 잊혀지지 않게 하소서. 여기에 내적인 힘의 샘이 있습니다. 여기에 나의 모든 사업과 모든 즐거움에 불어야 할 정결의 바람이 있습니다. 여기에 나의 길을 밝히는 빛이 있습니다. 그러므로 하나님, 스트레스가 닥칠 때, 평화로운 때에 구했던 바로 그것들을 정직하게 구할 수 있도록 나에게 힘을 주어 나로 내 의지를 훈련케 하소서.[4]

이렇게 해서 안식일 재충전의 은혜와 그로 인한 안식일의 묵상과 기도의 신중함은 우리가 삶의 모든 부분에서 기독교 공동체의 가치에 맞게 행동하는 방식을 통해 주중으로 흘러들 수 있다.

베일리는 아침에 하나님을 "모든 진리의 근원이요 근거"이자 "빛들의 빛"이라고 부른다. 이것은 우리가 하나님의 가치를 선택할 수 있는 것은 하나님의 은혜가 우리를 비추고 인도하여 우리로 하여금 주변 문화의 가치를 의도적으로 거부하게 하기 때문일 뿐이라는 것도 상기시켜 준다. 문란함을 선택하는 사회에서, 우리는 의도적으로 성실함과 순결함을 추구한다. 물질주의를 선택하는 시대에서, 우리는 의도적으로 궁핍한 사람들과 나누고자 한다. 폭력을 선택하는 세상에서, 우리는 평화를 세우며 가능한 모든 곳에서 화해의 사람이 되려 한다. 참으로 이러한 가치들은 성령의 조명을 통해서만 인식될 수 있다. 이러한 영적인 것들은 영적으로 이것들을 분별할 수 있는 사람에게만 접근을 허용한다. 그러므로 하나님이 계시하시는 진리를 받기 위해, 우리는 매일 그분과의 교제 시간을 의도적으로 가질 뿐만 아니라 참 빛이신 분께 헌신하는 하루가 필요하다. 나는 이 장의 제목을 "기독교 공동체의 가치를 받아들임"이라고 하고 우리가 예배 때에 모이는 것을 자주 언급했다. 그러나 함께 공동체가 되는 일의 가치도 의도적으로 언급할 필요가 있다. 이것은 이 부분에서 오늘날의 교회가 하나님의 계획을 받아들이는 데 지독하게 실패하고 있기 때문이다.

    초대교회 교인들은 자주 모이며, 모든 소유를 공유하며, 사도들의 가르침을 성실히 따르며, 교제하며(교제라는 단어가 주는 온전한 의미에서), 서로를 위해 기도하고 떡을 뗀 것으로 잘 알려져 있다. 이들은 계속해서 이러한 행위에 헌신했다. 이들은 여기에 헌신했으며 자주 참여했다. 이들은 모이기를 좋아했으며, 기쁘고 후한 마음으로 자신들의 공동체를 누렸다(행 2:42-47).

    실제로 사도행전 2:42-47은 다음과 같은 가치를 우리에게 제시한다.

- 하나의 공동체로서 관계에 지속적으로 헌신하는 것

- 무엇보다도 하나님의 말씀의 가르침이 우리의 삶을 인도하기를 원하는 것
- 교제의 진정한 의미는 '통용하기'(함께 갖기)이기 때문에, 서로의 필요를 깊이 나누고 서로의 짐을 지는 것
- 떡을 떼고 그럼으로써 '그리스도의 몸을 분별하기' 위해 함께 모이는 것—이것은 가난한 자를 돌보며, 세상 사람들 사이의 계급 구분을 없앤다는 의미
- 서로를 위해, 좀더 큰 공동체와 세상의 필요를 위해 뜨겁게 기도하는 시간을 갖는 것
- 필요한 자들과 나눌 자원이 우리에게 더 많아지도록 재산을 공유하는 것
- 기쁨으로 음식을 나누기 위해 각자의 집에서뿐만 아니라 성전에서 정기적으로 모이는 것
- 우리 가운데서 표적과 기사를 경험하는 것

이것은 아주 도전적인 목록이다. 여기에 제시된 가치들 가운데 몇몇은 이미 앞 장에서 살펴본 것들이며, 몇몇은 이 책 후반부에서 살펴볼 것들이다. 지금으로서는 특히 '모이려는 선택'이라는 개념—우리가 분명히 새로운 시각으로 보아야 할 개념—에 초점을 맞추기로 하겠다.

　가슴 아픈 일이지만, 대부분의 교회에서 교인들이 예배 때만 모이고 예배가 끝나면 빠르게 흩어져 자신의 일과 즐거움으로 돌아가는 게 사실이다. 내게 있어 안식일 지키기의 특별한 의미 가운데 하

나는 기독교 공동체가 그날 **모인다**는 것이다. 우리의 안식일이 영적 목적을 위해 구별되고 일과 생산으로부터 분리된다면, 우리는 공동체의 가치 가운데서 더욱 철저히 힘을 얻을 수 있도록 동료 신자들과 함께 더 많은 시간을 보낼 수 있다. 오늘날 십 대가 그리스도인이 되기가 그렇게도 어려운 이유 중에 하나는, 이들이 기독교 공동체로부터의 지원을 거의 받지 못한 채 믿음, 물질주의, 성과 마약과 술에 관해 너무 많은 세상의 가치와 싸워야 하기 때문이다. 물론 혼자 있더라도 신실한 그리스도인으로 남을 가능성은 있다. 그러나 우리의 공동체가 젊은이들을 좀더 온전히 품을 수 있다면, 그들이 또래의 압력에도 불구하고 기독교 공동체의 가치를 자신들의 것으로 선택하는 데 어려움을 훨씬 덜 겪을 것이다.

안식일을 지킬 때, 우리는 온갖 종류의 것들 때문에 모일 수 있다. 예배와 성경 공부를 위해서뿐만 아니라 식사를 위해서도 함께 모일 수 있을 것이다. 함께 떡을 떼는 일은 좀더 큰 공동체를 섬길 기회도 준다. 작년에 나는 매주 찾아오는 모든 이웃을 위해 저녁을 준비하는 사람들을 도우면서 큰 기쁨을 얻었다. 이런 방법으로 우리는 우리의 선물을 받는 사람들의 존엄성은 해치지 않으면서도, 가난한 자들을 섬길 수 있다. 오히려 우리는 가족 식사를 함께했다. 교인과 지역 주민이 함께 말이다. 전체 프로그램에서 가장 기뻤던 점은 동네의 많은 아이들도 공동 식사 전에 있는 예배와 주일학교에 참석했다는 것이다. 몇 명의 흑인 아이들이 여러 차례 예배 시간 중에 우리의 가족이 되었으며, 이들과의 교제는 내게 더없는 기쁨이었다.

우리의 기독교 공동체들은 예배를 위해 특별한 시간에 모일 수 있을 것이다. 워싱턴으로 이사온 후 루터 교회에서 드리는 강림절 주일 저녁예배를 찾아보았지만 찾지 못해 실망했다. 아기 예수의 오심을 준비하는 이러한 특별한 시간은 어릴 때 내가 가장 좋아하는 예배 시간이었으며, 지금도 여기 나의 새로운 고향에서 기독교 공동체와 함께 누리고 싶은 시간이기도 하다.

안식일 지키기의 한 부분으로 좀더 작은 교제 모임을 가질 수도 있을 것이다. 어떤 교회에는 기독교 공동체를 주중까지 확대하는 이러한 교제 모임들이 있다. 이러한 보살핌 그룹들은 성경 공부, 나눔, 격려, 그리고 기도를 할 수 있는 더 많은 기회를 제공한다.

우리는 스케이트 타기, 썰매 타기와 같은 겨울 활동과 여름철의 수영, 그리고 각종 스포츠, 자전거 여행, 피크닉, 하이킹 등을 함께 즐길 수도 있을 것이다. 어떤 사람들은 공동체 내의 십 대들과 함께 영화를 본 후에 그들이 직면해 있는 문화적 가치와는 반대되는 기독교 가치를 그들에게 심어 주기 위해 영화를 놓고 토론을 할 수도 있을 것이다. 악기를 연주하는 사람들은 하나님을 찬양하기 위해 즉석 연주를 하거나 함께 콘서트를 열 수도 있을 것이다.

내가 말하려는 전체적인 요점은 우리가 기독교 공동체가 되기 위해서는 함께하는 시간이 필요하다는 것이다. 안식일 지키기는 공동체의 결속을 다지며 우리가 나누는 가치 속에서 서로를 좀더 근본적으로 받아들이기 위한 의도적인 시간을 우리에게 마련해 준다.

17.   공간 대신에 시간을 받아들임

기독교 공동체의 가치들에서 이루어지는 구체적인 선택 가운데 하나는 공간 대신에 시간을 받아들이는 것이다. 우리는 반드시 해야 할 일을 할 시간도 없어 보이는 바쁜 생활 속에서 어떻게 안식일의 그침과 쉼과 받아들임과 향연에 온전히 하루를 보낼 수 있는가라는 질문으로 되돌아가야 한다. 주변에서는 엄청나게 많은 변화가 엄청난 속도로 일어나고 있으며, 그 때문에 우리는 이런 시간을 따로 떼어놓을 수 없다고 생각한다. 그러나 우리는 이런 날을 가지면서 자신의 시간 사용을 평가할 때 모든 변화에서 무엇이 중요하며, 늘 급한 일에 쫓기지 않도록 일과 소망의 우선순위를 정하는 법을 배우게 된다. 우리는 '시간이 모자란다'고만 생각할 게 아니라 자신이 사는 날들의 질을 평가하기 위해 객관적인 전망을 길러야 한다. 이러한 전망에는 많은 국면이 있지만, 그중에서 가장 중요한 것 가운데 하나는 무엇인가를 획득하거나 성취하기 위해 시간을 사용하는 대신에, 사람들과 함께하는 시간 속에서 사건에 초점을 맞추기로 의도적으로 결정하는 것이다.

내가 복음서에서 가장 좋아하는 이야기 가운데 하나는 예수님이 안식일에 꼬부라진 여자를 고쳐 주신 이야기다.

> 예수께서 안식일에 한 회당에서 가르치실 때에 열여덟 해 동안이나 귀신 들려 앓으며 꼬부라져 조금도 펴지 못하는 한 여자가 있더라. 예수께서 보시고 불러 이르시되 여자여 네가 네 병에서 놓였다 하시고 안수하시니 여자가 곧 펴고 하나님께 영광을 돌리는지라.
> 회당장이 예수께서 안식일에 병 고치시는 것을 분 내어 무리에게 이르되 일할 날이 엿새가 있으니 그동안에 와서 고침을 받을 것이요 안식일에는 하지 말 것이니라 하거늘 주께서 대답하여 이르시되 외식하는 자들아 너희가 각각 안식일에 자기의 소나 나귀를 외양간에서 풀어내어 이끌고 가서 물을 먹이지 아니하느냐. 그러면 열여덟 해 동안 사탄에게 매인 바 된 이 아브라함의 딸을 안식일에 이 매임에서 푸는 것이 합당하지 아니하냐. 예수께서 이 말씀을 하시매 모든 반대하는 자들은 부끄러워하고 온 무리는 그가 하시는 모든 영광스러운 일을 기뻐하니라.
> (눅 13:10-17)

나는 항상 이 이야기의 풍성함에 놀라며, 예수님이 안식일의 참된 의미를 받아들이시는 것을 보여 주는 방식을 보면서 유쾌한 흥분을 느끼는 내 모습에 놀란다.

첫째, 우리는 예수님이 안식일을 존중하신 것을 보게 된다. 그분은 예배드리고 가르치시면서 안식일을 보내셨다. 그러나 그분은 참으로 공간 대신에 시간을 받아들이셨기 때문에 규범보다는 사람을 더 소중히 여기셨다. 예수님은 열여덟 해 동안이나 꼬부라진 채 고통당하는 여자를 보시자(누가의 묘사는 매우 정밀하다) 앞으로 불러내시는데, 이것은 유대 랍비에게는 매우 이례적인 일이다. 그분에게 있어, 이 여자를 육체적인 질병의 속박과 여기에 따르는 사회적, 정서적, 영적 속박에서 자유케 하는 데 사용되는 시간은 선용된 것이었다.

그분은 여자에게 정말 좋은 소식을 선포하셨다. 바로 그녀가 해방되었다는 것이었다! 예수님의 선포를 기록하는 헬라어 동사는 여자가 결정적으로 해방된 후에 계속해서 자유로운 상태로 남으리라는 것을 강조한다. 더욱이 예수님은 그 여자를 만지셨으며, 이것이 참으로 그 여자를 자유케 했다.

당시 많은 유대인은(그리고 불행히도 오늘날 진정한 신자는 반드시 고침을 받아야 한다고 주장하는 많은 그리스도인도) 육체적인 질병은 영적 부정의 표시라고 생각했다(요 9:2에서 제자들이 예수님께 "랍비여 이 사람이 맹인으로 난 것이 누구의 죄로 인함이니이까 자기니이까 그의 부모니이까"라고 물은 것도 바로 이 때문이다). 더욱이 한 사람이 부정하면, 누구든지 그와 접촉한 사람도 부정하게 되었다. 결과적으로, 18년 동안 그 누구도 이 여자와 접촉하지 않았을 것이다! 그 고통과 외로움이 어떠했을지 상상해 보라. 부드러운 손길로, 예수님은 그녀를 영적으로, 사회적으로 인정해 주셨으며, 정서적인 치유를 주시고, 그녀를 예배 공동체에 완전히 회복시켜 주셨다. 헬라어 본문은 여자의 치유 범위와(그녀가 즉시 "다시 지음 받다"고 말한다) 찬양을 강조한다(헬라어 동사 형태가 찬양의 지속성을 강조하기 때문에). 여자는 자신의 존재의 모든 면에서 다시 지음 받았고 그 공로가 하나님의 것임을 알았다.

예수님이 여자를 고치신 후에 나타나는 반응은 참 흥미롭다. 회당장은 화가 났지만 예수님께 직접 대놓고 말하기가 두려워 무리에게 일해야 하는 엿새가 따로 있으며 병 고치는 일도 그때 해야 한다고 말한다. 그러나 예수님은 회당장 외에 다른 사람들도 자신의 행동을 불쾌하게 느낀다는 것을 아시고 "외식하는 자들아"라고 복수로 말씀하신다. 그러고는 이들의 이중적인 가치관을 지적하신다. 이들은 안식일에 자신의 가축들을 풀어 물을 먹이지 않는가? 그렇다면 이 "아브라함의 딸"이(이들이 선한 유대인이듯이 그녀 또한 선한 유대이다) 자신의 고통에서 놓임을 받아야 하는 것은 분명하다. 물론 구경꾼들은 예수님의 행동을 크게 기뻐한다. 예수님이 자신을 반대하는 거만하며 잘난 체하는 자들을 부끄럽게 하셨으니 말이다.

그러나 마지막 말씀에는 큰 함정이 있다. 우리는 자신을 저급한 자들과 동일시하는 자체가, 우리 또한 거만하며 잘난 체하는 자들이라는 것을 증명해 준다는 사실을 깨닫지 못한 채 너무나 쉽게 자신을 무리와 동일시하며 우리의 원수들이 수치를 당한 것을 기뻐한다. 우리는 정말 하나님이 비천한 자들을 회복시키시는 것을 기뻐하는가? 우리의 사랑은 하나님의 사랑만큼 편견이 없는가? 또는 우리는 다른 사람들이 하나님의 은혜를 받기에 앞서 적어도 좀더 가치 있는 존재가 되어야 한다고 생각하지 않는가?

우리가 안식일에 하는 행위들은—그리고 다른 날에 하는 행동들도—다른 사람들을 속박하는 것들로부터 그들을 자유케 하는 것인가? 예수님은 사회적으로 받아들여질 수 없는 여자를 받아들이

시고 그녀를 자유케 하셨다. 그분은 우리가 규범이나 사물이 아니라 사람을 받아들임으로써 안식일을 지킬 수 있다는 모델을 제시하신다.

우리가 공간보다는 시간을 소중히 하고 있다면, 안식일 지키기는 소유와 성취 대신에 개인에 대한 투자를 의미한다는 걸 알 수 있을 것이다. 사실, 우리는 바로 그 소유를 사람과 삶을 돌보는 데 사용한다. 자유케 하는 성장에는 시간이 걸린다. 그러므로 우리가 개인적인 성장을 경험하고 다른 사람을 자유케 하기를 원한다면 변화의 과정을 위한 충분한 시간이 필요하다.

내가 안식일을 지키면서 얻는 기쁨 가운데 하나는, 우리가 자신의 일을 그치고 영적인 쉼에 집중할 때 하나님이 이날에 우리 곁에 두시는 사람들에게 좀더 깊은 관심을 기울일 수 있다는 것이다. 서두를 필요가 없다. 우리가 **해야 하는** 일은 하나도 없다. 시간은 우리에게 주어진 선물이며, 우리는 그 선물을 다른 사람들에게 줄 수 있다. 더욱이 우리가 은혜 안에서 쉬고 있다면 그 자유함 속에서 다른 사람들도 감싸 안을 수 있다.

또 하나의 기쁨은 우리가 사람들을 받아들이는 데 시간을 보낼 때 그들에 관해 새롭고 놀라운 것들을 많이 발견한다는 것이다. 우리가 안식일을 지키고 하나님이 우리 시간의 주인이심을 인정하는 일에 헌신되어 있을 때, 그분은 우리를 위해 기쁘고 놀라운 일을 언제나 많이 준비해 두시는 것 같다.

특별히 기억나는 것은 어느 여름 안식일 오후에 아이오와의 한 캠프에서 있었던 일이다. 한 주 동안 고등학생들을 가르치느라 몹시 피곤했던 나는 하루 동안의 깊은 휴식을 고대하면서 호수의 선착장으로 나갔다. 그러나 오랫동안 기다려 왔던 낮잠을 즐기는 대신 캠프의 진행요원들과 대화하는 가운데 훨씬 더 많은 휴식을 얻으면서 오후를 보냈다. 이들은 정말이지 신앙이 성장하고 있는 대학생 또래의 상담자들이었다. 이들과의 대화는 나의 믿음을 놀랍도록 새롭게 해 주었으며, 모자라는 잠은 나중에 보충했다.

사물 대신 시간을 받아들이는 기쁨은 우리가 스케줄의 결박에서 자유롭다는 것이다. 우리는 은사를 받을 때마다 그 은사를 발휘할 수 있으며 특정한 경험을 하기 위해 특정한 시간을 할애할 필요가 없다. 더욱이 우리는 자신의 시간을 그저 주면, 더 풍성하게 거두게 될 것이다. 가톨릭 노동자 운동의 창설자인 도로시 데이는 시간을 뿌림으로써 시간을 거두는 것에 관해 썼다. 우리가 예배와 기도에 1시간을 쓰면 어느 때보다 많은 시간을 갖게 될 것이다. 왜냐하면 우리는 자신이 가진 것을 분명하게 사용하고 우리의 일은 이루어질 것이기 때문이다. 도로시 데이는 특히 가난한 자들에게 진정으로 귀를 기울임으로써 씨앗을 아낌없이 뿌리라고 조언한다.[1]

대학원에서 공부하던 몇 년 동안, 나는 다른 사람들을 방문하고 집에 돌아와 책을 읽거나 보고서를 마무리해야 한다는 중압감을 느끼지 않아도 되는 안식일의 자유를 정말 사랑했다. 하루 종일 자유로웠기에 함께 안식일 지키기에 동참한 사람들과 연주회에 가거나 식사를 나누며 대화할 수 있었다. 우리는 시간에 어떤 의무도 지우지 않을 때 언제나 다른 사람들과 좀더 온전히 즐거움을 나눌 수 있음이 분명하다.

우리 사회에서 사물 대신에 사람을 받아들이며, 공간보다 시간을 소중히 여기기란 쉬운 일이 아니다. 기술적인 효율을 중시하고 물질에 매인 우리 문화의 너무나 많은 부분이 이러한 가치들을 가로막는다. 따라서 우리는 의도적인 노력을 통해 우리의 목적을 의식적으로 세워야 한다. 안식일을 기억하는 것은 우리로 하여금 우리 문화의 기계화에 맞서며 기독교 공동체의 친밀함을 구하고 그리스도처럼 다른 사람을 보살필 힘을 더해 준다.

더욱이 우리는 안식일 시간에 잠기는 경험을 할 때 시간의 노예가 되지 않을 수 있다. 우리가 시간을 받아들임에 따라 공간에 속한 사물들을 위해 시간을 헛되게 쓰는 일이 점점 줄어든다. 우리는 영원과 접촉하며 영원한 가치를 주중의 모든 날에 적용하게 된다.

18.   요구하기 대신에 주기를 받아들임

탐욕스런 우리 사회가 기독교 신앙에 행한 가장 나쁜 행위 가운데 하나는 우리의 중요한 성일聖日들을 상업화된 휴일로, 찬양과 예배의 특별한 시간이 아니라 '횡재'의 날로 바꿔 버린 것이다. 가장 독실한 가정의 아이들까지도 이 시대의 문화 상황에서 벗어날 수 없다. 가게마다 산타들이 아이들에게 성탄절 선물로 무엇을 받고 싶냐고 묻고, 심지어 핼러윈 축제 때에는 장난감과 장식물이 진열대를 채우며, 이제는 부활절 장난감 광고까지 등장했다.

기독교 공동체는 이러한 침입을 매주 한 차례의 반격으로 물리칠 수 있을 것이다. 그 반격이란 바로 안식일에 쌓기보다는 나눠 주며, 자신의 필요를 요구하기보다는 다른 사람들의 필요를 돌아보고, 많은 사람들의 즐거움을 위해 개인적인 즐거움을 접어 두는 것이다. 특히 자녀들을 위해, 우리는 나눔의 생활이 얼마나 중요한지 본을 보이고 싶어 한다. 자신을 위해, 우리 어른들에게는 소유자가 아니라 청지기가 될 때 필연적으로 따라오는 자유가 필요하다.

우리는 소유를 그치려는 소극적인 자세에 머물지 말고 후하게 주려는 적극적인 자세를 가져야 한다. 우리는 이 사회의 소비주와 축재와 착취를 포기할 뿐 아니라(5장을 보라) 자신의 물질과 영적 소유를―우리의 식탁에서 음식을, 정원에서 꽃을, 영혼에서 음악을―나눔으로써 자신의 짐을 덜어야 한다.

사도 바울은 고린도전서에서 그리스도인들을 위한 모범을 제시했다.

> 성도를 위하는 연보에 관하여는 내가 갈라디아 교회들에게 명한 것같이 너희도 그렇게 하라. 매주 첫날에 너희 각 사람이 수입에 따라 모아 두어서 내가 갈 때에 연보를 하지 않게 하라. (고전 16:1-2)

이것은 정말 엄청난 지혜이다. 모두가 자기 수입의 일정 비율을 저축한다면, 예루살렘에서 기근으로 고통당하는 자들을 위해 연보해야 할 때 많은 액수가 모일 것이다. 더욱이 본문은 모으는 것이 예배의 날을 지키는 것과 연관해서 이루어졌다는 것을 강조한다. 왜냐하면 초대교회 그리스도인들에게 있어 '매주 첫날'은 주님의 부활을 강조했으며, 그날에 행해지는 일은 부활의 기적에 대한 반응이라는 암시가 깔려 있었기 때문이다. 고린도후서에서 바울은 이러한 초대를 기부에까지 확대했다. 바울은 마케도니아 교회들의 후함에 기뻐하면서 고린도의 신자들에게도 이와 같은 열심을 내라고 도전했다. 고린도후서 8:11-15과 9:6-15에서 그는 이렇게 조언했다.

> 이제는 하던 일을 성취할지니 마음에 원하던 것과 같이 완성하되 있는 대로 하라. 할 마음만 있으면 있는 대로 받으실 터이요 없는 것은 받지

아니하시리라.

이는 다른 사람들은 평안하게 하고 너희는 곤고하게 하려는 것이 아니요 균등하게 하려 함이니 이제 너희의 넉넉한 것으로 그들의 부족한 것을 보충함은 후에 그들의 넉넉한 것으로 너희의 부족한 것을 보충하여 균등하게 하려 함이라. 기록된 것같이 많이 거둔 자도 남지 아니하였고 적게 거둔 자도 모자라지 아니하였느니라(참고. 출 16:18).

…이것이 곧 적게 심는 자는 적게 거두고 많이 심는 자는 많이 거둔다 하는 말이로다. 각각 그 마음에 정한 대로 할 것이요 인색함으로나 억지로 하지 말지니 하나님은 즐겨 내는 자를 사랑하시느니라. 하나님이 능히 모든 은혜를 너희에게 넘치게 하시나니 이는 너희로 모든 일에 항상 모든 것이 넉넉하여 모든 착한 일을 넘치게 하게 하려 하심이라. 기록된 바 그가 흩어 가난한 자들에게 주었으니 그의 의가 영원토록 있느니라 함과 같으니라(참고. 시 112:9).

심는 자에게 씨와 먹을 양식을 주시는 이가 너희 심을 것을 주사 풍성하게 하시고 너희 의의 열매를 더하게 하시리니, 너희가 모든 일에 넉넉하여 너그럽게 연보를 함은 그들이 우리로 말미암아 하나님께 감사하게 하는 것이라.

이 봉사의 직무가 성도들의 부족한 것을 보충할 뿐 아니라 사람들이 하나님께 드리는 많은 감사로 인하여 넘쳤느니라. 이 직무로 증거를 삼아 너희가 그리스도의 복음을 진실히 믿고 복종하는 것과 그들과 모든 사람을 섬기는 너희의 후한 연보로 말미암아 하나님께 영광을 돌리고, 또 그들이 너희를 위하여 간구하며 하나님이 너희에게 주신 지극한 은혜로 말미암아 너희를 사모하느니라. 말할 수 없는 그의 은사로 말미암아 하나님께 감사하노라.

바울이 고린도 교인들에게 안식일의 헌금giving(구제, 나눔)에 대해 도전을 주면서 이들에게 촉구하는 것은, 가난한 자들에 대한 이들의 구제가 자신의 목표 성취, 곧 어떤 정해진 규정이 아니라 개인적인 능력에 따른('있는 대로') 목표 성취가 되게 하라는 것이다. 여기서 오는 자유를 기독교의 엄격한 십일조나 유대교의 규범과 대조해 보라. 불행히도 교회에서의 이러한 자유가 우리에게는, 일정액을 내라는 요구가 아니라고 해서 오히려 인색하게 낼 수 있다는 개념으로 퇴보할 때가 많다. 그러나 바울의 권고는 그가 마케도니아인들이 보여 준 본을 다음과 같이 상기시킨 후에 주어진 것이다. "환난의 많은 시련 가운데서 그들의 넘치는 기쁨과 극심한 가난이 그들의 풍성한 연보를 넘치도록 하게 하였느니라. 내가 증언하노니 그들이 힘대로 할 뿐 아니라 힘에 지나도록 자원하여"(고후 8:2-3). 이것은 인류 역사에서 범상치 않은 방정식이다.

환난의 많은 시련 + 넘치는 기쁨 + 극한 가난

= 풍성한 연보!

궁핍한 자들을 보살피는 것에 관한 엄청난 모델이다. 바울은 평균, 곧 가진 자들이 가지지 못한 자들의 필요를 공급하며, 역할이 바뀔 때는 한때 '가졌던' 자들이 한때 '가지지 못했던' 자들의 지원을 받는 것을 기준으로 세웠다. 바울은 이 원칙을 증명하기 위해 출애굽기의 한 구절을 인용하는데, 이것은 또다시 안식일 지키기의 실천과 연결된다. 왜냐하면 만나를 모으는 이스라엘 백성 각자가 정확하게 자신이 필요한 만큼 가졌다는 사실은 안식일에 만나를 모으지 말고, 그래도 부족함이 없을 것을 믿으라는 계명과 밀접한 관련이 있기 때문이다(4장의 출 16:21-38에 관한 논의를 보라).

더욱이 바울은 고린도 교인들에게 후한 연보는 풍성한 수확으로 이어진다는 것을 상기시켰다. 물론 이 슬로건은 현대 기독교에서 빈번하게 이루어지듯이 '요구', 즉 우리가 할 도리를 하면 하나님은 우리에게 풍성한 물질적 축복으로 갚아 주셔야 한다는 요구로 바뀌어서는 안된다. 이러한 이단적 주장은 성경의 보증을 받지 못한다. 이것은 원인과 결과를 뒤집어 놓기 때문이다. 요점은 우리가 후하게 뿌리면 하나님이 풍성한 복으로 응답하셔야 한다는 게 아니다. 그와는 반대로, 하나님이 이미 풍성한 복을 주셨기 때문에, 우리는 풍성하게 나눌 수 있다는 것이다. 사실 우리는 하나님께 받은 것보다 결코 더 많이 줄 수는 없지만, 그렇다고 해서 우리가 하나님께 마음대로 요구할 수 있다는 것은 결코 아니다!

성경이 의미하는 선한 청지기 정신은 하나님은 우리가 선한 일을 하기에 필요한 모든 것을 우리에게 주신다는 것을 인식하고, 우리가 그분이 맡기신 사역을 감당하는 데 필요한 것을 공급해 주시리라 믿는 데 있다. 이 약속이 이루어지는 방법을 볼 때마다 나는, 놀라지 말아야 한다는 것을 알면서도 항상 놀란다. 내가 프리랜서로 일하는 CEM은 위기에 처한 여성들을 위한 보금자리를 운영하는 동안 그곳을 찾아오는 모든 사람을 먹일 음식이 부족했던 적이

한 번도 없었다. 이와 비슷하게, 무료 급식 시설과 가톨릭 노동자의 집(가난한 자들을 돌보는 쉼터)에서의 경험을 통해 보더라도, 하나님은 항상 선한 일에 필요한 것은 풍성히 주시는데, "이 일은 하나님이 전에 예비하사 우리로 그 가운데서 행하게 하려 하심이니라"(엡 2:10).

바울은 계속 편지를 써 나가면서 우리가 후해지도록 하나님은 우리의 씨앗 저장량을 늘리신다는 이미지를 사용한다. 내 친구 하나는 감자며 그 밖의 채소를 늘 넉넉하게 재배해서 여분의 생산량은 지역 푸드 뱅크(극빈자용 식량 저장 배급소)에 가져다 준다. 그는 많은 수확을 거둘 수 있도록 하나님이 씨앗을 늘리신다는 것을 증거할 수 있다.

그러나 후함이 주는 유익은 물질적인 것에 그치는 것이 아니라 그 이상이다. 바울은 다른 사람들의 필요를 채우려는 고린도 교인들의 연보가 하나님께 대한 넘치는 감사를 낳은 것을 기뻐했다. 받는 사람들의 믿음이 깊어지는 것은 나눔에서 오는 모든 복 가운데 가장 기쁜 것임이 분명하다.

나도 오래전에 받음이 주는 결과에 대해 이러한 심오한 경험을 했다. 나는 위기의 여성들을 위한 CEM 시설을 위해 올림피아(워싱턴주에 있는)의 3층짜리 큰 집을 사는 게 가장 좋을 거라는 확신을 갖게 되었다. 문제는 이전 소유주의 융자를 안고 집을 사더라도 잔금이 많이 필요하다는 것이었다. 내가 갖고 있던 채권을 모두 현금화하고 부모님으로부터 최대한 빌렸지만 여전히 많이 부족했다. 잔금을 치르기로 한 날이 며칠 남지 않았을 때, 나는 알래스카의 앵커리지에서 강연을 하고 있었다. 그곳에서 사람들에게 가능한 한 빨리 이자까지 갚을 테니 혹시 돈을 빌려줄 수 있는 사람이 있는지 물었다. 한 가족이 많은 금액을 선뜻 빌려주었지만 그래도 필요한 액수에서 500달러가 모자랐다.

그런데 나는 우연히도 알래스카에 있던 주간에 생일을 맞았다. 그날 저녁 강연을 끝냈을 때, 교회 여직원이 나를 사무실로 데리고 가더니 누가 자기 책상에 두고 갔다면서 내게 봉투를 하나 내밀었다. 안에는 "마르바, 생일 축하해요"라고 적힌 카드가 있었고, 그 아래에는 "당신을 사랑하는 사람이"라고 서명이 되어 있었다. 그리고 봉투 속에는 100달러짜리 지폐 10장이 들어 있었다!

지금까지도 그때 그렇게 후한 선물을 준 사람이 누구인지 모르고 있다. 그 돈으로 모자라는 잔금을 채울 수 있었을 뿐 아니라 남은 돈으로는 지하실을 내 침실과 사무실로 바꾸기 위해 카페트를 다시 깔 수 있었다. 지금도 그 익명의 은인에게 감사하고 있다. 그때 그의 또는 그녀의 선물은 큰 집을 사서 사역을 안정되게 하는 것이 하나님의 목적에 부합된다는 것을 다시금 확인시켜 주었다. 나의 믿음은 몰라보게 깊어졌으며, 이렇게 믿음이 커지는 것이 특히 중요하다는 게 증명된 것은 우리가 그 집에서 하려고 애쓰고 있던 일을 우리 스스로 의심하게 되었을 때였다. 그저 하나님이 그 집을 구입하도록 어떻게 기적적으로 물질을 공급해 주셨는지를 기억하는 것만으로 하나님이 그곳에서 우리를 통해 하기 원하시는 일에 대한 확신과 신뢰가 커졌다.

바울은 또한 복음에 대한 우리의 고백에 동반되는 순종에 대해서도 썼다. 내가 보기에 이것은 안식일의 나눔에 대한 가장 중요한 도전 중에 하나이다. 우리가 안식일에 일을 그치는 것은 하나님이 우리의 필요와 안전을 공급해 주시리라는 믿음을 나타내기 위해서라고 한다면, 우리는 나눔을 통해 그 믿음을 실천할 수 있다. 복음의 선포, 곧 하나님의 사랑이 우리를 자유케 하여 사랑하게 한다는 믿음의 선포는 사랑의 행위와 도움이 필요한 자들을 돌보라는 하나님의 언약의 가르침을 따르는 가시적인 순종이 동반될 때 더욱 믿을 수 있는 것이 된다.

마지막으로, 후하게 주는 일은 기독교 공동체의 결속을 다진다. 바울이 고린도 교인들에게 강조하듯이, 이들의 도움을 받은 예루살렘의 가난한 자들의 마음이 이 헬라 교회를 향할 것이며, 한 곳의 신자들은 다른 곳의 신자들을 위해 기도할 것이다. 예수님은 우리의 돈이 있는 곳에 우리의 마음도 있다고 말씀하셨다(눅 12:34). 우리가 다양한 선교 사업 및 사역을 돕고 있다면, 틀림없이 그들의 일을 위해 기도하게 될 것이며, 수혜자들도 우리의 후원에 감사하며 기도할 것이다. 우리는 안식일 기도에 우리가 경제적으로 후원하는 선교 기관, 선교사, 사역자들을 위한 기도를 특별히 포함시킬 수 있다.

물론 안식일의 나눔에는 돈보다 훨씬 많은 것이 포함된다. 유대인은 지금도 안식일 축하의 한 부분으로 사랑하는 사람들에게 꽃이나 포장한 선물을 준다. 나는 이날에 카드를 만들거나 편지를 쓰거나 뜨개질을 하거나 과자를 구워 선물하기를 좋아한다. 향연에 관한 4부에서 이러한 것들을 좀더 자세히 살펴보기로 하겠다. 안식일에 다른 사람들에게 주는 기쁨은 분명히 우리가 축제를 열고 행하는 방법 가운데 하나이기 때문이다.

바울의 권면에서 마지막 요점은 특히 중요하다. 그는 청지기 정신에 관한 말을 끝맺으면서 "말할 수 없는 그의 은사"에 대해 하나님께 감사했다. 우리는 이 말이 구원의 선물을 가리킨다고 생각한다. 왜냐하면 앞에서 바울은 "우리 주 예수 그리스도의 은혜를 너희가 알거니와 부요하신 이로서 너희를 위하여 가난하게 되심은 그의 가난함으로 말미암아 너희를 부요하게 하려 하심이라"고 썼기 때문이다(고후 8:9).

안식일을 지키는 것은 하나님이 우리에게 주신 선물, 특히 값없이 주신 선물의 광대함에 초점을 맞추는 것이다. 우리는 다름이 아니라 그분과 비슷한 방법으로 주려는 마음으로 그분의 선물에 반응할 수 있다. "그리스도의 사랑이 우리를 강권하시는도다"(고후 5:14상).

19.   삶에서 우리의 소명을 받아들임

내가 독신이라는 게 어떤 날은 원망스러울 때가 있다. 강연을 마친 후 춥고 텅 빈 집으로 돌아와야 하는 게 정말 싫다. 삶을 특별하게 하는 모든 작은 것을 함께 나눌 수 있는 사람이 있었으면 좋겠다.

그러나 안식일을 충실하게 지킬 때마다 이런 원망은 사라진다. 하나님의 성품의 빛에서 그분이 누구이며 나는 누구인가를 깊이 생각하다 보면 내가 그분의 종으로서 갖는 특별한 위치에 언제나 순전한 감사를 드리게 된다. 기혼자와 독신자는 나름대로 단점이 있는 것처럼 나름대로 장점도 있다. 결혼 생활과 독신 생활에는 각각 하나님의 은혜를 전하는 특별한 통로와 하나님을 섬기는 특별한 기회가 포함되어 있다. 안식일은 우리의 복을 세며 자신만의 특별한 환경이 선하다는 것을 받아들이는 날이다.

이와 관련하여 내 가장 가까운 친구 하나와 나 사이에는 농담이 오간다. 나는 팀과 함께 시간을 보낼 때마다 그의 깊은 믿음과 보살핌에 특별한 위안을 얻는다. 나는 그가 콩팥 이상 때문에 겪어야 하는 고통을 나라면 견딜 수 없을 것이라는 말을 자주 한다(그는 일주일에 세 차례 투석을 해야 하며, 투석을 하지 않는 날에도 혈압과 혈액 속의 노폐물 때문에 행동의 제약을 받는다). 그런데 팀은 늘 자신은 **나의** 신체적인 장애를 들먹이고 싶지 않다고 말한다. 우리는 함께 있을 때마다 삶에서 우리에게 주어진 특별한 소명에 더욱 감사하게 된다.

진정으로 안식일을 지킨 후에는(내가 **진정으로**라는 말을 쓴 것은 어떤 때는 안식일을 제대로 지키지 못하기 때문이다) 불평하는 나 자신에 대해 항상 회개한다. 예외 없이 안식일은 내게 하나님의 선하심을 일깨워 주며, 하나님이 내게 주신 은사와 자원과 소명에 따라 그분을 섬기는 데 더욱 충성해야겠다는 마음이 커지게 한다. 예배를 드리며 기독교 공동체의 다른 구성원들과 함께 보내는 시간, 고독과 기도에 드리는 시간, 만찬 모임이나 전시회, 혹은 연주에 참여한 시간 등 그 무엇을 하며 하루를 보내든 간에, 안식일의 활동들은 하나같이 내 안에 하나님의 측량할 수 없는 선물에 대해 감사하는 마음이 넘치게 한다.

안식일은 하나님이 우리가 처한 상황에서 주신 특별한 선물에 더욱 감사하는 날이다. 그뿐만 아니라 안식일 지키기는 우리가 삶에서 자신의 소명을 더욱 철저히 발견하고 받아들이는 거룩한 시간이 되기도 한다. 이것은 "안식일의 찬송시"라는 제목이 붙어 있는 시편 92편에 암시되어 있다. 이 시편의 선포는 히브리인의 예배의 몇몇 행위를 보여 준다.

> 지존자여 십현금과 비파와 수금으로
> 여호와께 감사하며 주의 이름을 찬양하고
> 아침마다 주의 인자하심을 알리며

밤마다 주의 성실하심을 베풂이 좋으니이다.

여호와여 주께서 행하신 일로 나를 기쁘게 하셨으니

주의 손이 행하신 일로 말미암아 내가 높이 외치리이다.

여호와여 주께서 행하신 일이 어찌 그리 크신지요

주의 생각이 심히 깊으시니이다.

어리석은 자도 알지 못하며

무지한 자도 이를 깨닫지 못하나이다.

악인들은 풀같이 자라고

악을 행하는 자는 다 흥왕할지라도

영원히 멸망하리이다.

여호와여 주는 영원토록 지존하시니이다.

여호와여 주의 원수들은 패망하리이다.

정녕 주의 원수들은 패망하리니

죄악을 행하는 자들은 다 흩어지리이다.

그러나 주께서 내 뿔을 들소의 뿔같이 높이셨으며

내게 신선한 기름을 부으셨나이다.

내 원수들이 보응받는 것을 내 눈으로 보며

일어나 나를 치는 행악자들이 보응받는 것을 내 귀로 들었도다.

의인은 종려나무같이 번성하며

레바논의 백향목같이 성장하리로다.

이는 여호와의 집에 심겼음이여

우리 하나님의 뜰 안에서 번성하리로다.

그는 늙어도 여전히 결실하며 진액이 풍족하고 빛이 청청하니

여호와의 정직하심과 나의 바위 되심과

그에게는 불의가 없음이 선포되리로다.

이 안식일 시편의 첫째 연에 언급된 모든 행위—여호와를 찬양하고, 음악을 연주하며, 하나님의 사랑과 성실하심을 선포하는 것—는 우리가 주일에 적용할 수 있는 것들이다. 나머지 절들은 안식일 지키기가 우리로 하여금 자신의 특별한 소명을 더 잘 받아들일 수 있게 한다는 몇 가지 암시를 준다. 둘째 연에서, 시인은 여호와의 행사를 기뻐하며, 여호와께서 하신 일 때문에 기뻐 노래한다. 어리석은 자와 무지한 자는 하나님이 행하신 일을 알지 못하며 이해하지 못하기 때문에, 자신들의 생활 방식이 정말 쓸데없는 것이며 비록 그것이 흥왕해 보인다 하더라도 결국 멸망하리라는 것을 깨닫지 못한다. 이와는 반대로, 하나님의 백성은 자신의 삶이 하나님의 좀더 큰 목적의 한 부분이며, 여호와의 행사는 크고, 그분의 지혜는 심오하다는 것을 안다.

『하나님 나라의 모략』(한국 IVP)이라는 책에서 달라스 윌라드는 우리가 자신의 삶에서 하나님의 뜻을 찾고 있다면 이것은 잘못된 질문을 하는 것이라는 점을 강조한다. 그에 따르면, 우리는 그 대신 하나님이 세상에서 무엇을 하고 계시는지 보고 그분의 프로그램의 한 부분이 되어야 한다.[1] 이것이 이 시편에 함축된 의미다. 왜냐하면 헛된

삶을 사는 어리석은 자들과는 반대로, 하나님의 백성은 그분의 행사와 목적을 생각하면서 기뻐하기 때문이다. 이들은 여호와께서 영원히 높아지신다는 사실에 기뻐한다.

이들 자신이 하나님의 목적에 가담한다는 사실은 다음 연에서 시인이, 여호와께서 자신의 뿔을(힘을 의미한다) 높이셨으며 신선한 기름을 자신에게 부으셨다고 선포할 때 좀더 강하게 암시된다. 제사장들처럼 왕들도 기름 부음을 받았다. 기름은 하나님의 넘치는 축복의 상징이었으나 하나님의 임명을 나타내기도 했다.

마지막으로, 시인은 마지막 연에서 의인이 종려나무와 레바논의 백향목처럼 번성하고 계속해서 성장한다고 선언한다. 하나님의 백성은 여호와께서 계속해서 그들의 삶에 임재하시기 때문에, 그분의 백성은 늙어도 열매를 맺으며 "빛이 청청[할]" 것이다. 여호와의 성실하심 때문에, 여호와께서 그의 바위이시기 때문에, 그분에게는 불의가 없기 때문에, 의인은 계속해서 번성할 것이다.

안식일에 하나님의 성품을 묵상할 때마다, 그분의 목적에 대한 새로운 열심이 생기며 그분을 좀더 효과적으로 섬기려는 생각에 거룩한 흥분이 일어나지만, 내가 섬길 수 있는 방법에 대해서는 깊은 만족을 얻는다. 예를 들면, 예수님을 평강의 왕으로 생각할 때면 평화의 사람이 되고 싶은 마음이 더욱 간절해진다. 우리 사회의 폭력성이 점점 더 싫어지고, 내 속에서는 지역 사회, 더 나아가 세계를 위한 화해의 대리자로 섬기고 싶은 열망이 점점 더 커진다. 하나님의 사랑과 치유의 성품을 더 깊이 묵상할수록, 그분을 닮고 싶은 마음이 더 간절해진다. 따라서 안식일을 지킬 때마다 하나님이 내 삶에 주신 소명에 대한 이해와 열심도 깊어진다.

다양한 안식일 활동도 이 목적에 도움이 된다. 예배를 드릴 때 성경 낭독과 설교와 기도는 우리의 소명을 성취할 방법을 분명하게 알려 줄 때가 많다. 예를 들면, 병든 교인을 위한 기도는 우리가 보살피는 사람으로서 섬길 수 있는 방법―심방, 꽃 배달, 음식 준비, 카드 보내기―을 가르쳐 줄 것이다. 이와 비슷하게 성령께서는 우리의 개인적인 성경 공부와 묵상과 기도를 사용하셔서, 하나님의 성품을 우리에게 계시하시고 우리 속에서 키워 가신다.

게다가 다른 사람들과 대화를 나누며 기도하면서 보내는 양질의 시간은 우리가 누구이며 우리의 삶으로 무엇을 해야 하는가를 좀 더 강하게 깨닫게 해 줄 때가 많다. 더욱이 우리는 일과 성취에 대한 필요를 그칠 때 진정한 자신과 더 온전히 대면할 수 있게 되며, 이를 통해 하나님이 우리 삶에서 그분의 목적이 특별하게 이루어지도록 우리를 지으실 때 우리 속에 어떤 자원들을 두셨는지 알 수 있다. 때때로 안식일에 책을 읽을 때(특히 동화나 조지 맥도널드의 소설을 읽을 때), 나 자신의 특별한 면을 행동으로 옮기고 싶은 열망이 크게 일어난다. 예를 들어 이야기들을 읽을 때면, 때때로 평일에 좌뇌의 분석적인 활동에 눌려 있던 우뇌의 창의적이고 예술적이며 시적인 면이 자극받을 때가 많다.

무엇보다도, 우리는 안식일 지키기에서 하나님의 사랑이 세상에 선포되어야 한다는 것을 깨닫는다. 우리들 각자에게는 이러한 선포에 특별하게 기여하는 특정한 은사와 개인적인 특성이 있다. 어떤 사람은 노래를 잘 부르고, 어떤 사람은 듣기를 잘한다. 어떤 사람은 지혜로운 조언을 하며, 어떤 사람은 온정을 잘 베푼다. 이 모든 은사와 모든 개성은 하나님이 자신에 대해 말씀하시고 싶은 모든 것을 우리가 세상을 향해 말하는 데 필요하다. 우리는 안식일에 얻는 새 힘으로 평일에 이러한 특별한 자원을 활용하여 주변 사람들에게 구체적인 방식으로 하나님의 사랑을 전할 수 있다.

이 장과 관련해서 특히 강조하고 싶은 것은, 이 책 3부의 제목을 '선택하기'가 아니라 '받아들임'이라고 한 까닭에 대한 것이다(내가 처음에 붙인 제목은 '선택하기'였다). 글을 쓰면서 나는, 우리가 안식일 지키기의 긍정적인 측면들을 파악하는 강도를 좀더 잘 전달해 줄 강력한 단어가 필요하다는 것을 깨달았던 것이다. 우리가 무엇인가를 선택한다는 것이, 반드시 그것을 우리의 삶에 철저히 적용한다는 것을 의미하지는 않는다. 받아들인다는 것은 기쁨으로 수용하며, 완전히 거기에 따라 살며, 특별히 의도성과 힘을 가지고 선택한다는 것이다.

우리 그리스도인들의 증거가 약한 이유 중에 하나는 그 증거가 때로 너무 미적지근하기 때문이다. 초대교회 그리스도인들은 넘치는 기쁨으로 세상에 불을 질렀다. 우리는 특정한 순간마다 늘 즐거울 수는 없겠지만, 항상 기쁨을 알 수는 있다. 그리스도의 부활은 이미 성취된 사실이기 때문이다. 우리는 "현재의 고난은 장차 우리에게 나타날 영광과 비교할 수 없[으며]", "하나님을 사랑하는 자 곧 그의 뜻대로 부르심을 입은 자들에게는 모든 것이 합력하여 선을 이[룬다]"는 것을 확신할 수 있다(롬 8:18, 28). 더욱이 우리는 그 무엇도 우리를 그리스도 예수 안에 있는 하나님의 사랑에서 끊을 수 없다는 것도 확신할 수 있다. 이러한 틀림없는 확신은 우리에게 심오한 기쁨을 준다. 세상의 모든 사람이 이러한 확신과 소망을 찾고 있으며, 우리들 각자에게는 일상생활에서 만나는 사람들과 이것을 나눌 특별한 자격이 있다.

우리는 하나님이 우리들 각자에게 각자의 특별한 역할에 맞는 능력을 주셨다는 것과, 그분이 맡기신 사역을 감당하는 데 필요한 모든 것을 우리에게 공급해 주시리라는 것을 안다. 그러기에 우리는 하나님의 사랑을 나누라는 소명을 기쁨으로 받아들일 수 있다. 우리가 안식일에 그분의 사랑에 잠길 때, 그분의 은혜가 우리에게 넘치고, 자신의 역할에 대한 우리의 자각이 분명해지며, 그분이 분명하게 제시하시는 우리의 임무를 해낼 수 있는 힘을 얻는다.

20. 온전함–샬롬을 받아들임

우리는 정말 지쳤을 때 때로는 어느 정도의 '평안과 고요'를 간절히 원한다. 여기서 '평안과 고요'라는 말은 다툼과 갈등이 없는 상태를 말한다. 그러나 불행히도 우리는 **평안**이라는 단어를 이러한 의미로 사용하기 때문에 이 단어를 단지 안도의 동의어 정도로 격하시켜 버렸다.

하나님은 우리에게 훨씬 더 많은 것을 주기 원하신다. 그분이 우리에게 주기 원하시는 평안은 단순히 갈등이 없는 상태를 훨씬 초월한다. 8장에서 보았듯이, 평안을 뜻하는 히브리어 **샬롬**은 하나님과의 화목에서 시작되며 우리의 형제와 자매, 심지어 원수와의 화목에서 계속된다. 더욱이 샬롬은 우리 자신과의 평화, 건강, 부, 성취, 만족, 고요, 그리고 이 모든 것을 아우르는 온전함을 의미한다.

지금까지 이 책에서는 안식일의 온전함이 갖는 많은 면을 살펴보았다. 특히 육체적, 영적, 정서적, 지적인 쉼에 관한 장에서는 쉼의 날을 통해 우리 존재의 각 부분에서 본래 모습을 발견하는 방법을 살펴보았다. 우리와 하나님과의 관계가 삶의 중심이요 초점이며, 다른 모든 부분이 주님께 대한 경배 안에서 각자의 적절한 우선

순위를 찾을 때, 우리의 영혼은 더욱더 연합된다. 우리가 금식과 향연의 리듬을 즐길 때(이에 대해서는 25장에서 살펴볼 것이다), 소유의 짐을 포기함으로써 진정으로 쉼을 누릴 때, 낮잠 잘 시간을 가질 때, 우리의 몸은 더욱 건강해진다. 우리가 자신의 가장 깊은 감정들, 진정한 성 역할, 창의성, 기쁨과 놀이에 대한 감각과 진정으로 접촉할 수 있을 때, 우리의 영혼은 좀더 완전해진다. 우리가 하나님의 백성으로서 받는 유산에 관한 이야기들은 우리의 구속을 상기시켜 주며, 그 결과 우리의 태도는 더욱 온전해진다. 우리의 자유가 새로운 생각을 낳을 때, 우리의 마음은 더욱 강해진다.

더욱이 우리 존재의 각 부분끼리의 상호 작용은 안식일 지키기에서 새롭게 하나가 되기 시작한다. 이것은 우리가 마음과 물질, 몸과 영혼, 좌뇌와 우뇌를 더 이상 이분법적으로 구분하지 않기 때문이다. 오히려 우리가 세상과 구별됨으로써 모든 것이 거룩해지며 온전하게 연합된다. 우리는 고독과 모임 사이의 이분법까지도 사라지는 것을 보았다. 왜냐하면 각자는 서로에게 꼭 필요하며 우리의 존재가 하나님과의 관계에서 충만하게 되는 데 기여하기 때문이다. 우리가 모이는 기독교 공동체가 되는 것과 홀로 하나님과 함께하는 특별한 시간을 즐기는 것 양쪽에 더욱 관심을 쏟을 때, 이 둘은 개인적인 온전함과 전체적인 온전함에 대한 의식을 함께 키워 준다.

안식일이 우리의 온전함에 기여하는 방식 가운데 하나는 우리를 자유롭게 하여 우리로 하여금 자기 존재의 모든 면을 즐길 수 있게 해준다는 것이다. 우리가 미술이나 음악을 즐기고 아름다움을 감상할 때, 우리의 상한 감정이 치유되고 회복되는 것을 경험할 때, 자신의 참된 남성성과 여성성을 찬미할 때, 이러한 것들은 우리의 삶을 더욱 균형 잡히게 한다. 더욱이 그침과 쉼과 받아들임과 향연을 통해 이루어지는 연합에서, 우리는 자신의 진정한 정체성을 알게 되며, 이것은 우리를 진정한 겸손과 진실된 확신으로 이끈다.

안식일 지키기에서, 우리의 인간 실존의 온전함에 크게 기여하는 가장 중요한 부분은 질서이다. 우리는 질서를 갈망하는데, 이것은 질서는 모든 것이 잘 관리되고 있으며, 무슨 일이 일어나든지 그것이 더 큰 계획에 부합되므로 우리가 거기에 대처할 수 있다는 느낌을 주기 때문이다. 안식일 지키기의 리듬이 그렇게 중요한 것도 바로 이 때문이다. 엿새 동안 일하고 하루를 쉬며 하나님의 가치를 받아들이는 질서 있는 순환은, 하나님이 성경에서 계시하신 창조의 리듬과도 일치한다.

히브리인과 초대교회 그리스도인은 그들의 성경 전체에서 우리의 속사람에 자리 잡은 일곱 결의 리듬을 강조한다. 우리 모두는 요한계시록과 바울서신, 그리고 요한복음에 7이라는 숫자가 많이 나온다는 것을 알고 있다. 그러나 창세기 1:1-2:3의 7중적 구조가 번역(영어, 한글 등) 성경에서는 그다지 분명하게 나타나지 않는다. 히브리 성경에서는 이 부분이 일곱 단락으로 구성되어 있다. 1절은 일곱 단어로 되어 있으며, 2절은 열네 단어로 되어 있다. 많은 단어들이 7의 배수로 등장한다—**하나님**, **땅**, **하늘**, **빛**은 각각 35회, 21회, 21회, 7회 나타난다. 게다가 창세기 2:2-3은 세 문장으로 되어 있는데 각 문장은 일곱 개의 히브리어 단어로 이루어져 있다. 각 문장의 가운데 단어는 **일곱째 날**인데 이것은 창조의 목적인 이날을 강조하

기 위해서이다.[1]

　시간이 지나면서 세상의 문명이 다양한 양식의 일과 쉼의 순환을 만들어 낸 것을 보면 아주 흥미롭다. 바빌론 역사를 보면 1일, 7일, 15일, 28일에 장이 열린 것을 알 수 있다. 그 밖의 문명들은 각각 나흘, 닷새, 엿새, 여드레, 심지어 열흘을 한 주간으로 하는 양식을 시도했지만 꾸준히 지속되어 온 것은 칠일을 한 주로 한 양식뿐이다. 실제로 칠일의 리듬은 초기 페니키아인에게까지 알려져 있었으며,[2] "안식일의 기원"의 필자 로버트 노스는 이것은 바빌론인, 이집트인, 바사인, 인도인, 중국인, 몽골인, 말레이인, 독일인, 헬라인, 체로키인, 그리고 그 밖의 아메리카 원주민에게도 일반적이었다고 덧붙인다. 세상은 칠일의 한 주가 우리의 내적인 존재와 일치한다는 것을 발견했다. 그러나 노스는 "고대의 다양한 요소를 수용하여 변함없이 되풀이되는 아주 정결한 안식일 지키기로 바꾼 것은 모세적 계시가 보여주는 독창적이고도 엄청난 영향을 미친 문화적 성취였다"고 덧붙인다.[3]

　개인이나 집단이 매주 따르는 관습을 만들어 낼 때 안식일은 더 많은 질서를 낳는다. 내가 다른 사람들과 어울리느냐, 어떤 활동에 참여하느냐는 매주 다르겠지만 어떤 것들은 변하지 않는다. 나는 매주 키두쉬 기도와 촛불 켜기로 안식일을 시작하며, 예배와 성경 공부로 어느 정도 시간을 보내고, 주중과는 다른 음식을 먹으며, 촛불과 하브달라(작별) 기도로 안식일 지키기를 끝낸다.

　유대인 또한 특정한 관습을 매주 반복되는 안식일 축하의 한 부분으로 삼았다. 이것은 레위기 24장에 기록된 것처럼 이들이 안식일을 지키기 시작한 때로 거슬러 올라간다. 열두 지파를 상징하는 열두 덩이의 진설병이 진설되어야 했다. "안식일마다 이 떡을 여호와 앞에 항상 진설할지니 이는 이스라엘 자손을 위한 것이요 영원한 언약이니라"(레 24:8). 더 이상 성막이나 성전이 존재하지 않을 때, 유대인은 자신들을 하나님의 거룩한 백성으로 지정하는 의식을 계속하기 위해 가정을 성소로, 가장을 제사장으로 생각하면서 안식일 관습을 각자의 가정 속으로 들여왔다. 『출애굽기 주석』의 저자인 차일즈가 강조하듯이 "성막은 '내가 너희와 함께하리라…나는 너희 하나님이 되겠고 너희는 내 백성이 되리라'는 언약의 성취를 나타낸다. 그러나 이 언약의 실제적인 상징은 안식일이다."[4]

우리 그리스도인들도 안식일을 위한 규칙적인 관습을 만들 수 있다. 우리는 이것들을 꾸준히 지킴으로써 스스로의 삶에 질서를 준다. 물론 이러한 관습들이 무미건조한 타성이나 성가신 율법주의적인 짐이 되지 않도록 주의해야겠지만 말이다. 우리는 자신의 예배가 '교회 가기'라는 공허한 의식이 아니라 기쁨의 습관이 되기를 원한다.

우리의 삶에서 가장 중요한 질서가 잡히는 것은 우리가 안식일의 초점을 하나님께 맞추고 이 초점과 관련하여 다른 모든 것에 적절한 우선순위를 매길 때다. 안식일 지키기는 여호와께서 우리 삶에서 가장 높은 자리에 계셔야 함을 계속 상기시켜 준다.

더욱이 하나님을 중심에 두고 나머지 삶에 질서를 세울 때, 우리는 주변 문화의 압력에 자주 심하게 찢기는 우리 삶의 모든 조각을 끼워 맞출 수 있다. 우리는 다양한 역할과 책임 때문에 사방으로 급하게 뛰어다녀야 한다. 아이들을 축구 교실, 발레 교실, 보이스카웃에 데려다 주어야 하고, 다양한 사회 활동이나 에어로빅 교실에 참여해야 한다. 또한 여러가지 다른 직업을 소화해야 하고, 그 가운데서도 가정생활과 가족 간의 유대를 유지하려고 애써야 한다. 매주 안식일을 지킬 때, 우리는 가족이 좀더 깊은 수준에서 하나되게 할 수 있다. 우리는 우리를 하나로 묶어 주는 관습들을 세울 수 있으며, 함께 행복하고 즐거운 시간을 가짐으로써 의미 있고 기쁨에 찬 특별한 기억들을 간직할 수 있다.

심지어는 우리 같은 독신자들도 친구나 확대 가족과 함께함으로써 안식일의 이러한 온전함을 맛볼 수 있다. 나는 워싱턴으로 이사 온 후부터 종종 가장 가까운 친구와 함께 안식일을 보냈다. 우리는 더 큰 온전함을 이루기 위해 우리의 교제 안에서 세울 수 있는 관습에 대해 깊이 생각해 보았다. 지난 안식일, 평온한 오후에 난롯가에서, 우리는 이제부터 안식일을 함께 보낼 때 음악을 좀더 가미시키기로 했다. 마이런은 즉시 피아노에 앉더니 자신의 새로운 레퍼토리인 스콧 조플린의 작품 둘을 연주해 주었다. 강림절의 첫날인 다음 주일에는, 내 거실에 말구유와 천사 모형을 장식하고 그의 집과 내 집에 강림절 화관을 준비할 것이다.

나는 강연을 위해 어느 곳에 가게 되든지 나의 안식일 관습들 가운데 몇몇을 지키는데, 그때마다 프리랜서 일로 어수선해진 나의 존재가 온전히 회복되는 것을 발견했다. 나의 삶에는 안식일에서 안식일까지 연속성이 있기 때문에(안식일은 한 주의 절정이다), 전국 각지의 여러 곳에서 이루어지는 안식일 지키기는 이 모든 장소를 하나로 묶어 주며, 내가 어디에 있든지 집에 있는 것과 같은 편안함을 느낄 수 있게 해 준다. 나는 강연 때문에 여행을 다닐 때마다 초 두 자루, 특별한 친구가 선물한 특별한 목재 촛대, 유리로 된 작은 천사상을 가지고 다니며, 특히 안식일 마침 기도는 새로운 곳에서 만난 새로운 친구들과 함께하기를 좋아한다. 이렇게 해서 나는 그들 앞에서 그들로 인해, 그리고 그들이 내게 준 새로운 안식일의 경험으로 인해 하나님께 감사할 수 있다.

안식일의 리듬은 산산이 흩어진 우리 자신의 조각들을 온전히 하나로 회복시켜 준다. 심지어 어둠과 슬픔의 시간에도, 안식일 지키기는 고통 가운데서 온전함을 발견할 수 있는 수단을 준다. 이것은 역대하의 특별한 결말에 잘 나타나 있다. 역대기 기자는 성전의 파괴와 예루살렘의 멸망, 바빌론 유수에 대해 기술한 후, 그 땅이 "황폐하여 땅이 안식년을 누림같이 안식하[였다]"고 말한다(대하 36:21). 이러한 아이러니한 말은 이스라엘 백성이 추방된 후 마침내 그 땅이 하나님이 7년마다 땅을 휴경하라고 레위기에서 명하신 대로 쉴 수 있었음을 의미할 것이다(우리 시대의 농부들은 땅을 정기적으로 놀려야 할 필요성을 확실히 알고 있다). 그러나 나는 이 말이 땅에 대해 안식년을 시행하라는 하나님의 지시를 따르지 못한 이스라엘 백성에 대한 비난 그 이상의 의미를 내포하고 있다고 생각한다. 본문의 구조는 좀더 깊은 의미를 암시한다.

땅이 안식의 쉼을 누렸다고 말한 직후, 본문에는 곧바로 이스라엘 백성에게 예루살렘으로 돌아가 성전을 재건하도록 허락하는 바사 왕 고레스의 칙령이 나온다.

하늘의 신 여호와께서 세상 만국을 내게 주셨고 나에게 명령하여 유다 예루살렘에 성전을 건축하라 하셨나니 너희 중에 그의 백성 된 자는 다 올라갈지어다. 너희 하나님 여호와께서 함께하시기를 원하노라. (대하 36:23)

역대하는 이렇게 긍정적인 어조로 끝난다. 역대하의 그 앞부분은 대체로 이스라엘과 유다의 왕들이 여호와의 길을 따르는 데 실패하였다는 매우 부정적인 기사로 가득 차 있다.

역대하의 다른 대부분과 첨예한 대조를 이루는, 믿기 어려울 정도로 놀라운 이 희망의 선언이 암시하는 바는, 역대기 기자는 "이에 토지가 황폐하여 땅이 안식년을 누림같이 안식하여"라고 말할 때 여호와께서 그때도 임재해 계셨다는 의미로 말하고 있다는 것이다. 안식일 지키기는 여호와의 임재 의식을 암시하며 이스라엘은 안식일을 거룩하게 지키지 못한 것 때문에 기소를 당한다. 따라서 실패한 백성이 그 땅에 없을 때, 그럼에도 불구하고 그 땅은 계속해서 하나님의 임재를 경험했다는 것이 역대기 기자가 말하려는 요점으로 보인다. 여호와께서는 여전히 이스라엘 백성을 위해 일하고 계셨으며, 그러기에 70년 후에 그들의 포로 생활이 끝났을 때, 그들을 다시 고향으로 돌려보내셨다. 그들은 그 땅이 자신의 일부라고 생각했다. 그러기에 하나님이 그 땅을 돌보신 것은 자신의 백성을 향한 하나님의 성실하신 사랑의 한 면으로 이해되었다.

가장 암울한 순간, 곧 하나님이 곁에 계시기보다는 안 계신 것처럼 보이는 순간에도, 안식일 지키기는 내 삶을 온전케 한다. 이것은 다른 어떤 방법으로도 불가능한 것이다. 물론 고통이 저절로 사라지지는 않는다. 그러나 안식일을 지키는 습관이 지속적일 때, 안식일을 기억하는 바로 그 질서가 우리로 하여금 그날을 지키도록 명하신 여호와의 임재 의식을 느낄 수 있게 한다. 또한 안식일 습관의 시행 자체가 어두운 순간마다 우리를 따라다니는 염려와 근심을 제쳐 둘 수 있는 수단을 제공한다(3장의 염려를 그침에 대한 논의를 기억하라).

때때로 우리의 육체적, 정서적 고통은 우리의 안전이 흔들린다는 사실로 인해 증가한다. 장애만이 우리의 안전을 도적질하는 것은 아니다. 장애에 대해 기도하지만 하나님이 우리가 기대하는 방법으로 응답하지 않으실 때, 우리가 하나님을 제대로 알고 있다는 착각에서 오는 거짓 안전은 흔들리고 만다. 안식일 지키기는 우리가 하나님의 새로운 부분을 발견할 수 있도록 도와준다. 왜냐하면 우리는 안식일 지키기의 침묵 속에서 고통 속에 숨어 계시는 하나님을 만날 때가 많기 때문이다. 우리는 고통의 훈련 속에서 고통이 어떻게 사라질 수 있는지 배울 수 있다. 하나님이 침묵하신다 하더라도, 특별한 노력을 그치고 영적인 쉼을 취할 때, 안식일이 그분과 공유하는 거룩과 영원 속에서 그분을 만날 수 있다.

나는 지금 우리가 행복해질 거라고 말하는 게 아니다. 그러나 성경은 우리가 새로운 소망과 평안—그리고 기쁨—을 배우게 될 거라고 지속적으로 약속한다.[5]

안식일 지키기가 우리의 고통 가운데서도 기쁨을 준다는 사실은 모네가 그린 들판의 건초더미 그림에서 잘 나타난다. 그중 하나는 구름 낀 날의 그림임에도 불구하고, 모네는 단순한 대상을 빛나게 하는 놀라운 능력을 보여 준다. 어두컴컴한 때라서 색채가 선명하지 않음에도 불구하고 모네는 그 건초더미를 아름답게 만든다. 안식일의 친밀함의 빛, 곧 하나님과의 친밀함의 빛은 우리의 삶이 고통으로 어두울 때조차도 우리 삶에 아름다움을 가져다 준다.

또 하나의 캔버스에서, 눈이 쌓인 배경이 매우 흐릿하지만 빛의 특별한 성질을 묘사하는 모네의 기술 때문에 건초더미는 두드러져 보인다. 이와 비슷하게, 우리가 안식일의 받아들임에서 빛이신 하나님께 초점을 맞출 때, 그분의 임재가 우리 삶의 모든 역설과 수수께끼를 밝혀 준다. 삶의 많은 세부적인 것들이 불투명하더라도, 우리는 온전함을 경험할 수 있다.

우리는 자신의 일이 끝나지 않았음에도 불구하고 일을 그치고 마치 할 일이 전혀 없는 것처럼 안식일을 지내듯이, 자신의 현재 상황에서는 온전함을 경험하고 있지 못할지라도 그날만큼은 온전함을 받아들인다. 안식일을 거룩하게 지키라고 명하신 하나님은 우리 영혼의 어두운 밤을 지키시며, 황폐함 가운데서도 우리에게 안식일의 쉼과 희망을 주실 수 있다.

우리는 근심을 그치려는 소극적인 행동에서 온전함에 대한 적극적인 소망으로 옮겨 간다. 바울이 빌립보 교인들에게 말하듯이 "모든 지각에 뛰어난 **하나님의 평강**이 그리스도 예수 안에서 너희 마음과 생각을 지키[실]" 뿐만 아니라 "**평강의 하나님**이 너희와 함께 계시리라"(빌 4:7, 9하). 안식일 지키기는 하나님의 질서의 온전함, 곧 사랑의 **샬롬**으로 우리를 이끈다.

21. 세상을 받아들임

안식일을 지킨다는 것은 주변 세상 사람들과는 전혀 다른 가치 체계를 받아들인다는 뜻이다. 첫째, 우리는 의도성을 받아들인다. 우리는 우리가 하는 일을 어떻게 왜 하는지 주의 깊게 선택한다. 우리는 안식일의 주님과의 관계 속에서만 가능한 삶의 특성을 받아들이기 위해 신중하게 산다.

둘째, 우리는 기독교 공동체의 가치를 받아들인다. 우리는 그리스도인다운 덕스러운 성품이 삶에서 자라날 수 있도록 하나님의 다른 백성들과 시간을 함께한다. 우리는 자녀들에게 그리스도를 닮은 성품들이 자라서 그들이 그분의 백성의 공동체에 참여하겠다고 기쁘고도 자유롭게 선택할 수 있기를 바란다.

우리는 공간 대신에 시간을, 사물 대신에 사람을, 운명 대신에 역사 속의 거룩한 사건을, 스케줄 대신에 자유를 받아들인다. 우리는 안식일에 아무것도 할 필요가 없으며, 따라서 성령이 인도하시는 대로 자유롭게 움직일 수 있고, 그날이 어떤 기회를 주든 그 기회에 참여할 수 있다. 그럼으로써 우리는 자유롭게 되어 다른 사람들을 좀더 깊이 보살피며, 동료이자 하나님의 자녀인 그들이 누구인지 좀더 풍성하게 발견할 수 있다.

게다가 우리는 요구하기 대신에 주기를 받아들인다. 안식일은 나눔의 날이며, 다양한 방식으로 다른 사람들에게 선물하는 날이며, 우리가 후하게 베풀 수 있도록 안식일의 주님이 우리에게 풍성하게 공급해 주신다는 것을 깨닫는 날이다.

안식일은 우리로 하여금 삶에서 소명을 새롭게 발견하고 그 소명을 좀더 철저하게 받아들일 수 있게 해 줄 때가 많다. 이로써 우리는 한 주 동안 새로운 방법으로 하나님의 임재의 진리를 삶에 적용할 수 있다.

마지막으로, 이 모든 가치를 받아들일 때 우리는 더 큰 온전함에 이르게 된다. 안식일 지키기는 하나님의 **샬롬**과 밀접한 관련이 있다. 왜냐하면 우리는 엿새의 노동과 하루의 쉼이라는 질서 양식―그분의 말씀에 명령되어 있고 우리의 존재에 기록된 양식―을 따를 때에만 그분의 계획의 온전함을 경험할 수 있기 때문이다.

안식일 지키기는 쓸데없는 것으로 무시될 때가 많다. 그러나 우리는 안식일 지키기가 낳는 온전함, 질서, 되살아난 영, 힘을 얻은 정서, 건강한 몸, 새롭게 된 마음, 진정한 관계, 성숙한 자의식이 있을 때 세상을 더 잘 섬길 수 있는 게 분명하다. 우리는 안식일을 지킴으로써 가능한 심오한 치유를 직접 경험할 때 죄로 병든 이 세상에서 좀더 능력 있는 치유자가 될 수 있다. 더욱이 우리의 안식일 성찰과 예배는 가난한 자를 돌보시며, 주린 자를 먹이시고, 눌린 자를 자유케 하시며, 세상에 평화를 주시는 하나님의 성품을 묵상하려는 우리의 열망이 더욱 간절해지게 한다.

그 결과, 안식일 지키기는 세상을 변화시킨다. 안식일 지키기는 우리를—칠일마다 자신의 개인적인 '종교' 영역으로 물러나는 별난 사람들로서—세상과 분리시키지 않는다. 오히려 안식일 지키기는 우리를 세상과 그 필요 속으로 더 깊이 밀어 넣는다. 왜냐하면 안식일 지키기는 우리를 하나님의 가슴과 목적으로 더 깊이 이끌기 때문이다.

우리는 특히 예수님에게서 이것을 배운다. 복음서는 예수님이 그분의 관습으로서 안식일에 가르치시거나 병자를 고치셨다고 거듭 말한다. 그러나 그분은 안식일을 지키셨으며, 그날을 거룩한 날로 구별하셨다. 복음서 그 어디에도, 그분이 일하셨다는 말은 없다. 더욱이 우리는 그분을 따르는 자들의 순종에서, 그분은 이들에게 다른 어떤 방법으로 안식일을 지키라고 지시하지 않으셨다고 말할 수 있다. 이들은 안식일에 쉬었으며, 그분의 장례를 좀더 철저히 하기 위해 시신에 기름을 바르러 가지도 않았다(예를 들면, 눅 23:56하를 보라). 예수님은 히브리 성경의 안식일 계명을 부정하지 않으셨다.

그러므로 우리는 세상을 구원하려고 애쓰면서 안식일을 보내지는 않는다. 2부의 쉼에 관한 장에서 보았듯이, 안식일 지키기는 우리가 나머지 엿새 동안 세상을 섬길 수 있도록 육체적으로, 영적으로, 정서적으로, 지적으로, 경제적으로, 사회적으로, 다시 말해 온전히 우리를 준비시키고 우리에게 힘을 준다.

물론 우리는 주어지는 기회를 소홀히 하지 않을 것이다. 결국 안식일이 우리를 위해 만들어졌으며 우리가 안식일을 위해 지음 받은 것이 아니기 때문이다. 예수님은 꼬부라진 여자나(눅 13:10-17) 수종

병자를 만나셨을 때(눅 14:1-6), 그날이 안식일이었음에도 불구하고 이들을 기꺼이 보살펴 주셨다. 이와 비슷하게, 우리는 안식일에 대해 너무 엄격하여 도움이 필요한 곳에 도움을 주지 못하는 일이 생기기를 원치 않는다. 주일날 고장난 타이어를 교환하거나 캠프에서 설거지를 도와주는 일 등이 그 한 예가 될 수 있겠다. 그러나 일반적으로 우리는 안식일에는 세상을 고치려는 노력을 삼감으로써 안식일에 세상을 받아들이게 될 것이다.

대신에, 우리는 안식일 지키기가 하나님이 우리 삶의 필요를 공급해 주시며 우리가 미래에 대한 그분의 선하심을 믿는다는 증거임을 깨닫게 될 것이다. 우리는 안식일 지키기가 주는 온전함으로써 세상을 새로운 온전함으로 이끌 것이다.

안식일 지키기는 바로 기술화된 세계가 필요로 하는 것이다. 효율이라는 사회의 기준 대신에, 안식일 지키기는 하나님의 뜻과 목적을 궁극적인 기준으로 제시한다. 기술적인 메마름과 통제 대신에, 안식일 지키기는 기독교 공동체의 친밀함과, 우리에게 완전한 샬롬을 주는 성실하신 언약의 하나님과의 관계에서 얻어지는 자유라는 선물을 제시한다.

4부

향연

주 안에서 항상 기뻐하라. 내가 다시 말하노니 기뻐하라.

―빌립보서 4:4

축하는 우리가 가장 소중히 여기는 것을 높이는 것이다.
축하는 우리에게 우리가 누구인지 말해 주는 것을 기뻐하는 것이다.
축하는 서로를 소중히 여기는 시간을 갖는 것이다.
축하는 팔을 벌리고 감사하는 마음으로
우리의 창조자께 돌아가는 것이다.

―사라 웬저 쉔크, 『축하합시다!』

그침, 쉼, 받아들임 다음에 향연이 온다. 안식일을 지키는 것에는 일과 염려로부터의 자유와 이것들에 대한 회개(그침), 우리의 온 존재를 은혜에 기초한 믿음 안에서 새롭게 하기(쉼), 우리의 선택과 가치 판단의 의도성(받아들임)뿐만 아니라 매주 열리는 종말론적 파티의 흥겨움과 축제도 포함된다. **종말론적**이란 단어를 사용한 것은 우리의 향연에서 현재의 기쁨에 대한 경험과 미래, 곧 기쁨의 영원한 완성에 대한 고대 둘 다를 강조하기 위해서이다.

안식일 축하는 기술화된 우리 사회에 특히 필요하다. 첫째, 향연은 우리를 좀더 균형 잡히게 하는 우뇌의 활동이기 때문이다. 우리들 대부분의 경우, 주중에는 주로 좌뇌가 활동한다. 따라서 우리의 안식일 활동은 우리의 감각, 감정, 창의성, 그리고 직관을 좀더 많이 활용하게 한다.

더욱이 진정한 향연의 친밀감은 거짓된 친밀감이 아니다. 대부분의 '파티들'은 술의 힘이나 교묘한 사교술을 통해 친밀감의 허상을 만들어 낸다. 하지만 우리가 안식일 지키기에서 즐기는 파티는 참된 사랑의 축하이며, 이것은 안식일의 창조자께서 시작하셨고, 그분을 우리 삶의 주인으로 아는 사람들과 안식일의 여왕을 우리의 삶에 반갑게 맞아들이는 사람들이 본받아 행하는 축하이다.

따라서 4부에서는 먼저 우리의 향연이 갖는 영원한 측면을 살펴보기로 하겠다. 그런 다음에 우리의 축하의 재료인 음악과 아름다움와 음식과 애정을 살펴보겠다. 마지막으로, 축제의 역설들, 그리고 우리의 안식일 지키기의 모든 면들이 어떻게 서로 얽혀 있는지 살펴볼 것이다.

22. 영원에 대한 향연

현대의 축제에서 가장 실망스러운 점은 축제가 너무 빨리 끝나며 향연이 갑작스럽게 마무리된다는 것이다. 지난 주에 나는 추수감사절을 열심히 준비했다. 호박 파이를 만들고, 의상을 준비하고, 칠면조 속을 채우고, 할머니의 도자기 식기 세트와 꽃과 예쁜 냅킨으로 식탁을 차렸다. 그리고 여러 친구와 향연을 벌였지만 파티는 너무 빨리 끝나 버렸다.

안식일 지키기는 그리스도인의 향연이 일시적인 동시에 영원하다는 변증법적인 진리를 가르쳐 준다. 우리가 매주 하는 안식일 축하는 하나님의 영원한 임재를 더 잘 깨달을 수 있도록 도와준다. 그러나 주일이 지나고 월요일이 온다는 사실은 우리의 짧은 안식일 축하가 언젠가 하나님 앞에서 누릴 영원한 향연의 맛보기일 뿐이라는 것을 계속해서 상기시켜 준다.

결과적으로, 우리의 안식일 지키기의 일면은 이것이 짧다는 점을 강조하는 것이다. 안식일이 끝날 무렵 하브달라 기도를 하려고 촛불을 켤 때, 우리는 안식일을 간절히 갈망하는 마음으로 안식일에 작별을 고한다. 우리는 여왕의 존재를 즐겼으며 그녀가 돌아오기를 고대한다. 우리는 그날의 기쁨을 맛보았으며, 그 기쁨의 영원한 성취를 갈망한다.

그러나 우리의 안식일 지키기에는 좀더 광범위한 면이 있다. 그것은 우리가 안식일을 지킴으로써 하나님을 발견하고, 지키지 않으면 불가능할, 영원한 것과 접촉할 수 있다는 것을 인식하는 것이다. 아브라함 헤셸은 이 점을 설득력 있게 제시한다.

> 우리가 하나님의 형상을 어디서 찾겠는가? 공간과 하나님의 본질 사이에는 어떤 공통된 성질도 없다. 산꼭대기에도 충분한 자유가 없다. 바다의 심연에도 충분한 영광이 없다. 그러나 하나님의 형상은 영원이 변장하고 나타난 곳인 시간 속에서 발견될 수 있다.[1]

모네에 관한 새로운 책을 보고 있던 어느 안식일 저녁에, 나는 안식일 지키기가 이러한 영원의 발견을 어떻게 가능하게 하는지 좀더 분명하게 알게 되었다. 그날 오후 인디애나에서 워싱턴으로 이사온 후 처음으로 켈틱 하프를 조율하면서, 몇 달간 강연을 다니느라 하프를 까맣게 잊고 있었으며 연습도 하지 못했다는 걸 알았다. 이런 생각을 하다 보니 인생의 모든 것이 짧고 덧없다는 느낌에 온 몸이 오싹했다. 그 때문인지 모네에 관한 책에서 놀라운 그림들을 보면서 영원을 순간에 담아내는 위대한 화가의 능력에 경이를 느꼈다.

모네는 어떤 효과—예를 들면, 풍경 속에 나타나는 특별한 빛—를 포착하려 할 때 그 효과가 사라지면, 그 즉시 그리기를 중단했다. 그러므로 유명한 건초더미 시리즈를 그릴 때, 모네는 자신이 선택한 지점에 여러 개의 캔버스를 가져다 놓고 특정한 빛의 효과가 나타나기를 기다렸다. 그는 자신이 본 것을 빛의 속도로 분석하고 캔버스에 옮기는 법을 익혔으며, 그래서 많은 날 동안 그 지점으로 돌아가 특정한 효과가 나타날 때마다 그에 해당하는 각각의 캔버스에 집중해서 그림을 그림으로써 그 시리즈의 모든 그림을 계속 그릴 수 있었다.[2] 이런 방법으로, 모네는 이러한 효과들의 일시적인 순간들을 영원히—좀더 정확하게 말하자면 그 효과들의 그림과 사진이 지속되는 한—포착할 수 있었다. 그의 건초더미 그림 가운데 여덟 개가 몇 년 전 시카고 아트 센터에서 전시되었다. 그때 나는 이 그림들을 30분 이상 뚫어지게 쳐다보았다. 그리고 그가 포착한 빛에 압도되었으며, 그림에 암시된 영원을 받아들이고 싶은 마음이 간절했다.

모네가 하나의 효과를 포착하기 위해 몇 날 며칠을 그 지점으로 돌아왔듯이, 우리도 우리의 영혼 속에 영원, 곧 하나님의 임재를 그려 넣기 위해 매주 안식일의 효과를 얻으려고 돌아간다. 우리는 주로 개인 및 공동의 성경 공부를 통해, 침묵의 순간에, 그리고 개인 예배와 공동 예배를 통해 이렇게 한다. 더욱이 안식일 지키기의 습관 자체가 지속적으로 반복될 때, 이러한 반복은 영원의 빛을 우리의 영혼 속에 그려 넣으며 안식일의 완성을 바라는 간절한 열망을 우리 안에 불러일으킨다.

체임 그레이드가 『어머니의 안식일』에서 들려주는 유대 우화는 안식일의 종말론적 희망은 물론 성경 공부, 예배, 하나님의 임재 체험을 위한 기도 같은 안식일 활동의 중요성까지 강조한다.

어느 금요일 오후 늦게 한 경건한 유대인이 숲에서 길을 잃고 말았다. 해는 지고 그는 슬픔에 잠겨 울기 시작했다. 안식일을 지킬 수 없을 것이기 때문이었다. 그때 갑자기 나무들 사이로 궁전이 보이더니, 한 노인이 나타나 그에게 따라오라고 손짓했다. 노인은 그를 향기 나는 연못으로 데려갔으며, 그는 거기서 목욕을 했다. 목욕이 끝나자 노인은 그에게 멋진 안식일 예복을 주었다. 그가 무어라고 물어보려 하자 노인은 그에게 조용히 하라는 신호를 보냈다. 그리고 은과 금, 진주와 온갖 보석으로 빛나는 방으로 그를 인도했다. 그러고는 다시 두 번째 방으로 인도했는데, 거기에는 큰 촛대들과 샹들리에가 '창조의 엿새'를 나타내는 일곱 촛불로 빛나고 있었다. 방은 옮겨 갈수록 더욱 아름답고 화려하게 꾸며져 있었으며, 이를 본 유대인은 그저 황홀하기만 했다. 마침내 마지막 일곱 번째 방에 이르자, 눈 덮인 참나무 숲을 닮은 흰 수염이 있는 일곱 노인이 나타났다. 이들은 그를 반갑게 맞이하면서 그가 와서 이제 민얀(miynyan, 열 명이 필요한 유대인의 예배)을 드릴 수 있게 되었다고 했다. 그는 어리둥절했다. 여기에는 일곱 장로들이 있고, 자신은 여덟 번째이며, 자신을 데리고 온 노인까지 모두 아홉뿐이었다. 어디에도 열 번째 사람은 보이지 않았다. 그러나 그는 열 번째 사람을, 하나님의 임재의 빛처럼, 그의 주변 어디에서나 생생하게 느꼈다. 그리고 그는 강한 두려움과 경외심에 사로잡혔다. 그것은 사지가 떨리는 일반적인 두려움이되 지금까지 한 번도 느껴본 적이 없는 강한 두려움이었다. 이제 왕관을 쓴 장로가 단에 올라 시편 기자로 착각할 정도로 감미로운 노래로 안식일을 맞았다. 기도 후에 그는 손을 씻어야 했으며, 의인이 낙원에서 먹을 듯소 맛이 나는 고기와 메시아의 도래를 위해 준비된 포도주 맛이 나는 포도주를 대접받았다. 그렇게 해서 그는 장로들과 함께 기도하며, 안식일 찬양을 부르며, 토라를 공부하며 안식일을 보냈다. 그가 속된 일들에 대해 한마디라도 할라치면, 모두들 그에게 입을 다물라는 신호를 보냈다. 안식일을 마칠 때, 그는 생명의 나무 향기가 나는 향료를 받았다. 마침내 그를 인도했던 노인은 그를 다시 숲으로 데려다 주었으며, 그의 귀에다 그가 방금 낙원에 갔다 왔다고 속삭였다. 그 장로들은 아브라함, 이삭, 야곱, 모세, 아론, 다윗, 솔로몬이며 궁전 관리인인 그 노인은 족장 아브라함의 종인 엘리에셀이다. 그리고 민얀의 열 번째 사람은 거룩하신 그분이셨다…[3]

내가 이 이야기를 특히 좋아하는 것은 그리스도인인 우리는 메시아가 이미 오셨으며, 예수 그리스도는 바로 우리가 기다리고 있었던 분이라고 믿기 때문이다. 우리는 안식일의 관습에서 하나님의 임재를 구하며, 우리가 예수님과 함께 영원히 안식일을 축하할 수 있도록 그분이 다시 오셔서 우리를 본향으로 데려가실 날을 고대한다. 따라서 『주일을 특별하게』의 저자 캐런 메인스는 주일을 준비하는 우리의 토요일 습관은 주님의 마지막 오심을 준비하는 훈련임을 강조한다.[4]

유대인과 그리스도인 양쪽 모두에게 있어 중요한 안식일 활동 가운데 하나는 다른 사람들과 함께 그리고 혼자서 성경을 읽고 연구하는 것이다. 이를 통해 우리는 하나님에 대한 성경의 다양한 묘사를 알게 된다.

영원한 하나님의 성품 가운데 많은 면이 사도들과 선지자들의 영감을 받은 말을 통해 계시된다. 언어와 이미지는 일시적이다. 그렇다 하더라도 이것들은 하나님의 본질을 포착하여, 성령의 계속된 영감에 마음과 영혼이 열려 있는 사람들에게 그것을 계시한다. 칼 바르트의 용어를 빌리자면, 우리가 하나님의 말씀을 우리들 각자에게 주어진 하나님의 말씀으로 받아들일 때 그것은 우리에게 계시가 된다.

하나님은 영원히 동일하시다. 그러므로 하나님의 자기 계시가 주전 7세기의 언어나 주후 1세기의 언어로 처음 기록되었다 하더라도 21세기인 오늘날 역시 그 계시를 받아들일 수 있다. 히브리 백성에게 자신을 긍휼이 많고 은혜로운 분으로 계시하셨으며, 말구유와 십자가, 그리고 빈 무덤에서 자신을 계시하셨듯이, 하나님은 우리가 그분의 말씀 앞에 머리를 숙일 때마다 자신을 계시하신다. 우리가 그분의 말씀을 진정으로 이해하기 위해 반드시 그 말씀 아래 서야 한다는 사실을 강조하는 것이 중요하다. 왜냐하면 성경을 비판하거나 거기에 선포된 메시지보다 자신의 학식을 높이기 위해 성경을 펼친다면, 성령이 우리에게 말씀하시는 것을 들을 수 없을 것이기 때문이다. 우리는 오직 겸손과 감사로 하나님의 말씀의 식탁에 나아가 거기서 그분의 영원한 사랑을 맛볼 수 있다.

불행히도, 이 책에서 이러한 경고를 해야 하는 것은 우리의 시대 정신이 자신의 성경 해석 기술을 성경의 증거 자체보다 위에 두는 경우가 많기 때문이다. 네 군데 대학원에서 여러 해 동안 신학 공부

과정을 거친 나로서는 그런 거만한 태도에 실망을 느끼는 바이며, 하나님의 지혜 앞에 겸손히 돌아가는 것이 교회의 긴급한 사명이라고 생각한다. 비평 수단을 사용하는 것을 반대하는 것은 아니다. 내가 반대하는 것은 하나님의 권위보다는 인간의 성취에 초점을 맞추는 태도이다.

안식일 지키기는 우리가 육체적으로든 정신적으로든 자신의 필요를 공급할 수 없음을 깨닫게 해 주는 하루를 우리에게 주기 때문에 우리에게 도움이 된다. 우리가 영적으로 향연을 가지려면, 하나님이 말씀의 만나를 반드시 공급해 주셔야 한다. 하나님은 오직 은혜로 자신을 우리에게 계시하시기로 선택하셨다. 오직 그분의 은혜로 우리는 그분의 계시가 선포하는 것을 이해하고 믿을 수 있다.

우리는 하나님의 말씀을 말하고 듣고 읽는 외에 시끄러운 문화 속에서 하나님의 또 다른 언어인 침묵을 되찾아야 한다. 세상 대중 매체의 계속적인 기침 소리 때문에, 하나님이 침묵 가운데서 우리에게 가르치시는 바를 듣기란 쉬운 일이 아니다. 안식일 지키기는 우리가 "[하나님을 향한 우리 영혼의] 열망, [그분이 우리 안에] 심으신 기도를 듣고 우리 자신이 그것을 통해 형성되고 움직이도록"[5] 지속적으로 침묵을 지키는 연습을 하게 한다.

나는 지금 신비주의자로서 글을 쓰고 있는 것이 아니다. 왜냐하면 나는 하나님이 침묵의 구름 속에서 말씀하시는 음성을 한 번도 들어 본 적이 없기 때문이다. 오히려 혼란스럽지 않은 침묵의 공간에는 우리의 양심에 속삭이거나 우리의 생각을 명료하게 하거나 그분의 평안을 우리의 영혼에 심는 세미한 하나님의 음성에 귀 기울일 여지가 있다. 전도서 기자가 말하듯이 "적게 가지고 편안한 것이, 많이 가지려고 수고하며 바람을 잡는 것보다 낫다"(전 4:6, 새번역).

　때때로 안식일에 산책을 하다가 가만히 서서 멋진 풍경에 빠져들거나 말을 멈추고 바람 소리나 벌 소리나 멀리서 들려오는 종달새의 흥겨운 노랫소리에 귀 기울일 때면, 침묵이 우리를 사로잡는다. 때때로 침묵은 우리의 성경 읽기에도 스며들어(성경을 읽을 때는 항상 모든 혼란스러운 소리를 차단하는 게 가장 좋다), 본문이 크고 분명하게 들리게 된다. 때때로 침묵은 안식일 행복의 가운데서 우리에게 몰래 접근하며, 우리는 자신이 하나님의 임재 가운데 있다는 것을 갑자기 깨닫기도 한다. 아주 최근에 나는 친구 린덴과 브렌다가 마이런과 나를 캘리포니아 북부의 삼나무 숲 공원으로 데려갔을 때 정말 멋진 침묵의 순간을 경험했다. 우리는 하늘을 찌를 듯이 높이 솟은 나무에서 하나님의 위엄을 엄숙하게 보았다. 그로부터 몇 주가 지난 주일이었다. 나는 아이오와의 호숫가에 앉아 잔잔한 호수 위에 아름다운 가을 낙엽이 떠내려가는 것을 조용히 지켜보았다. 영원한 호수와 대조를 이루며 떠가는 낙엽의 모습은 연약한 나의 인간 실존을 하나님과의 관계에서 올바른 시각으로 볼 수 있게 해 주었다.

　우리는 하나님이 우리의 언어로 말씀하시기를 원하기 때문에 그분의 음성을 듣지 못할 때가 많다. 우리가 우리의 뜻보다 그분의 길을 더 좋아할 만큼 그분을 사랑할 때에만 마음을 열고 그분의 은혜로운 자기 계시를 받아들일 수 있다.

　하나님의 뜻은 거룩의 길이다. 팔복에서는 마음이 청결한 자가 하나님을 볼 것이라고 약속한다(마 5:8). 이것은 우리의 생활 양식을 바꿔 놓는 엄청난 약속이다. 우리가 청결하기로 선택하는 것은 우리의 실패에 대한 죄책감이나 그 결과에 대한 두려움 때문이 아니라, 우리 삶의 모든 순간마다 하나님을 바라보며 그분의 임재를 좀 더 친밀하게 느끼기를 원하기 때문이다. 안식일을 지킴으로써 받는 큰 선물은 우리가 하나님을 보는 데 초점을 맞추고, 그분의 임재를 경험하기 위해 그분의 거룩한 방법을 선택하는 일에 온전히 하루를 따로 떼어 둔다는 사실이다.

고독의 침묵과 공동체의 진정한 교제 양쪽에서, 하나님은 우리에게 좀더 실재적이 되신다. 예배는 고독과 공동체(교제), 침묵과 설교나 찬양의 역설적인 결합으로(비록 대부분의 예배 공동체들이 침묵의 순간을 오래 갖는 데 그리 익숙하지는 못하지만) 이루어진다.

우리가 안식일에 참석하는 전체 예배는 우리로 하여금 하나님의 영원한 본질과 접촉하게 하는 주요 사건이다. 불행히도 '교회에 간다'는 통상적인 표현이 우리가 '예배 드리러 간다'는 의식을 파괴할 때가 많다. '예배 드리러 간다'는 말은 예배가 향연이자 기쁨의 경험이며, 하나님의 임재 속에서 갖는 거룩한 시간이라는 것을 상기시켜 줄 것이다.

우리가 성경을 이해하기 위해 성경 아래 서야 하듯이, 예배에 필요한 태도와 행동에서도 하나님이 주체가 되셔야 한다. 우리는 하나님을 조종하거나 자기 과시를 하려 하거나 의무를 이행하는 것이 아니라 그분의 자기 계시를 기대하며 기다린다. 우리는 교회에 가는 것이 아니라 예배의 경험 속으로 들어간다. 예배 순서는 예배가 아니다. 이것은 예배가 이루어지게 하는 공간과 시간을 조성한다. 그러나 우리 자신이 계속해서 주체로 남아 있으면(**우리의** 예배 행위에 초점을 맞춘 채) 진정한 예배는 결코 이루어지지 않는다. 생각과 예배의 차이는, 예배에서는 하나님이 주체가 되신다는 것이다. 전례典例나 말씀이나 공동체를 통해 하나님이 침노하신다. 하나님을 찬미하고 그 앞에 엎드리며 그분의 계시를 기다릴 때, 우리는 그분 자신을 내어 주시는 은혜로운 선물을 받은 최고의 신비에 빠져 우리가 무슨 일을 하는지, 우리 자신의 행적을 잊어버릴 정도로 그분의 성품에 초점을 맞추고 그분의 성품을 묵상하게 된다.

이러한 우리의 수용적인 태도에 도움이 되는 것들이 있지만, 이것은 사람마다 다르다. 어떤 이유에서인지, 트럼펫은 항상 내가 하나님의 위엄을 더 깊이 느끼게 해 준다. 그 이유는 나의 어린 시절로 거슬러 올라갈 것이다. 내가 어릴 때 아버지는 부활절 찬양을 위해 브라스 밴드를 조직하곤 하셨다. 이와 비슷하게, 깃발 행렬은 나로 하여금 하나님의 임재를 느끼게 해 줄 때가 많다. 그러나 그 행렬이 개인적인 과시가 된다거나 존경받지 못할 인물들을 포함할 때는 언제든지 내게는 그 숭고한 장중함이라는 효과가 망쳐지고 만다.

이러한 요소들을 알게 되면 우리가 예배에서 행하는 것들의 가치와 적절성을 측정하는 기준을 마련할 수 있다. 첫 번째 중요한 기준은 공경심이다. 그리스도가 그저 좋은 친구로 인식되는 현대 예배에서는 공경심이 빠져 있을 때가 많다. 사실 우리가 하나님의 임재 가운데 설 때, 경외심이 크게 요구된다.

우리의 태도까지도 이러한 경외심을 경험하느냐 하지 못하느냐에 영향을 미칠 것이다. 내가 어린 소녀였고 우리 가족이 가난했을 때, 내게는 항상 주일에 입는 특별한 드레스가 단 한 벌 있었다. 다른 날에는 그 드레스를 입는 게 허락되지 않았다. 그리고 그 드레스를 다음 성탄절이나 부활절까지 입어야 했으며, 그때가 되면 예배용 새 드레스를 받곤 했다. 그때 우리 집에 돈이 많지 않았던 것을 결코 한스러워하지 않는다. 돈이 많았다면, 이 중요한 교훈을 결코 얻지 못했을 것이기 때문이다. 그 교훈이란 주일만을 위한 특별한 드레스이다. 이것은 자신의 멋진 옷을 다른 사람들에게 자랑하기 위함이 아니라 하나님 앞에서 마땅히 경의를 표하며 그분을 공경하기 위함이다.[6] 내가 비록 어린아이였지만 안식일의 거룩함을 깊이 의식하고 있었던 것을 기억한다. 왜냐하면 나는 안식일 드레스를 입는 날을 고대했기 때문이다. 다음 날 하나님께 경의를 표하기 위해 최대한 예쁘게 보이려고 토요일 밤에 준비하는 것은 매우 중요한 일이었다.

주일 아침 교회에서도 하나님의 임재가 깊이 느껴졌다. 아주 어릴 때에도 거칠고 시끄러운(예배의 감격 및 기쁨과 구분되는) 바깥 놀이가 이 거룩한 장소와 어울리지 않는다는 걸 나는 알고 있었다. 이 시대의 예배에서 이러한 공경심이 회복되기를 갈망한다.

물론 이러한 공경심이 딱딱하고 숨 막히는 침묵과 경직된 엄격함으로 너무나 쉽게 격하된다는 것도 알고 있다. 현대의 예배 양식들에 격식이 없는 것은 공경심이 지나칠 때 인간미가 사라져 버리는 것을 막기 위한 것이 분명하다. 그러나 내가 보기에는 진자의 추가 반대 방향으로 너무 치우쳤기에, 그 추를 중앙으로 되돌려 놓을 필요가 있다. 하나님께 대한 공경과 그분과의 친밀함 사이의 변증법적인 축이 좀더 나은 긴장을 이룰 수 있다면, 우리의 예배 경험에서 그분의 초월적인 임재와 친밀한 임재 양쪽 모두를 좀더 온전히 맛볼 수 있을 것이다. 하나님은 부드러운 목자인 동시에 만왕의 왕이시며 만주의 주시다.

 균형을 이루어야 하는 또 한 쌍의 변증법적인 축은 전통과 새로운 것 사이의 대비이다. 우리의 예배에서, 전통은 하나님의 백성으로서 우리의 역사와 유산을 상기시켜 주는 이야기를 들려준다. 다른 한편으로, 우리는 예배가 공허한 의식이 되지 않도록 안식일 모임에 자발성, 순간적으로 느끼는 신선한 은혜, 그리고 하나님이 지금 우리의 삶에서 하시는 일들을 나눌 수 있는 여지를 마련해 둔다. 우리의 전통적인 전례는 우리 자신에 대해 죽는 장례 예배로, 우리가 받은 모든 은사에 감사하는 감사절의 예배로, 안식일의 신부를 만나는 혼인 예배로(그녀가 올 때를 위해, 우리는 예배 순서를 세밀하게 준비한다) 우리를 계속해서 새롭게 이끌어야 한다. 결혼 생활을 유지하기 위해 지속적인 노력이 필요하듯이, 예배 시간과 의미를 보전하기 위해서는 특별한 헌신이 필요하다. 따라서 우리는 전통 속에서 우리의 기억들을 즐기며 평일에 경험하는 것과는 다른 안식일의 흥겨움과 환희 속에서 우리의 현재 기쁨을 즐긴다.

 예배의 또 한 가지 중요한 기준은 예배가 진리를 선포하는가이다. 설교자의 메시지가 성경의 진리와 일치하는가 아니면 단순히 개인적인 의견 제시에 불과한가? 음악의 선택은 적절하고 진실한가? 다시 말해 음악이 설교와 일치하는가? 음악이 심미적인 조화를 이루는가? (음악에 대해서는 다음 장에서 좀더 자세히 살펴보겠다.) 예배가 우리로 하여금 세상으로 나아가 세상을 좀더 객관적으로 평가하고, 모든 것의 진정한 모습을 볼 수 있게 해 주는가? 예배는 모든 진리를 하나님에게서 찾아야 하며 다른 모든 것은 그분의 진리의 기준에 맞춰 주의 깊게 분별되어야 한다는 인식을 키워 주는가?

또 다른 기준은 예배가 아름다움과 선함을 표현하는가다.[7] 우리 주변의 아름다움과 청각적인 경험에서 나타나는 하나님의 성품의 계시에 우리의 영혼이 고양되는가? 목사의 행동이 그의 말과 일치하는가? 회중으로서 우리의 행동이 우리의 말과 일치하는가? 우리의 예배가 위선이 되지 않도록, 신자로서 우리의 행동이 일상생활에서 하나님의 선하심을 나타내는가? 바꾸어 말하면, 우리의 안식일은 우리의 나머지 날들에 계속적으로 가르침을 제공하는가? 우리의 주일 예배는 우리의 일상적인 노동의 예배에서 체현되는가?

이러한 문제들과 관련된 또 한 쌍의 변증법적인 축이 있다. 객관성과 주관성의 축이 바로 그것이다. 예배에서 우리는 자신의 백성을 위한 하나님의 개입과 우리의 삶을 향한 그분의 약속들을 상기시켜 주는 이야기를 필요로 한다. 다른 한편으로, 하나님에 관해서는 단언할 수 없는 것들도 많다. 우리에게는 하나님의 깊은 것들을 표현할 어휘가 부족하다. 그러기에 이것들이 말이 아닌 다른 수단을 통해 우리의 존재에 스며들게 해야 한다. 그러므로 안식일 예배는 지성의 합리화를 넘어서는 감성의 경배를 불러일으키는 의식, 이미지, 상징, 소리, 구성, 풍취, 향기를 포함해야 한다. 미술 비평가들은 그림의 기교를 지나치게 객관적으로 분석한 나머지 그림의 전체적인 효과를 놓칠 때가 있다. 이와 비슷하게, 특별히 신학자들은 과학적인 종교성을 피하고 하나님의 품에 안기는 경험을 하기 위해 안식일 예배가 필요하다. 더욱이 책이나 사진이나 기억들이 우리가 예술 작품을 경험하도록 도와주기는 하지만, 작품 자체의 전체적인 효과를 포착할 수는 없다. 이와 비슷하게, 우리의 예배 도구들은 그 자체가 목적이 아니라 우리로 하여금 실재―하나님의 임재―를 누리도록 하는 수단이다.

마지막 기준은 예배가 나머지 삶과 일치하느냐이다. 우리가 영원한 것과 접촉할 수 있게 하는 예배는 나머지 삶, 즉 주중의 일상과 밀접하게 연결되어 있다. 안식일의 의미 속에서, 온전한 예배는 우리 삶의 모든 면을 포함한다. 더욱이 예배는 우리가 하나님의 임재를 누리기 위해 모이고 그런 후에 그분의 임재를 나머지 세상에 전하기 위해 흩어지는 안팎으로의 움직임을 경험할 수 있게 해준다. 이러한 다리 역할을 하기 위해, 우리의 예배는 공동체 구성원들과 세상의 필요를 위한 기도, 일상의 삶을 위한 우리의 인격 형성을 돕는 이야기를 제공하는 성경 공부, 우리가 매일 하나님 나라를 확장할 수 있도록 그 나라의 양식을 우리에게 가르쳐 주는 설교, 세상에서의 교회 사역을 후원하기 위한 헌금, 한 주 내내 우리의 개인적인 사역을 후원하는 관계, 생업에 종사하는 우리들 속에서 역사하는 하나님의 능력을 상기시켜 주는 예배 의식과 찬양을 포함한다.

이와 마찬가지로, 안식일 지키기의 다른 모든 관습들도 우리가 영원한 것과 접촉하게 하는 동시에 우리를 일상생활과 연결시킨다. 우리는 이날과 이날의 음식과 이날의 활동을 구별하는데, 이것은 한 주의 나머지 날들의 음식과 행동이 이날의 거룩함에 참여할 수 있게 하기 위해서이다. 안식일 지키기는 우리로 하여금 더욱더 안식일의 백성이 되게 해 주며, 이러한 특징을 부여하는 것은 우리가 삶에서 다른 모든 것들과 관계하는 방법에 영향을 미친다. 이 책에서 자주 언급했듯이, 안식일은 한 주의 절정이다. 다른 모든 것은 우리의 안식일 지키기에서 그 성격이 파생된 것이다. 아브라함 헤셸이 선언하듯이 "우리가 **무엇이냐**는 **안식일이** 우리에게 무엇이냐에 달려 있다."[8]

안식일 지키기는 무미건조한 의무나 강압적인 책임이 아니다. 이것은 미국인이 영원한 행복을 가져다줄 거라고 생각하는 일시적인 성공이나 재산 축적이나 쉼 없는 활동이나 세련된 품위의 추구가 아니라 영원한 것에 대한 기쁨이며 향연이다. 우리는 자신의 안전을 도모하려고 애쓰는 대신에 우리의 안전이신 분을 예배한다. 우리의 예배에서, 그분의 말씀에서, 안식일 지키기와 관련된 우리의 관습에서, 하나님의 임재는 한 주 내내 허망하지 않은 가치의 사람들로, 어디를 가나 하나님 나라를 가지고 다니는 안식일의 백성으로 우리를 변화시킨다.

안식일 축하에서 하나님의 영원이 우리를 감싸기 때문에, 우리의 주중의 삶은 그분의 우선순위로 더욱 질서가 잡힌다. 우리는 덧없고 자기중심적인 목표를 좇는 대신 세상에 대한 하나님의 목적에 우리 자신을 헌신하기를 원할 것이다. 가난한 자를 돌보며, 눌린 자를 자유케 하며, 구원의 복음을 선포하며, 세상에 평화를 세우는 그분의 목적을 이루는 일꾼이 되기를 기뻐할 것이다. 우리가 하나님 나라를 이 땅에 완성할 수 있다는 거짓된 이상주의를 통해서가 아니라 하나님이 언제나 평화와 공의와 자유를 이루시기 위해 일하고 계시며, 우리 속에 우리를 통해 역사하시는 성령의 능력 때문에 우리가 그분의 영원한 목적에 동참할 수 있다는 확실한 희망을 통해서 말이다. 우리는 또한 하나님 나라가 완전히 임하며 일주일에 한 번인 우리의 안식일이 하나님의 완전한 임재 가운데서 열리는 영원한 안식일의 향연으로 바뀔 날을 고대한다.

23.   음악이 있는 향연

처음 이 책을 계획할 때는 예배에서의 음악에 한 장 전체를 할애할 생각이 없었다. 이 주제는 우리의 안식일 지키기에서 아름다움에 대한 향연의 개념에 포함될 수 있을 거라고 생각했다. 왜냐하면 음악은 좀더 큰 전체적인 아름다움에서 청각적인 부분의 일면에 지나지 않기 때문이다. 그러나 이런 계획이 바뀐 것은 지난 주의 혼란스러운 경험 때문이다.

나는 루터교 청소년 집회에서 '록 음악'에 대한 강연을 해 달라는 요청을 받았다. 많은 고등학생들이 참여하리라는 걸 알고 있었다. 그래서 청중을 록 음악을 혐오하며 사단의 것으로 생각하는 사람들(참석할 많은 어른들)과 록 음악을 사랑하며 이것을 거부하는 어른들에게 분개하는 사람들(참석할 대부분의 십 대들)로 즉시 극단적으로 나누지 않은 채 이 주제를 논의할 방법을 찾고 싶었다.

이 주제를 좀더 큰 틀 속에 넣어서 특정한 종류의 인격을 키우는 데 도움이 되는 것과 도움이 되지 않는 것을 분별하는 일반적인 기준에 비추어 논의하는 게 유익하리라는 생각이 들었다. 우리는 참석자 대부분이 경건한 삶을 진정으로 원한다는 것을 추정할 수 있었으며, 그러기에 우리가 그리스도의 제자가 되기를 구하면서 견지하고, 삶의 기준으로 삼고 싶은 가치들을 함께 살펴볼 수 있었다.

기독교 윤리는 하나의 규범 체계가 아니라는 말로 강연을 시작했다. 록 음악을 법으로 금지한다면, 청소년들은 그것을 듣고 싶어서 더 난리일 것이다. 게다가 단순히 규범을 제정하는 것은 사고思考라는 더 나은 작업에 아무런 도움이 되지 않는다. 한편, 윤리에 대한 목적론적 접근도 사실 효과가 없다.[1] 왜냐하면 특정한 종류의 음악을 들을 때 어떤 결과가 나타날지 아무도 알 수 없기 때문이다. 우리는 폭력적이며 성차별적인 음악이 범죄와, 여성을 사물로 취급하는 경향을 조장한다고 말할 수 있지만, 특정한 결과와 행동에 어떠한 다른 요인이 관여하는지는 구체적으로 알 수 없다.

그러므로 내가 보기에 우리가 어떤 종류의 사람이 되고 있느냐의 문제를 생각해 보는 것이 윤리적 문제에 접근하는 최선의 방법인 것 같다. 우리는 어떤 종류의 사람이 되기를 원하는가? 스스로에게 이 질문을 던질 때, 그 뒤에는 특정한 환경은 특정한 종류의 인격을 조장한다는 사실에 대한 깨달음이 반드시 뒤따라야 한다. 우리가 하나님의 백성이라면, 우리의 환경은 기독교 공동체이며, 이러한 틀은 우리가 기독교적인 인격에서 성장하는 것을 돕는다.

나는 청소년들에게 록 음악을 반대하지 않는다고 말했다. 록 음악의 어떤 부분—메시지와 연주자들의 기교—은 매우 좋다. 그러나 어떤 종류의 록 음악은 내가 보기에 반대할 만한 가치관을 주입한다(에로틱한 감정을 자극하거나 물질주의를 조장하도록 만들어진 것일 때가 많은 광고에 대해서도 같은 말을 할 수 있을 것이다). 나는 청소년들에게 어떤 종류의 사람이 되고 싶으며, 어떤 종류의 음악이 그러한 인격을 키워 주겠느냐고 물었다.

참석한 여러 명의 고등학생이 환경이 인격에 (비록 때때로 약하게 영향을 미치기는 하더라도) 크게 영향을 미친다는 전반적인 생각을 받아들이려 하지 않았는데, 이것은 내게 충격이었다. 이들은 자신들이 성차별이나 폭력이나 마약을 조장하는 특정한 록 음악을 들을 때 자신들의 가치관이 그것에 영향을 받지 않는다고 주장했다. 이들은 그저 박자나 멜로디를 좋아하거나 연주자가 멋지거나 잘생겼다고 생각하거나 뭐 그럴 뿐이었다.

이들의 반응은 나를 매우 당혹스럽게 했다. 이것은 우리 자신이 문화에 순응된 것을 깨닫지 못할 정도로 교회가 상당 부분 문화에 순응되었음을 보여 준다. 우리는 오염된 환경에 너무 익숙해져 있는 나머지 그것이 미치는 해악을 깨닫지 못하고 있다. 나는 나중에 친구에게 솔직히 두렵다고 말했다. 그랬더니 그는 자기도 고등학생 때 자신이 듣는 음악이 자신의 가치관에 영향을 미치고 있다고는 생각지 않았다고 했다. 그러나 지금 그는 삶에서 일어난 사건들을 돌아보면서 자신의 성적인 행동의 몇몇 부분이, 환경이 보이지 않게 자신의 인격에 영향을 미친 부정적인 결과라는 것을 깨닫는다.

이 일로 인해 나는 기독교 공동체가 청소년들이 그 공동체의 가치를 배울 수 있는 긍정적이며 경건한 환경을 제공할 책임을 좀더 진지하게 받아들이는 것이 얼마나 절박한 일인지 깨달았다. 고린도후서 5:17을 바르게 번역하면 "누구든지 그리스도 안에 있으면, 거기에 완전히 새로운 창조가 있다"가 된다. 우리가 그리스도인이 될 때, 우리의 온 환경이 달라진다!

 음악에 관한 이 장에서 이렇게 서론이 긴 것은 교회가 록 음악을 완전히 배격해야 한다고 주장하기 위해서가 아니다. 현대의 많은 노래들이 어떤 찬송들보다도 그리스도인의 인격을 훨씬 효과적으로 키워 준다! 내가 강조하고 싶은 것은 교인들이 자신의 모든 음악이 경건한 가치를 조장해야 한다는 기준을 아주 확고하게 붙잡아야 한다는 것이다. 구체적으로, 예배 음악은 예배에 적절한 도움이 되어야 한다.

 당신의 교회에서 사용하는 음악은 모든 교인에게 건강한 성의식을 심어 주는가? 어떤 찬송들은 배타적이다. 몇몇 찬송들은 예수님을 무기력한 겁쟁이로 묘사한다. 어떤 찬송은 신자들의 공동체 내에서 이루어지는 각 사람의 사역에 대해 편협한 시각을 조장한다.

 당신의 교회에서 사용하는 음악은 폭력을 조장하는가? 나의 경우 "믿는 사람들은 주의 군사니"와 같은 찬송은 나를 점점 더 고민하게 한다.[2] 이런 찬송은 때때로 십자군 원정을 낳았던 것과 같은 태도를 조장한다.

 당신의 교회에서 사용하는 음악은 하나님만을 높이는가? 아니면 너무 주관적으로 기울어서 예배자인 나와 나의 감정에 초점을 맞추는가?

 당신의 교회에서 사용하는 음악은 어떤 종류의 인생 철학을 조장하는가? 하나님이 우리 존재의 중심이시며 다른 모든 것의 초점이신가? 아니면 우리의 노래가 나쁜 신학, 이기적인 인생 철학을 조장하는가?

물론 반드시 물어야 하는 중요한 질문 가운데 하나는 미학적인 것인데, 이 부분에서 현대 교회 음악의 상당 부분은 반대할 만하다. 앞에서 말한 청소년 집회의 폐회 예배에서는 한 포크송 그룹이 주기도문을 노래했는데, 음악이 주기도문의 의미와 전혀 맞지 않았다. 앞자리에 앉은 한 어린 소녀는 주기도문을 노래하는 동안 손톱을 깎고 있었다. 확신컨대, 그녀가 그것이 주님의 기도라는 것을 알았다면 그렇게 신성 모독적으로 행동하지는 않았을 것이다. 적어도 나는 그녀가 그러지 않길 바란다. 그러나 음악은 전혀 공경심을 주지 못했으며 하나님의 백성들이 자신들을 돌보시는 아버지께 드리는 간절한 간구처럼 들리지도 않았다.

미학은 아름다움과 질서와 다양성과 조화의 결합이다.[3] 물론, 아름다움은 많은 형태를 띠며 매우 다양한 도구로 표현된다. 사랑스런 멜로디, 연주 기술, 하모니를 이루는 곡의 구성, 악기의 색조, 대위법 등과 같은 것들이 음악의 아름다움에 기여한다.

우리의 음악 대부분은 질서가 있지만, 지루할 수도 있다. 예를 들면, 나는 "마이클, 노를 저어라"('마이클, 노를 저어라, 할렐루야'라는 가사가 계속 반복되는 곡이다-역주)의 계속 반복되는 멜로디에 맞춰 매우 피상적인 가사를 노래하는 끝도 없는 포크 미사곡을 기억한다. 그러니 청소년들이 우리의 예배 음악을 못 견뎌 하는 것도 무리가 아니다. 청소년들의 관심을 끌려고 만들어진 수많은 음악들은, 이들이 그 얄팍함을 눈치채지 않을 수 없을 정도로 너무 진부하기 짝이 없다.

그런가 하면, 다양성은 있지만 질서라고는 찾아볼 수 없는 음악도 있다. 중요한 기준은 음악과 그 메시지 사이의 일치이다. 우리가 악의 무질서를 묘사하고 있다면, 음악은 그에 맞게 무질서해야 한다. 우리가 하나님의 위엄을 이야기하고 있다면, 그 찬양은 장엄한 템포로 너무 느리지도 않고 너무 빠르지도 않게 불려야 한다.

이것은 찬송을 어떻게 불러야 하느냐는 문제로 이어진다. 나의 가까운 친구인 자넷 힐과 켄트 힐은 찬송을 부르는 데 있어서 내게 도전과 기쁨 양쪽 모두를 일깨워 주었다. 이들은 나와 함께 있을 때마다 가사 한 마디를 한번에 다 불러야지 중간에 숨을 쉬어서는 안 된다는 것을 내게 상기시킨다. 이것은 매우 간단해 보인다. 그러나 우리가 여기에 주의를 기울인다면 찬송하는 방법이 완전히 바뀐다. 이 두 사람과 지난 여름에 한 주 동안 같은 캠프에서 일했을 때, 이들이 매일 인도하는 찬양 시간은 나의 모든 나쁜 습관을 다시 한 번 드러냈다. 그 결과 나는 다음 주에 다른 캠프에서 강연을 하면서 우리가 찬송하는 방식에 더 많은 주의를 기울였으며, 우리가 가사를 중간에 끊어 버림으로써 메시지를 망치는 것을 확인하고는 섬뜩하기까지 했다.

유명한 청지기 찬송이 이것을 잘 보여 준다. 우리가 "Take my life and let it be [쉬고] Consecrated, Lord, to Thee"(나의 생명 받으사 그냥 그것을 내버려 두소서, 거룩한 주여)라고 부르면 영적으로 우리에게 무슨 일이 일어나는가? 불행히도, 사람들은 이 구절을 대개 이렇게 부른다. 왜냐하면 리듬이 중간에 숨을 쉬도록 조장하기 때문이다. 우리가 의식적으로 "Take my life and let it be consecrated, Lord, to Thee"(나의 생명 받으사 거룩하게 하소서)라고 부른다면, 이 음악은 우리가 바라는 헌신의 의미를 제대로 전달한다(새찬송가 213장 "나의 생명 드리니"이다-역주).

이 장을 부정적인 내용으로 온통 채우고 싶지는 않다. 그러나 교회가 예배에 대한 자신의 특권에 더욱 충실하도록 도전을 주기 위해서는 우리 음악의 많은 부분이 파괴적이라는 것을 엄중히 경고하지 않을 수 없다. 우리가 찬송을 제대로 부르며, 우리가 예배 가운데 하려고 애쓰고 있는 것과 우리가 가르치길 원하는 가치에 적합한 음악을 찾을 수 있다면, 우리의 음악은 진실된 향연이 될 수 있을 것이다.

지난 목요일 추수감사절에 내가 출석하는 교회에서 놀랍도록 영감 어린 음악의 향연이 열렸다. 나는 그날 아침 6시에 일어나 만찬 모임을 준비했다. 그래서 10시에 예배를 드릴 때는 좀 피곤하고 정신이 약간 몽롱했다(난 분명 아침에 강한 사람이 아니다!) 그러나 찬양대원들의 얼굴에서 빛나는 기쁨으로 피곤이 말끔히 사라졌다. 누구라도 그들이 하나님을 찬양하는 일을 정말 사랑한다고 말할 수 있었으리라. 지휘자는 대원들이 "Take my life and let it be consecrated"(나의 생명 받으사 거룩하게 하소서)를 끊지 않고 이어서 부르게 했다. 트럼펫, 벨 콰이어bell choir(음이 다른 종을 치는 연주), 오르간과 피아노까지 함께했다. 결국 많은 교인이 이 찬양 예배에 직접 참여했다. 게다가 주일학교 아이들도 특별 찬송 두 곡을 불렀다. 모든 음악은 메시지에 적절했으며, 교인들의 자원은 충분히 활용되었다.

나중에 지휘자에게 칭찬을 하면서 그렇게 멋진 음악을 들려줘서 고맙다고 했다. 그러자 그녀는 대부분의 주일에는 이렇게 전력을 기울이기가 불가능하다는 것을 상기시켜 주었다. 나는 그녀의 말에 고마워하면서 나를 감동시킨 것은 웅대한 음악 자체가 아니라 메시지에 대한 그녀의 충실함이라고 덧붙였다. 그녀는 찬양대를 지휘하면서 그날이 의미하는 바를 표현했으며, 찬양대원들은 그녀의 지휘 아래 이것을 표현하는 것을 즐거워했던 게 분명했다.

교회가 작거나 교인들이 아무리 음악적 재능이 없다 하더라도, 예배의 음악은 향연이 될 수 있다. 중요한 것은 마음 상태이며, 행해지는 것이 믿음의 메시지에 적합하게 하는 것이다. 나라면 전문적인 찬양대가 영혼 없이 악보대로 정확하도록 부르는 찬송보다, 약간의 실수는 있지만 학생들이 하나님의 영광을 위해 마음에서 우러나와 부르는 찬송을 듣겠다. 에베소서 5:19은 마음으로 주님께 찬송하며 노래하라고 권고하며(우리에게 우렁찬 성대가 있든지 없든지 간에!) 많은 시편이 하나님께 기뻐 소리치라고 촉구한다. 그러나 우리는 각자가 자신의 기술 수준에 적합한 음악을 하도록 그들에게 용기를 주어야 한다.

나는 록 음악보다 클래식 음악을 훨씬 더 좋아한다. 그러나 이 장에 제시된 기준에 적합한 것이라면 어떤 예배 음악에도 마음을 활짝 열고 싶다. 나는 바흐와 가이더, 화이트 하트와 웨슬리에게 똑같이 감동을 받는다. 중요한 것은 성령께서 나를, 그리고 우리를 빚으시기 위해 이들의 음악을 어떻게 사용하시는가이다.

24.   아름다움이 있는 향연

내가 유대인의 안식일 지키기에 그렇게도 매료되는 이유 가운데 하나는 안식일의 아름다움이 유대 역사에서 끊임없이 강조되어 왔기 때문이다. 이것은 특히 안식일 여왕이라는 개념에서 강조되어 왔는데, 유대인들은 그녀를 맞기 위해 집안을 준비하고 모든 것을 아름답게 정돈한다. 우리 사회처럼 증오와 폭력으로 얼룩진 사회는 아름다움에 크게 주목할 필요가 있다.

유대인들의 안식일 전야 의식에는 1500년대 터키의 살로니카에서 솔로몬 알카베츠가 아름다운 안식일 여왕을 맞기 위해 지은 "레차 도디"Lechah Dodi("오라, 내 사랑아")라는 찬송이 포함된다.[1] 이 찬송은 또한 인류에게 창조 세계를 경건하게 관리하라는 책임을 준다. 유대인의 가정 예배에서 사용되는 제미로트Zemirot라 불리는 그 밖의 식탁 찬송들은 모든 피조물이 창조자를 찬양하려는 열망에 초점을 맞춘다. 안식일 자체는 하나님의 백성들에게 창조의 신비를 발견하고, 특히 지극히 작은 일에서도 하나님이 창조자이시며 세상의 주인이심을 부인하는 행위를 삼가라고 독려한다. 우리는 거룩하며, 행동을 삼가는 하루를 지킴으로써 창조자를 본받으며 그분의 안식

의 쉼에 들어간다.²

그리스도인들이 마치 우리의 모든 일이 끝난 것처럼 쉴 때, 우리는 우리를 위한 하나님의 창조적이며 구속적인 성취를 축하하는 것이다. 우리는 하나님이 완전한 창조주이심을 알기에 그분의 창조의 아름다움을 기뻐하며, 그럼으로써 위대한 디자이너이자 기술자이신 그분에 대한 사랑을 키우면서 이날을 보낸다.

안식일 지키기는 우리의 삶을 아름다움으로 채우고 그 아름다움을 주변 세상과 나누는 데 최대한 주의를 기울일 수 있도록 기회를 준다. 우리가 아름다움을 위해 특별히 구별된 날을 지킬 때, 나머지 모든 삶이 더욱 아름다워진다. 모네의 "꽃이 만발한 봄"이라는 제목이 붙은 그림에서 이 진리를 찾아볼 수 있다. 캔버스는 흰 꽃이 만발한 나무들로 채워져 있고 밝은 붉은색 지붕이 중앙에 그려져 있다. 우리의 시선은 즉시 지붕으로 끌리며, 지붕의 밝은 색조는 나무의 아름다움을 돋보이게 한다. 같은 방법으로, 하루 동안 아름다움에 초점을 맞출 때, 나머지 엿새 동안에도 그 아름다움을 인식하게 된다. 안식일은 기계화된 삶의 한가운데 자리잡은 정원이 된다. 그것은 우리에게 고요와 친밀함, 예민한 감각과 창의성, 나비와 새와 장미를 선사한다!

아름다움의 어떤 부분은 우리의 예배 생활과 구체적으로 연결되어 있으며, 여기에는 성소의 아름다움과 성전으로서 가정의 아름다움이 포함된다. 예배하는 곳이 어떻게 디자인되고 장식되느냐에 따라 안식일을 대하는 우리의 태도가 크게 달라진다. 아주 최근에, 화가 에른스트 스위더는 건축과 전례典例에 관한 강연을 하면서 "먼저 건물을 디자인하라, 그러면 건물이 당신을 디자인할 것이다"라고 말했다. 우리는, 자신이 그곳에서 하고 있는 것과 일치하도록 우리가 그곳에 모일 때 계속해서 우리를 교훈하도록 자신의 예배 처소를 디자인하기를 원한다.

내가 속한 루터 교회의 유산에 감사하는 것은 내가 그 유산을 통해 상징으로 가득한 분위기에서 자랄 수 있었기 때문이다. 심지어 설교를 전혀 이해하지 못하던 어린 시절에도 예수님을 묘사하는 교회 안의 상(像)들과 스테인드글라스들로부터, 강단의 조각과 실내 장식들로부터 무언가를 배웠다.

내가 예배 생활에서 상징이 중요하다는 것을 강하게 느꼈던 것은 대학 때문에 타지로 가서 처음으로 주일을 맞았을 때였다. 나의 고향 교회인 오하이오주의 나폴레옹에 있는 세인트 폴 루터 교회에는 회중석 앞쪽에 축복하는 성부의 손과 그리스도의 모습과 성령을 상징하는 비둘기가 그려진 두 개의 큰 스테인드글라스 창문이 있다. 매 주일 사도신경이나 니케아 신조로 신앙을 고백할 때, 그 창문에 있는 삼위일체의 형상들을 생각하면서 하나님에 대한 나의 신앙을 확인했다. 집을 떠나서 처음으로 맞는 주일 예배에서, 신앙 고백 순서가 되자 나도 모르게 머리가 들려지고 눈은 상징물을 찾았다. 순간 앞쪽 벽이 비어 있는 것을 알고 깜짝 놀랐으며, 신앙 고백을 할 수 있을 만큼 평정을 회복하기까지 시간이 조금 걸렸다. 고향 교회의 스테인드글라스 창문은 내 신앙을 자라게 하는 데 매우 유익한 도구였다. 스테인드글라스의 아름다움이 나의 경외심을 자극하여 삼위일체의 신비를 묵상하게 했던 것이다.

우리의 예배 의식의 전통이 무엇이든 간에―또는 그런 전통이 없다 해도―우리의 예배 장소가 아름다운 곳이 되는 것이 중요하며, 예배자들이 그 아름다움을 낳을 수 있다면 특히 멋지고 훌륭하다. 그러면 건물은 자신의 특별한 이야기를 그곳에 모인 사람들을 통해 들려준다. 미술 작품, 깃발, 또는 그 밖의 기구들이 공동체 구성원들의 사랑스런 손으로 장식될 때, 이러한 것들의 아름다움은 우리 모두가 각각의 은사를 따라 교회에서 중요한 사역자들이라는 것을 더욱 깊이 깨닫게 해준다. 다른 구성원 한 사람이 주중에 하는 노동이 안식일 예배의 기쁨을 더한다면, 나머지 사람들도 자신이 주중에 하는 모든 노동을 통해 하나님께 영광 돌리는 법을 더욱 철저히 배우게 된다.

이와 똑같은 이해가 우리의 가정과 가정에서의 아름다움의 중요성에도 적용된다. 특히 안식일에(그리고 물론 한 주 내내) 우리는 가정이 쉼과 성취와 하나님의 은혜로운 사랑의 자리가 되어야 한다는 우리의 바람과 관심이 가정에 반영되기를 원한다. 우리는 안식일을 준비할 때, 와서 우리와 함께함으로써 복이 되는 안식일의 여왕에 대한 존경심을 표현하기 위해 모든 것을 아름답게 꾸미려고 특별한 노력을 기울이고 싶어 한다. 비록 언제나 성공하는 것은 아니지만, 나는 항상 토요일 스케줄에서 안식일의 여왕을 위해 준비하는 시간을 가능한 한 많이 확보하려고 노력한다.

내가 스무 살이 되던 해, 글렌 오빠는 생일 선물로 예쁜 뮤직 박스를 선물했다. 오빠의 카드에는 이렇게 적혀 있었다. "넌 더 이상 아이가 아니지만 그렇다고 아직 어른도 아니야. 그러니 우리가 함께 나누는 것, 곧 아름다움에 대한 사랑과 음악의 기쁨을 누리자."
오빠의 선물은 바바리안풍의 모형 집 같았는데, 창문에는 상자 모양의 화분들이 있고 안쪽에는 노래가 흘러나올 때면 빙글빙글 돌아가는 작고 예쁜 무희가 있었다. 몇 년 후, 글렌 오빠는 중고품 세일에서 피아노 모양의 뮤직 박스를 하나 발견했다. 피아노 다리는 없었지만 내가 좋아할 거라는 것을 알았다. 그리고 나의 친구 마이런이 세로 홈이 있는 예쁜 나무다리를 만들어서 붙여 주었다. 안식일이면 가끔씩 나의 뮤직 박스들을 틀고서, 바쁜 날에는 보지 못하고 지나칠 때가 많은 아름다움에 주목한다. 아름다움을 의식적으로 즐길 때, 나의 아파트를 하나님이 임재하시는 자리로서 더욱 풍성하게 경험할 수 있다.

우리는 자신의 집을 예배의 성전, 아름다운 성소로 만드는 외에도 예배에 크고 작은 영감을 주는 다른 아름다운 곳도 즐길 수 있다. 나의 많은 안식일은 내게 문학의 아름다움에 잠길 수 있는 시간을 준다. 착한 등장 인물들의 이야기는 우리를 고무시켜 더욱 덕스럽게 하며, 선행의 동기를 부여하고, 가치들을 주입한다. 화가인 친구가 특히 아동 서적에서 삽화의 맛을 즐기는 법을 가르쳐 주었다.

나는 가능한 한 자주 예술 작품을 통해 최고의 아름다움을 즐긴다. 박물관 구경이나 좋아하는 화가에 관한 책을 숙독하면서 시간을 보내는 것은 안식일을 위해 특히 고무적인 활동이다. 내가 보는 몇몇 책들은—그리스도의 여러 이미지를 보여 주는 책이나, 렘브란트의 성서聖書에 대한 책, 혹은 전에 가 보았던 유럽의 박물관이나 성당의 예술품에 대한 책은—나를 예배의 분위기로 이끈다.

반드시 강조해야 할 점은 우리가 아름다움을 즐기는 순간들이 대단한 것이어야만 하루의 색조를 완전히 바꿔 놓는 것은 아니라는 것이다. 안식일(주일)이었던 어제, 강연 일정을 마치고 집으로 돌아오는 길에 샌프란시스코 공항에서 비행기를 갈아타야 했다. 한 달 전에도 그곳에 들른 적이 있었는데, 그때 어느 조용한 대합실에서 마크 애덤스의 양모 태피스트리(색색의 실로 수놓은 벽걸이나 실내 장식용 비단-역주) 작품들을 발견했었다. 이번에는 비행기를 갈아타기까지 겨우 10분밖에 시간이 없었다. 그러나 이 짧은 시간에 서둘러서 그 태피스트리를 한 번 더 보기로 했다. 그것은 너무나 아름다워 그럴 만한 가치가 충분했기 때문이었다. 아주 기쁘게도, 내가 탈 비행기는 출발이 몇 분 지연되었다. 그래서 나는 벽에 걸린 태피스트리로 돌아가서 그 앞에 주저앉아 7분간 그 절묘한 형형색색의 다양한 꽃들을 즐겼다. 한 신사분이 지나가면서 "괜찮으세요?"라고 물었다. 나는 웃으면서, 지금 아름다운 꽃들을 바라보고 있으니 얼마나 행복한지 모르겠다고 말했다. 우리 사회에서 사람들이 대부분 아름다움을 잊고 산다고 생각하니 슬퍼졌다. 더욱이, 몇 분간 태피스트리의 아름다움에 빠져서 얻었던 큰 기쁨은 내게 안식일의 **샬롬**을 주었으며, 이 **샬롬**은 내가 비행기 여행에서 겪은 시끄러움과 귀의 통증과 공항에서 집으로 돌아올 때의 오랜 기다림에도 불구하고 나머지 저녁 시간 동안 나를 지탱시켜 주었다.

이러한 종류의 아름다움―우리가 함께 예배하는 성전과, 가정과 문학과 예술의 아름다움―외에 자연이라는 좀더 큰 성전의 아름다움은, 안식일 지키기를 즐기는 또 다른 방법을 가르쳐 준다. 그러나 우리는 이 개념에 매우 주의해야 한다. 왜냐하면 창조자 대신에 피조물 자체를 예배하려는 위험한 유혹이 있기 때문이다. 우리가 자신의 관점을 지키는 한, 자연의 아름다움을 즐기면서 보내는 안식일의 시간은 예배의 경험이 될 수 있다.

내가 어릴 때, 우리 가족이 가을에 가장 좋아하는 안식일 오후 활동 가운데 하나는 마우미강(오하이오 북서쪽)을 따라 하이킹을 하면서 단풍을 즐기는 것이었다. 매년 단풍이 점점 더 아름다워졌다. 이러한 하이킹이 특별히 멋지고 좋았던 것은, 이를 통해 부모님은 당신들의 대부분의 시간을 차지하는 일에서 벗어날 수 있었고, 두 오빠와 나는 부모님과 함께 기억에 남을 만한 멋진 오후를 보낼 수 있었기 때문이었다. 인디애나에서 대학원 시절, 주일 오후가 되면 덜컹거리는 자전거를 타거나 가을빛으로 찬란한 공원을 산책하면서 그때의 많은 행복한 기억들을 떠올렸다. 가족들이 함께하는 기쁜 안식일의 기억들을 쌓아 올릴 때, 이러한 기억들은 자녀들의 유산이 되며, 그들에게 어른이 되면 안식일을 어떻게 지켜야 하는가에 대한 개념을 심어 줄 뿐만 아니라 안식일 지키기 자체를 행복한 기억들로 넘쳐 나게 한다.

이 모든 것 외에, 바깥 자연의 아름다움을 즐길 때 우리 자신의 미적 감각이 고취된다. 어떤 이유에서인지 모르지만, 나는 상쾌한 가을 공기에 볼이 빨개지고, 눈밭에서 놀다가 얼얼해져서 집에 들어올 때마다 몸이 훨씬 더 개운하고 홀가분해지는 것을 느낀다. 더욱이 우리가 자연을 즐길 때 일어나는 육체적인 이완뿐 아니라 정서적·영적인 회복은, 우리로 하여금 우리 안에 있는 아름다움을 더욱 분명히 의식하게 해 준다.

좀더 큰 의미에서, 안식일 지키기라는 행위 전체는 나로 하여금 아름다움을 한층 더 느끼게 해 준다. 하나님의 성품을 묵상하며 안식일을 보낼 때, 나를 향한 그분의 사랑이 나를 뒤덮는다. 온갖 아름다운 형태로 나타나는 그분의 선하심을 즐길 때면, 내가 그분의 창조에서 특별한 부분이며 특별히 아름다운 방법으로 그분의 목적을 위해 독특하게 계획되었다는 것을 더욱 깊이 깨닫는다.

이 책에 제시된 안식일 지키기의 다른 많은 면에서도 마찬가지이다. 우리가 각자 개성 있게 쉴 때, 이것은 우리가 자신의 사회적인 성 역할을 더 잘 알 수 있도록 도와준다. 우리가 안식일을 지키기 위해 모든 것을 아름답게 하려고 노력할 때, 이것은 우리 자신의 아름다움을 심화시켜 준다. 우리가 다른 사람들에게 기쁜 안식일의 경험을 선사하려고 노력할 때, 이러한 노력은 우리의 관계를 더욱 빛나게 한다. 우리가 안식일 시간의 일부를 미술이나 음악이나 문학을 즐기는 데 사용할 때, 우리는 자신의 감수성과 창의적인 은사에 더 큰 감사를 느낀다.

특히 빛이라는 의미에서, 아름다움에 집중하는 것은 오래전부터 유대인의 안식일 전례의 일부였다. 안식일 전야의 전통적인 가정 예배는 다음과 같은 기도로 시작된다.

여호와 우리 하나님, 우주의 왕이시여,
당신의 계명으로 우리를 거룩하게 하셨으며,
우리에게 안식일의 촛불을 밝히라고 명하신 당신을 송축하나이다.

우리의 처소를 밝히는 안식일의 촛불이

우리 가족을 비추는 평안과 행복이 되게 하소서.

오 하나님, 이 거룩한 안식일에 우리를 축복하사,

당신의 영광으로 우리를 비추소서.

우리의 어둠을 밝히시며, 우리와 온 인류를 인도하소서.

당신의 자녀들을 진리와 영원한 빛으로 인도하소서. 아멘.

이와 비슷하게 "안식일 전야의 개혁 가정 예배"에는 키두쉬 의식의 다음과 같은 구절이 포함되어 있다.

자, 기쁨과 평안으로 안식일을 맞이하자!

신부처럼 맑고 기쁜 얼굴로 안식일이 오는도다.

우리의 마음에 축복을 주는도다.

일상의 생각과 근심이 그치는도다.

안식일의 밝은 촛불은

하나님의 사랑의 영이 우리 가정에 거하심을 말하는도다.

그 빛 가운데 우리의 모든 축복이 풍성해지며,

우리의 모든 슬픔과 고통이 사라지는도다.[3]

그러므로 안식일의 광채와 기쁨이 우리의 슬픔과 시련을 누그러뜨릴 수 있고 주중의 다른 날들을 아름답게 할 수 있도록, 그리스도인의 안식일 지키기도 빛과 사랑스러움으로 가득하게 하소서.

25. 음식이 있는 향연

최근에 우리는 여기 미국에서 추수감사절을 지냈다. 추수감사절 동안 쉬면서 나는 우리 사회에서 가장 일반적으로 이해되는 향연의 개념을 생각해 볼 기회를 가졌다. 대부분의 사람들에게 향연이 과식을 의미한다는 사실은 매우 슬픈 일이다.

당신은 이러한 머릿말을 보고 내가 안식일의 금식이나 경건한 종교적 금욕주의를 주장할 것이라고 예상할지도 모르겠다. 사실은—기쁘게도—오히려 그 반대이다. 우리의 기대와는 반대로, 안식일은 향연의 날이다. 그러나 향연이라는 단어가 갖는 최상의 의미에서 그렇다. 일반적으로, 미국인은 금식하는 법을 모르기 때문에 향연을 갖는 법을 모른다.

안식일의 향연—축하—이 의미를 갖는 것은 다른 엿새의 금식—검소한 생활—과 대조를 이루기 때문이다. 유대인은 가장 가난할 때에도 안식일 지키기의 표시인 특별한 음식과 초를 사기 위해 모든 노력을 다한다. 유대인의 역사를 보면, 많은 사람이 안식일 향연에 필요한 것들을 구입하기 위해 주중에 부족하게 지내기를 조금도 마다하지 않았다. 이들은 안식일에 어떤 일도 자신들의 기쁨을 망치지 못하도록 미리 준비한 특별한 음식을 즐김으로써 이날을 높인다. 더욱이 『사람들과 함께하는 삶』이라는 인류학적인 연구가 강조하듯이, "안식일 진미는 한 입 한 입 음미할 시간을 가지고, 손님들과 이야기를 나누며 질문을 주고받는 성숙한 대화를 위해 코스 사이사이에 쉬어 가면서 천천히 즐기는 것이다. 어머니는 음식 솜씨 때문에 특별한 칭찬을 받는다."[1]

 우리가 대부분의 시간을 더욱 검소하게 산다면, 우리의 향연은 구별된 행사가 될 것이다. 사실 대부분의 미국인들에게는 매일 갖가지 특별한 먹거리가 있기 때문에, 많은 사람들에게 있어서 추수감사절이나 성탄절 향연을 특별하게 하는 방법은 더 많이 먹는 것뿐이다. 우리가 후회거리로서가 아니라(우리 모두가 추수감사절이나 성탄절이나 설날이 지나면 체중을 조금 줄여야 하지 않는가?) 기쁨으로서 향연의 개념을 회복할 수 있다면 좋겠다.[2]

 언젠가 두 개의 대학촌을 섬기는 작은 루터 교회의 몇몇 신자들이 후원을 받으면서 캠퍼스 사역을 했었다. 그때가 내 삶에서 특별한 성취의 시기 가운데 하나였다. 여러 달 동안 나는 생활비를 최소한으로 줄여야 했다. 선교회가 후원금을 늘려 줄 때까지 그렇게 해야 했다. 내가 향연에 대해 많이 배운 것은 이때 일어난 두 가지 사건 때문이었다.

 첫째 사건은 한 졸업생에 관련된 것인데, 그는 어느 날 저녁 나를 찾아와 자신에게 문제가 생겼다고 했다. 나는 도와줄 수 있는 일이라면 기꺼이 도와주겠다고 했다. 그러자 그는 "물론 도와줄 수 있고 말고요!"라고 대답했다. 그의 놀라운 문제는 활로 사냥하는 중에 사슴을 한 마리 잡았는데(합법적으로) 그 고기를 어떻게 처리해야 할지 고민 중이라는 것이었다. 나는 섬기고 있는 교회의 한 친구에게 냉동식품 저장고 한쪽 구석을 빌려서 사슴 고기를 저장해 두었다. 그러고는 손님들에게 특별한 대접을 하고 싶을 때마다 조금씩 가져다가 요리를 했다. 내 식사는 대부분 간단해야 했기 때문에, 사슴 고기 파티는 정말 호화로운 것이었다. 가끔은 그때보다 돈이 좀더 많은 지금을 아쉬워하기도 한다. 왜냐하면 가난했던 시절의 특별한 파티들은 중요한 축제일 holidays 같았기 때문이다(사실 내 경우에는 '성일' holy days 이라고 써야 한다).

두 번째 사건이 특별히 기억나는 것은 사슴이 생기기 얼마 전에 장을 보려고 지갑을 열었다가 지갑이 비어 있는 것을 발견했기 때문이었다. 월말이 가까워지고 있었으나 다음 봉급을 받을 때까지는 아직 며칠 남아 있었기에 필요한 식료품을 살 돈이 없었다. 나는 그날 꽤 실망한 마음으로 출근을 했다. 아침에 교회 우편함에 내게 온 편지가 하나 꽂혀 있었다. 그런데 발신인이 없었다. 봉투 속에는 10달러짜리 지폐가 한 장 들어 있었다. 이 작은 선물이 내 모든 태도를 엄청나게 바꿔 놓았다. 신비하고 기적적인 방법으로, 하나님은 나의 필요를 공급해 주셨다.

그 돈을 보낸 사람은 내가 그때 그 돈이 정말 필요했다는 걸 어떻게 알았을까? 이 일로 인해 하나님이 놀라운 방법으로 나의 필요를 공급해 주신다는 깨달음이 내 마음과 영혼에 각인되었다. 이 사건은 또한 나로 하여금 수많은 사람들이 인간적인 탐욕과 정치적 메커니즘과 그 밖의 세상의 불의들 때문에 하나님의 공급하심을 받지 못하고 있다는 것을 분명히 인식하게 해 주었다. 하나님의 은혜와 돌보심에 대한 경험은 주린 자들을 먹이며 세계 경제의 비극적인 불의를 바로잡는 일에 지역과 국가와 세계의 일꾼이 되라는 도전을 더욱더 강하게 준다.

그러나 가난으로 고통당하는 많은 사람들은 하나님의 공급하심의 기쁨을 부유한 미국인들보다 더 잘 알고 있다. 최근에 니카라과에서 한 농부 여인과 잠시 생활했던 젊은 미국 여성의 이야기를 읽은 적이 있다. 수년간의 전쟁으로 많은 농작물이 수확할 수 없게 되었고, 이제는 곤충들이 옥수수 밭을 위협하고 있었다. 두 여인은 최대한 수확을 했다. 그러나 미국인은 함께 옥수수를 수확한 여인이 집으로 돌아오는 길에 만나는 사람들마다 옥수수를 나눠 주는 것을 보고 한편으로는 놀라고 한편으로는 화가 났다. 집에 도착했을 때는, 그날 저녁거리밖에 안 되는 옥수수 네 개만 달랑 남아 있었다. 그러나 미국인이 아주 놀랍게도, 그 계절 내내 그녀와 농부 여인은 먹을 것이 부족하지 않았다. 마음씨 좋은 많은 이웃과 친구들이 그녀에게 똑같은 온정을 베풀었기 때문이다.

요점을 다시 말하자면 이렇다. 우리가 굳이 검소한 삶을 살 필요가 없는 상황에서는 하나님의 공급하심의 경이를 발견하지 못한다. 유대인이 특별한 음식으로 안식일을 축하하려고 노력하는 것도 바로 이 때문이다. 이것은 이들에게 하나님이 광야에서 금요일 아침에 만나의 양을 늘리시고 다른 날 같으면 저장해 둘 경우 벌레가 나겠지만 금요일 밤에는 상하지 않게 하심으로써 안식일의 필요를 어떻게 공급하셨는지 상기시켜 준다.

안식일의 기쁨에 대한 우리의 감각을 키우는 한 가지 방법은 주중에 좀더 간단하게 먹고 거룩한 축하를 위해 가장 좋아하는 음식을 아껴 두는 것이다. 이것은 어리석어 보일지 모른다. 그러나 주중에는 매일 오트밀을 아침으로 먹고 안식일에는 영국식 머핀(옥수수가루 등을 넣어 살짝 구운 빵)이나 오믈렛을 먹는 것은 지난 몇 년간 나의 안식일 지키기에서 정말 중요한 부분이었다. 이렇게, 아침을 먹는 간단한 의식은 이날이 의도적으로 누려지는 특별한 날이라는 것을 내게 상기시켜 준다.

안식일을 위해 우리 가정에서 특별한 것을 준비해 두기 위해서는 약간의 계획만 있으면 된다. 주일 아침에 홍차 대신 코코아를 마시고, 친구와 함께 외식을 하거나 만찬 모임을 열거나, 교회가 돌보는 사람들을 위해 각자 음식을 가져와서 나누어 먹는 것을 계획하거나, 자신이 가장 좋아하는 음식을 주일에만 즐기거나, 심지어 비싼 찻잔이나 식기를 사용하는 것 등이 그 예일 수 있다. 이러한 것들은 의도적으로 안식일을 향연의 시간, 기쁨의 날이 되게 하는 몇 가지 간단한 방법이다.

물론, 그리스도인들은 성만찬의 향연을 안식일 축하의 한 부분으로 즐긴다. 매 주일 성찬식을 하는 데 익숙해진 나는 지난 몇 년 동안 내가 다니는 교회에서 성찬식이 예배의 중심에 있지 않은 것을 보고 실망했다. 사도행전 2:42-47에 묘사되어 있듯이, 초대교회 그리스도인들은 그리스도의 죽음과 부활을 기념하기 위해 자주 집에 모여서 떡을 떼기를 좋아했다. 우리 가운데는 요즘 교회에서 성찬식이 자주 거행되지 않는 것을 보면서 그 이유를 궁금해하는 사람들도 있을 것이다. 그리고 성찬식을 자주 하는 사람들 가운데는 성찬식이 공허하고 틀에 박힌 일이 되어 버린 것은 아닌지, 또는 성찬식이 정말 안식일 향연의 종말론적 기쁨을 우리에게 가져다 주는지 의문을 제기할 사람들도 있을 것이다. 우리는 성찬에서 그리스도의 재림과 우리가 그분 앞에서 즐길 영원한 향연을 고대한다. 그러므로 빈번한 성찬식은(공허하고 틀에 박힌 것이 아니라면) 우리로 하여금 그날의 기쁨을 미리 맛보게 해 준다.

향연에 대한 바른 개념을 회복해야 하는 가장 중요한 이유 중에 하나는 우리가 배고픈 사람들을 보살펴야 하는 책임을 좀더 잘 감당해야 하기 때문이다. 항상 폭식을 한다면, 우리는 필수품은 고사하고 사치품 없이 지낸다는 것이 무엇을 의미하는지 모르게 된다. 우리의 안식일 향연이 거룩한 축하가 될 수 있도록 대부분의 시간을 좀더 검소하게 살기로 의식적으로 선택한다면, 그 거룩한 날들이 얼마나 특별한지 알게 될 것이다. 이렇게 되면, 우리는 결코 향연을 누릴 수 없는 사람들, 우리의 탐식으로 인해 그 생명이 위협받는 사람들에게 더 많은 관심을 가질 수밖에 없다.

어떤 사람은 어떻게 내가 같은 장에서 안식일 지키기의 한 부분으로써 향연을 말하는 동시에 주린 자들에 대한 관심을 이야기할 수 있는지 의아해할 것이다. 이 둘은 서로 배타적인 것처럼 보이니 말이다. 다른 사람들이 굶주리고 있다는 것을 안다면―실제로 매일 4만 명이 영양 실조와 그로 인한 질병으로 죽고 있다―어떻게 우리의 향연을 즐길 수 있겠는가?

의사인 한 친구가 인도에서 봉사할 때 경험했던 일들을 내게 들려주었는데, 그녀의 이야기는 내가 이 둘의 상호 관계를 이해하는 데 도움이 되었다. 인도에서는 아기가 태어날 때마다, 가족들은 이것이 중요한 사건이라는 것을 나타내기 위해 가진 돈의 상당액을 축하 음식을 사는 데 쓰곤 한다. 때때로 자넷은 여기에 반대하고 가족이 얼마 되지도 않는 돈을 그렇게 써 버리지 않기를 원했다. 그러나 그들은 항상 그녀의 말에 이의를 제기했다. 이 특별한 일을 축하하는 데 돈을 쓸 자신들의 권리를 그녀가 어떻게 빼앗을 수 있는가? 돈이란 게 잘 쓰라고 있는 것 아닌가?

나는 가난하게 자랐기 때문에, 나의 돈에 대해서는 너무 선한 청지기가 되는 경향이 있다. 그러나 그 결과 나는 맘몬의 힘에 관한 정반대의 죄에 빠진다. 나는 너무나 선한 청지기가 되는 바람에 은혜를 보지 못한다. 내 돈을 필요한 사람에게—그러나 나만큼 지혜롭게 쓰지 못할 수도 있는 사람에게—그냥 주길 꺼린다. 자크 엘륄은 그의 적나라한 책 『하나님이냐 돈이냐』(대장간)에서 낭비와 정반대되는 이러한 죄를 드러낸다. 우리는 돈을 많이 원하거나 충분한 돈을 손에 넣을 걱정을 하느라고, 돈을 쓰는 데 지나치게 소심하고 인색함으로써 돈이 우리의 신이 되게 한다.[3]

엘륄이 추천하듯이, 맘몬의 힘과 싸우는 가장 좋은 방법은 돈을 지혜롭게 씀으로써, 그리고 또한 돈을 공짜로 관대하게 줌으로써 돈의 신적인 성격을 제거하는 것이다. 이것은 십일조 사용에 관해 히브리 민족에게 주어진 계명과 관련이 있다. 신명기 14:22-29에는 이스라엘이 토지 소산의 십일조를 사용하는 세 가지 방법이 제시되어 있다. 십일조는 먼저 그들 자신의 축하 의식에 사용되었다. 십일조의 두 번째와 세 번째 수혜자는 땅을 분배받지 못했지만 백성들의 예배를 인도함으로써 섬기는 '레위인'(다른 말로 하면, 전문적인 교회 사역자들)과 달리 필요를 공급받을 길이 없는(바꾸어 말하자면 복지 혜택을 누릴 수 없는) "객과 및 고아와 과부들"이었다. 다음이 그 지시 사항이다.

> 너는 마땅히 매년 토지 소산의 십일조를 드릴 것이며, 네 하나님 여호와 앞 곧 여호와께서 그의 이름을 두시려고 택하신 곳에서 네 곡식과 포도주와 기름의 십일조를 먹으며 또 네 소와 양의 처음 난 것을 먹고 네 하나님 여호와 경외하기를 항상 배울 것이니라. 그러나 네 하나님 여호와께서 자기의 이름을 두시려고 택하신 곳이 네게서 너무 멀고 행로가 어려워서 네 하나님 여호와께서 그 풍부히 주신 것을 가지고 갈 수 없거든 그것을 돈으로 바꾸어 그 돈을 싸 가지고 네 하나님 여호와께서 택하신 곳으로 가서 네 마음에 원하는 모든 것을 그 돈으로 사되 소나 양이나 포도주나 독주 등 네 마음에 원하는 모든 것을 구하고 거기 네 하나님 여호와 앞에서 너와 네 권속이 함께 먹고 즐거워할 것이며 네 성읍에 거주하는 레위인은 너희 중에 분깃이나 기업이 없는 자이니 또한 저버리지 말지니라.
>
> 매 삼 년 끝에 그해 소산의 십분의 일을 다 내어 네 성읍에 저축하여 너희 중에 분깃이나 기업이 없는 레위인과 네 성중에 거류하는 객과 및 고아와 과부들이 와서 먹고 배부르게 하라. 그리하면 네 하나님 여호와께서 네 손으로 하는 범사에 네게 복을 주시리라.

내가 아는 기독교 공동체들 가운데 실제로 십일조를 하는 곳은 많지 않으며, 그 돈을 하나님이 지시하시는 대로 쓰는 곳은 더더욱 적다. 십일조 중에 예배 장소를 위해 사용된 것은 하나도 없다는 사실에 주목하라! 하나님이 방랑하는 이스라엘 자녀들에게 성막을 지으라는 계획을 주셨을 때 이러한 초대에 대한 이들의 반응은 놀라웠다. 이들은 모세가 이제 그만 가져오라고 말해야 할 정도로 성막 건축을 위해 특별 예물을 많이 가져왔다(출 36:5-7).

하나님은 공동체의 십일조를 성소를 짓는 데 쓰는 대신에(성전은 사람들 각자가 자신의 건축 기술이나 예술적 재능을 드리는 특별 헌금으로 건축된다), 축하하는 일에, 전문적인 교회 사역자들에게('사역을 감당하도록 성도들을 훈련시키는' 직원들이 충분하다면, 우리의 교회 프로그램이 얼마나 더 풍성해질 수 있겠는가!), 그리고 가난한 자들에게 쓰라고 지시하신다. 기금(헌금)을 이렇게 쓴다면, 우리는 예배로 하나님을 높일 뿐 아니라 가난한 자들을 돌보고도 남을 만큼 갖게 될 것이다.

우리가 특별한 음식으로 안식일을 축하한다면 가난한 자들을 더욱 의식하게 될 것이며, 우리의 삶을 가난한 자들을 돌보는 데 사용한다면 우리의 안식일 축제들은 더욱 의미가 깊어질 것이다. 미국인들이 향연을 어떻게 하는지 모르는 것은 금식을 어떻게 하는지 모르기 때문이다. 특히 우리가 충분히 가지지 못한 자들을 위해 금식하며 우리의 충분한 것을 그들과 나눌 때, 우리의 향연은 훨씬 더 의미가 커질 것이다.

우리가 안식일 향연을 친구들이나 낯선 사람들과 나눌 때는 그것이 배가될 것이다. 안식일을 함께 지키자고 다른 사람들을 초대할 때, 우리는 그들에게도 향연과 금식을 가르칠 기회를 갖게 된다. 우리의 초대에 대한 보답으로 우리를 초대할 수 없는 사람들을 초대할 때(눅 14:13-14이 우리에게 그렇게 하도록 도전하듯이), 우리는 그렇지 않으면 어떤 방법으로도 향연을 열 수 없을 사람들과 함께 안식일을 축하할 수 있다. 주일 오후에 이웃들을 초대해서 식사를 대접하는 사우스벤드의 브로드웨이 크리스천 교구의 노력에 내가 그렇게 감사하는 것도 바로 이 때문이다(16장을 보라). 이것은 자녀들에게 안식일 지키기의 의미를 가르쳐 주고 그들로 하여금 금식과 향연이라는 안식일과 평일의 리듬이 주는 기쁨을 배우도록 도와줄 수 있는 놀라운 방법이다.

유대인의 안식일 이해에서는 금식과 향연의 리듬이 가난한 자들에 대한 관심과 하나님의 은혜로운 공급하심을 인식하는 것과 나란히 간다.『사람들과 함께하는 삶』은 다음과 같이 기술한다.

> 안식일은 미래의 삶의 기쁨을 쉬테틀(유대인 거주 소부락)에 가져다준다. 안식일은 한 주의 절정, '염려도 없고, 일도 없는 다른 세상'이다.… 주중에 어떤 진미를 발견했다면, 가능한 한, '안식일을 위해' 그것을 사 두어야 한다….
>
> 이날에는 그 누구도 일해서는 안 되며, 그 누구도 슬퍼해서는 안 되고, 그 누구도 근심해서는 안 되며, 그 누구도 주려서는 안 된다. 안식일 음식이 부족한 유대인은 누구나 자신보다 많이 가진 자의 도움을 받아야 한다. 그러나 물론 아무도 도움이 필요치 않기를 바란다. 왜냐하면 아무리 가난하더라도 하나님이 안식일 음식을 공급해 주실 것은 기대

할 수 있기 때문이다. 어떤 사람은 갑자기 행운이 생기며, 어떤 사람은 갑자기 생선 살 돈을 벌 기회를 얻는다.…많은 이야기와 전설들이 '안식일을 준비할' 방법이 없는 헌신된 유대인을 위해 하나님이 안식일 비용을 마지막 순간에 공급해 주신 기적들을 들려준다….

    누구든 간에 도움이 필요한 나그네는 금요일 저녁에 회당에 들어와 예배가 끝난 후 누군가의 집으로 초대되길 기대할 수 있다.…안식일마다 하나님은 엘리야 선지자를 도움이 필요한 나그네의 모습으로 보내셔서, 그가 유대인들을 방문하여 그들이 그분의 계명을 지키는 방법을 지켜보게 하신다는 전설이 있다. 그러므로 집으로 온 나그네는 선지자일지도 모른다. 그러나 안식일의 호의(손님 대접)를 독려하기 위해서는 아무 전설도 필요치 않다. 선지자든 거지든 간에, 배고픈 자들을 먹이는 것은 '선행'이다.…그러므로 운이 없어서 빈약한 것이라 하더라도, 안식일의 향연을 함께 나누는 것은 하나의 특권이다.[4]

우리가 금식하는 것은 향연을 더욱 의미 있게 즐기기 위해서이다. 우리는 향연을 특별하게 하기 위해 우리가 할 수 있는 모든 노력을 다한다. 우리는 우리의 향연을 궁핍한 자들과 나눈다. 그리고 우리는 하나님이 우리의 필요를 공급하시는 방법과 하나님의 임재를 가져다주는 가난한 손님에게서 하나님의 깜짝 선물을 고대한다.

26.　　　　　　　　　　　　　애정이 있는 향연

기술 사회의 가장 끔찍한 면 가운데 하나는 친밀함을 잃었다는 것이다. 우리 사회의 많은 사람들이 애정을 갈망하지만 대부분은 애정을 어떻게 주고받는지 모르고 있다. 안식일 지키기는 우리의 관계의 깊이를 더하며, 경건한 애정으로 다른 사람들을 받아들이는 법을 배울 수 있게 해 준다.

안식일 지키기는 우리에게 관계에 대한 희망을 준다. 왜냐하면 안식일 지키기는 하나님과의 관계를 강조하며, 교제와 고독의 리듬을 제공하고, 시간이라는 선물을 주며, 노력과 생산과 일을 그칠 것을 요구하기 때문이다. 더욱이 안식일의 의도성은 우리가 서로에 대한 관계와 기쁨을 의식적으로 누릴 수 있게 해 주는데, 이것은 여호와께 대한 우리의 기쁨의 부산물이다.

앞서 우리는 하나님의 형상에 관계가 포함된다는 사실을 논의했었다(6장을 보라). 하나님은 "우리의 형상대로…우리가…**사람을** 만[들자]"고 말씀하셨으며, 자신의 형상으로 **사람을** 창조하시되 남자와 여자를 창조하셨다(창 1:26-27). 더욱이 창세기의 첫 이야기들은 하나님이 자신이 창조하신 사람들과 인격적인 관계를 갖기 원하신다는 것을 강조한다. 그분은 동산을 거니시며 그들을 찾으셨다(창 3:8-9).

하나님의 임재라는 주제는 성경—히브리인들의 성경뿐만 아니라 초대교회 그리스도인들의 성경까지—모든 곳을 채우고 있다. 이스라엘의 시작에 관한 모든 이야기에는 자신의 백성과 함께하시겠다는 여호와의 약속이 포함된다. 여호와께서 창세기 12:1에서 그 땅을 **보여 주시겠다**며 아브람에게 하신 첫 번째 약속에서부터, 출애굽기 6:6-8에서 이스라엘을 자신의 백성으로 삼으며 그들의 하나님이 되시고 그들을 그 땅으로 인도해 들이겠다고 모세에게 하신 약속, 그리고 여호수아 1:5, 9에서 모세와 함께하셨듯이 여호수아와 함께하시겠다며 여호수아에게 하신 약속에 이르기까지.

신약성경에서도 이 주제는 계속해서 두드러지게 나타난다. 세상 끝날까지 제자들과 항상 함께하시겠다고 그들에게 말씀하신 예수님의 마지막 말씀과(마 28:20) 사도행전에 기록된 사도 바울에게 주시는 거듭된 확신에서(예를 들면, 행 23:11과 27:23-25을 보라) 나타난다. 게다가 바울은 하나님과 그분의 은혜가 자신의 편지를 받는 사람들에게 함께할 것이라는 위로로 편지를 시작하거나 끝낼 때가 많다(예를 들면, 빌 4:9하; 롬 16:20하를 보라).

우리가 이 책 전체에서 강조했듯이, 안식일 지키기의 주요 목표 가운데 하나는 이러한 하나님의 임재 가운데 열리는 향연을 위한 시간을 따로 구별하는 것이다. 우리는 여호와와의 교제를 즐기면서 하루를 보냄으로써 그분의 성품과 그분의 은혜의 선물을 기뻐하는 법을 점점 더 많이 배운다. 더욱이 이러한 관계의 성장은 필연적으로 우리와, 그분의 다른 백성들 사이의 관계도 깊어지게 한다. 자주 사용되는 이미지가 있는데, 이것은 놀라울 정도로 정확하다. 우리의 관계는 바퀴의 살과 같다. 우리가 중심(축), 곧 하나님께 가까울수록 다른 살과도 가까워진다.

하나님의 임재 가운데 이루어지는 향연은 우리의 안식일 지키기라는 틀 안에서 고독과 교제의 리듬을 포함한다. 우리는 안식일에 묵상과 기도를 위해 혼자 있을 시간이 필요하지만 전체 예배에도 참석하는데, 예배는 교회라는 공동체 내에서 우리의 관계를 더욱 깊게 하는 중요한 요소이다.

예배는 관계 속에서 향연을 가질 수 있는 다양한 기회를 제공한다. 우리는 우리의 실패를 함께 회개하고 용서를 받는데, 교회라는 연합된 몸은 용서를 베풀어야 할 책임이 있다(요 20:21-23). 우리는 함께 노래하며, 마음과 소리를 합하여 찬양한다. 우리는 다른 사람들의 근심거리를 위해 기도하며, 다가오는 주중에 이들을 계속 후원하는 일에 헌신한다. 우리는 자신이 기도한 결과를 들으며, 하나님이 주신 응답을 함께 축하하고, 이 낯선 세상에서 겪는 슬픔 앞에서 함께 운다. 우리는 악수하고, 포옹하며, 뺨에 입맞춘다. 우리는 성만찬의 향연을 함께 즐기는데, 이것은 우리에게 그리스도의 참된 몸을 분별하도록 해서 그분의 몸, 곧 교회를 살찌게 한다.

안식일 지키기가 주는 가장 큰 선물 가운데 하나는 시간의 선물이다. 나는 주일 오후에 가족과 함께 강을 따라 하이킹 하는 시간을 소중하게 여겼다. 왜냐하면 이 시간을 통해 대개 주중에는 교구학교 교장으로 봉사하는 교회 일 때문에 저녁에도 집에 계시지 않는 아버지와 가까워질 수 있었기 때문이다. 주일 저녁 '난롯가에서 핫도그 먹기'도 마찬가지였다.

주중의 일을 그치기 위해 온전히 하루를 구별할 때, 우리는 방문과 손님 접대를 위한 시간이라는 선물을 받는다. 특히 대학원 시절, 나는 이러한 주일의 자유를 사랑했다. 왜냐하면 누군가로부터 저녁식사를 초대받으면, 책을 읽거나 보고서를 쓰는 일을 다시 할까 하는 걱정을 할 필요가 결코 없을 것이기 때문이었다. 안식일에는 그런 일들을 하지 않았다. 대신에 나는 긴장을 풀고 초대해 준 사람들과 교제를 즐기며, 그들의 애정을 받아들이고, 나의 애정을 그들에게 좀더 부드럽게 표현할 수 있었다.

안식일이 내게 손님 접대를 위한 충분한 시간을 줄 때, 똑같은 자유가 내 집에도 가득 찬다. 서두를 필요가 없으며, 다른 일을 마치기 위해 얼마 안 있어 손님들을 돌려보내야 한다는 중압감도 없다. 대신에 여유 있는 속도로 탐구할 수 있는 시간의 선물은 더욱 주의 깊고 더 많이 발견하게 하며 관계의 깊이를 더한다. 안식일의 시간은 우리가 서두르지 않아도 되도록 해 준다. 『어머니의 안식일』의 저자 체임 그레이드는 "안식일에는 자신도 서두르길 피하고 싶다는 듯이 추가 점잖게 움직이는" 히브리인들의 벽시계에 대해 쓴다.[1] 분주함으로부터의 이러한 자유는 허둥대지 않는 앎, 다른 사람들의 기대로 인해 받는 중압감이 없는 참된 친밀함으로 우리를 초대한다.

하나님의 백성인 우리는 이 세상에게 우리 존재의 모든 면을 포함하는 친밀함을 가르칠 수 있다. 하나님은 남녀가 결혼의 신성한 연합에서 정점에 이르는 육체적인 친밀함을 계획하셨을 뿐만 아니라, 다른 사람들과 깊이 나눌 수 있는 마음과 영혼을 지닌 존재로 우리를 창조하셨다. 안식일의 시간은 사랑하는 사람들과 함께 우리의 생각과 기도와 바람과 감정과 실망과 의도와 가치를 긴밀하게 나눌 기회를 줌으로써 우리로 하여금 좀더 깊은 애정을 경험할 수 있게 한다.

더욱이 안식일에 노동과 노력과 생산을 그치라는 요구는 조용히 마주앉아 교제를 즐기고, 멀리 있는 사랑하는 사람들에게 편지를 쓰거나 전화를 하며, 다른 사람들을 생각하고, 그들을 위해 기도하며 선물을 마련하는 시간을 가지는 것과 같은 비효율적인 일들을 위한 시간을 우리에게 준다. 유대인의 관습에는 큰 축하의 식사라는 게 있는데, 여기서 이들은 식탁에 둘러앉아 노래하며, 토라를 놓고 논쟁하며, 포도주와 좋은 음식을 나눈다. 그리고 이 모든 것이 사람들을 더욱 친밀하게 만든다. 게다가 랍비의 지침에는 결혼한 사람들은 안식일에 부부 관계를 가져야 한다는 항목도 있다.[2] 나는 독신이기 때문에 이 특별한 권리를 누릴 수는 없지만, 안식일의 시간이 주는 자유는 항상 나의 사랑을 더 잘 표현할 수 있다고 느끼게 하며, 친구들과 가족에게 더 많은 애정을 표현하는 새로운 방법을 발견하도록 나의 창의성을 열어 준다.

성경은 기독교 공동체 내에서 경건한 애정을 표현하라고 말한다. 바울이 로마의 그리스도인들에게 한 권고에서 "형제를 사랑하여 서로 우애하고"라는 말은 "존경하기를 서로 먼저 하며"라는 다음 구절에 의해 그 순수성이 유지된다(롬 12:10). 실제로, 기독교 공동체는 존경 어린 애정과 친밀함으로 가득한 대안 사회로서 세상에 줄 것이 많다. 우리 사회의 너무나 많은 사람들이 애정에 너무나 굶주려 그만 잘못된-비도덕적인-방법으로 애정을 찾는다. 기독교 공동체의 구성원들이 서로를 거룩한 애정으로 대할 때, 이들은 친밀함의 필요를 충족시키고 하나님의 포옹으로 서로를 안을 수 있다.

수년 전 어느 주일 오후에 나는 스스로 매우 외롭고 소외되었다고 느낀 적이 있었다. 나는 예배를 마치고 우리 교구 건물을 나와서 교인 가운데 한 사람의 집으로 달려갔다. 그는 밖으로 나와 팔을 활짝 벌려 나를 포옹하더니 뺨에 입맞추면서 "보고 싶었습니다"고 말했다. 그의 애정은 나를 하루 종일 따뜻하게 해 주었으며, 지금도 그때를 생각하면 내가 사랑받으며 받아들여지고 있다는 것을 계속해서 느낀다.

더욱이 안식일의 의도성은 우리가 서로에 대한 관계와 기쁨을 의식적으로 누릴 수 있게 해 주는데, 이것은 여호와께 대한 우리의 기쁨의 부산물이다. 나는 안식일의 은혜로운 시간에 서로에게 화를 낸다는 것이 너무나 어렵다는 사실에 놀란다. 다른 한편으로, 주중의 바쁜 생활 중에는 불가능해 보이는 더 깊은 수준까지 서로를 알 수 있는 기회를 갖는다는 것이 믿을 수 없을 정도로 놀랍다.

애정은 시간이 필요하다. 미친 듯이 질주하는 우리 사회의 속도로 인해 모든 것이 거꾸로 가고 있다. 사람들은 다른 여러 차원에서 친밀함을 세워 나가는 긴 여정의 절정으로서 헌신된 성적 연합을 선택하는 대신에 서로를 알기 위해 함께 침대로 먼저 뛰어든다. 하나의 대안 사회로서 기독교 공동체는 예배, 식사, 활동, 프로그램, 섬김의 가능성 등에서 안식일 교제의 기회를 제공함으로써 삶의 다양한 부분에서 사회적 친밀함을 키울 수 있다. 개인적으로 우리는 부드러운 접촉과 포옹과 부드러운 입맞춤을 통해서뿐만 아니라 서로의 깊은 생각과 느낌을 나누고, 선물을 주며, 서로에게 호의를 베풂으로써 친구 및 친지와 섬세한 친밀함을 기르는 데 시간을 보내겠다는 선택을 할 수 있다.

안식일 지키기는 공동의 축하뿐 아니라 필요한 침묵과 묵상을 위한 거룩한 시간도 준다. 고독과 교제의 리듬 속에서, 안식일 지키기는 우리에게 하나님의 사랑을 가르치며, 그런 다음에는 우리가 사랑받고 또 사랑하는 공동체를 우리에게 줌으로써 우리의 깊은 필요를 충족시켜 준다. 우리는 하나님과의 교제의 침묵에서 나와서 서로를 보살피는 기독교 공동체의 후원 속에서 우리의 부드러운 보살핌이 필요한 주변 사람들에게 애정을 가지고 다가갈 수 있다.

27. 향연과 축제

1964년 8월에, 장 바니에는 한 언약 공동체에서 몇몇 장애인과 함께 사는 실험을 시작했다. 그 후 그는 유럽, 북미, 제3세계에서 정신적, 정서적 장애인을 위한 라르쉬 공동체를 계속 세워 나갔으며, 이것은 많은 사람의 관심을 끌었다. 바니에는 정상적인 생활이 불가능하다고 생각되는 사람들과의 친밀한 나눔을 경험하는 가운데 '모자라는' 사람들이 그의 훌륭한 선생이 될 수 있다는 걸 발견했기 때문이다. 이들이 어떻게 하는지 알고 있는 가장 중요한 것 가운데 하나는 축하하는 것이다. 라르쉬 공동체의 지체들은 각자의 생일과 그 밖의 중요한 일들, 그리고 공동체에 특별히 복된 일이 있을 때마다 함께 축하한다. 그리고 이들은 축하할 일이 없는 날에는 축하할 일을 만들어 낸다!

라르쉬 공동체에 관한 저서에서, 마이클 다우니는 여기서는 "고통이 아무리 심하다 하더라도" 축하가 계속된다는 것을 강조한다. 다시 말해, 축하는 "고통이 인식되고 인정될 때 강화된다." 더욱이, 라르쉬에서의 축하는 "쉽게 기도로 흘러간다."[1] 장애인들은 우리에게 중요한 교훈을 하나 가르쳐 준다. 우리는 축하하기 위해 고통이 끝날 때까지 기다릴 필요가 없으며, 축제 자체는 우리와 하나님 사이의 교통을 더욱 깊게 한다는 것이다. 이런 이유에서, 지금까지 안식일 지키기에는 축하가 반드시 포함되었다. 유대인들은 박해를 받을 때에도. 안식일의 축제를 계속함으로써, 많은 유대인들이 홀로코스트의 죽음의 수용소에서도 큰 용기를 낼 수 있었다.

다우니가 강조하듯이, 축하는 고난에 대한 **보상**이 아니다. 오히려 "깊은 고통 가운데 생겨난 기쁨이 축하의 순간들을 통해 커진다…. 바르게 이해하자면, 축하는 삶이 너무나 소중하다는 것을 점점 더 깨닫는 가운데 그 삶을 받아들이는 것이다."[2]

우리 사회는 축하하는 법을 잊어버렸다. 우리 사회는 축하를 유흥과 연결지어 버렸다. 우리 사회는 그리스도 탄생의 축제를 흥청거리는 술 잔치로, 그리스도 부활의 축제를 에그 롤(중국 요리. 야채, 해산물, 고기 등을 잘게 다진 소를 넣고 기름에 튀긴 달걀말이 – 역주)을 먹고 사탕이나 받는 날로 변질시켜 버렸다. 이러한 모습들은 어린아이들에게 거룩하신 하나님에 대한 의식을 심어 주는 것이 아니라 이기적인 소유욕을 심어 준다. 이러한 탐욕은 결코 참된 축하로 이어질 수 없다. 참된 축하는 본질적으로 외향적이기 때문이다.

우리는 자신을 축하할 수 없다. 다른 사람들만을 축하할 수 있다. 친구들과 친지들이 한 살을 더 먹을 때 우리는 그들의 생일(그들의 탄생이라는 선물)을 축하한다. 성일을 준비할 때, 우리는 감사와 찬양을 위해 – 하나님이 주시는 그분 자신과 그분의 은혜라는 선물을 축하할 수 있도록 – 마음과 영혼을 준비한다. 『축하합시다!』의 저자 사라 웬저 쉔크는 우리의 믿음을 다음 세대에 어떻게 전할 수 있는

가를 묻는 문맥에서 축하를 다음과 같이 규정한다.

우리는 사람들을 어떻게 축하하는가? 우리는 하나님의 선하신 땅을 어떻게 축하하는가? 우리의 자녀들은 최신 유행보다 더 진지한 정체감을 어떻게 형성하는가? 우리는 현재의 또래 그룹보다 뿌리가 튼튼한 전통을 어떻게 이들에게 심어 줄 수 있는가?

이것들이 축하란 무엇인가에 대해 핵심을 찌르는 질문들이다. 축하는 우리가 가장 소중히 여기는 것을 높이는 것이다. 축하는 우리가 누구인지 말해 주는 것을 기뻐하는 것이다. 축하는 서로를 소중히 여기는 시간을 갖는 것이다. 축하는 팔을 벌리고 감사하는 마음으로 우리의 창조자께 돌아가는 것이다.[3]

안식일 지키기는 축하할 특별한 기회를 우리에게 제공한다. 왜냐하면 우리가 축하하는 것은 하나님의 불변성과 일관성, 그분의 질서와 성실하심, 그분의 주권 아래 있는 삶의 소중함이기 때문이다. 이것은 우리의 생일과는 다르다. 생일은 1년에 한 번만 돌아오기 때문이다. 오히려 우리는 7일마다 축하하는데, 이것은 하나님의 은혜가 항상 주어지기 때문이다.

나는 모든 안식일을 축제로 삼는다면, 매주 반복되는 축하는 틀에 박히고 무의미한 것이 되고 말 거라는 생각을 했던 적이 있다. 그러나 너무나 기쁘게도, 그렇지 않다는 것이 판명되었다. 대신에 각각의 안식일 축하는 그 자신만의 특별한 성격을 지니면서 매주 이어지는 축제는 연합과 연속성을 낳는다. 그 결과 안식일의 축하는 주중의 태도와 정신에 전이된다. 참으로, 우리가 앞에서 말했듯이, 한 주 전체의 성격이 안식일로부터 도출된다. 안식일 지키기의 영향은 모든 종류의 변화로 나타난다.

예를 들면, 안식일 지키기 때 깊어진 애정은 한 주 내내 계속되며, 심지어 특별한 애정 표현을 할 시간이 없는 바쁜 일과 중에서도 계속된다. (그렇다고 주중에 애정 표현을 할 시간을 갖지 못하는 사람들에게 핑계거리를 주려는 것은 아니다. 내가 말하려는 것은 안식일의 애정을 의식할 때, 극한 중압감이나 위기의 순간에도 서로를 지속적으로 돌볼 수 있는 힘을 준다는 것이다). 더욱이 우리 자신이 하나님께 사랑받고 있다는 의식은 우리가 상대방으로부터 사랑받고 있지 못할 때에도 계속해서 사랑하도록 동기를 부여한다.

안식일은 여러 방법으로 축제를 축하할 수 있는 기회를 제공한다. 그 가운데 가장 중요한 것은 예배 시간이다. 우리는 전체 예배를 위해 함께 모이면서 서로를 축하하지만, 특히 감사와 찬양으로 하나님의 선물을 축하한다. 성찬식에서, 우리는 그분이 오실 때까지 그분의 고난과 죽음을 기념한다. 그때에는 그분의 임재의 기쁨을 온전히 그리고 영원히 축하하리라. 우리가 읽는 성경의 교훈들은 하나님의 백성인 우리의 역사에서 일어난 사건들을 축하한다. 우리는 이스라엘 자녀들과 초대 그리스도인들의 삶에서 여호와께서 개입하신 이야기에 귀를 기울이며, 이러한 이야기는 우리로 하여금 우리 자신의 구속의 역사를 기억하게 해 준다. 우리는 하나님의 지혜에 따라 살기 위해 그분이 우리에게 주신 교훈에 주목하며, 일상의 삶을 위해 그분의 인도하심을 받는다. 선포된 약속들은 우리 속에 그 성취에 대한 강한 기대감과 우리를 향하신 하나님의 성실하심에 대한 감사를 불러일으킨다. 하나님이 자기 백성을 보살피시는 이야기를 들으면 축하할 수많은 이유들이 생기며, 따라서 모든 예배가 하나님의 구체적인 공급하심에 대한 특별한 축제가 된다.

안식일 준비에 관한 어떤 전통들은 매주의 안식일이 축제가 되게 한다. 어린 시절 내게 주일이 항상 특별했던 것은 우리 가족이 토요일 밤이면 늘 하는 일 때문이었다. 나의 경우에는 특별한 목욕을 하고, 머리를 손질하며, 아침에 입을 가장 좋은 옷을 준비해 두었다. 나는 모든 아이들이 거룩한 예배를 기대하는 이런 기쁨을 갖고 자랄 수 있었으면 좋겠다. 바로 우리 가정의 습관들이 내게 거룩함에 대한 의식을 심어 주었듯이 말이다.

축제는 전통과 창의성의 역설적인 결합을 포함한다. 안식일 전날에 집안을 청소하고 음식을 준비하며, 안식일이 시작될 때에 키두쉬 촛불을 켜고 예배하며, 특별한 음식을 즐기고, 끝날 때에 하브달라 촛불을 켜고 기도를 하는 우리의 안식일 관습들은 전통의 틀이 되었으며, 우리는 여기에 각자의 모든 창의성을 가미할 수 있다. 우리가 새로운 노래를 만들고, 새로운 악기를 연주하며, 새로운 향연의 메뉴를 계획하고, 새로운 기도를 하며, 새로운 활동을 계획하고, 새로운 애정 표현 방법을 발견하며, 하나님에 대해 새로운 개념들을 생각할 때, 각각의 안식일은 그것만의 독특한 축하가 된다. 그리고 이 모든 것은 하나님을 높이며 그분의 임재를 특별한 방법으로 경험하기 위한 것이다.

축제는 우리의 고조된 감각도 포함한다. 안식일 지키기의 한 부분으로, 우리는 새롭게 눈을 열어 하나님의 창조의 신비를 바라본다. 자연에서, 예술 작품에서, 그리고 사람들에게서. 우리는 새롭게 귀를 열어 하나님의 사랑과 은혜의 복된 소식을 듣는다. 말씀과 예배에서, 연주회와 새들의 노래에서, 흥겨운 웃음과 기쁨에서, 사랑하는 사람 곁에서 느끼는 숨결에서. 우리는 성찬의 떡과 포도주에서, 특별한 안식일 음식의 독특한 맛에서, 산책 중에 마시는 산뜻한 공기에서 하나님의 선하심을 맛본다. 우리는 예배의 향기에서, 꽃 향기에서, 타는 모닥불이나 촛불에서, 오븐에서 익고 있는 음식에서 안식일 평안의 달콤한 향기를 맡는다. 우리는 사랑하는 사람들의 포옹과 입맞춤에서, 우리가 읽는 친숙한 성경책에서, 친구들과 산책하며 대화할 때나 물결 일렁이는 호수에 뛰어들 때의 신체적인 편안함에서, 호숫가에 소풍 갔을 때의 달콤한 산들바람에서, 특별한 순간과 활동을 나누는 친밀함에서 하나님의 부드러움을 느낀다.

축제는 또한 기억과 기다림의 역설적인 결합도 포함한다. 이것은 특별히 성찬의 축제에서 볼 수 있는데, 성찬에서 우리는 "주님이 오실 때까지 그분의 죽으심을 기념/기억한다"(현재의 경험에서 과거와 미래가 놀랍게 결합한다!). 안식일은 여호와께서 창조에서 직접 본을 보이심으로써 안식일 지키기를 어떻게 명하셨으며, 이스라엘 백성이 그들의 역사에서 안식일을 어떻게 지켰으며, 예수님이 특히 긍휼히 여기시는 행동을 통해 어떻게 안식일을 지키고 존중하셨는지 의도적으로 기억하는 날이다. 더욱이 안식일을 지킨다는 것은 미래를 내다보는 것이기도 한데, 미래에 우리는 모든 일의 완전한 그침과 하나님의 목적이 완전이 성취되는 가운데서 이루어지는 궁극적인 쉼과 하나님이 주시는 최고의 선물들을 모두 받아들이는 것, 그리고 우리 주님 앞에서 열리는 영원한 향연을 마침내 알게 될 것이다.

안식일 지키기에는 또한 다음 축제를 내다보며 그럼으로써 주중에 일어나는 모든 일에서 우리와 하나님의 관계가 그 중심이 되게 하는 것도 포함된다. 하나의 절정(안식일)에서 다음 절정으로의 이동은 우리가 이 땅에서 전혀 쓸모없다고 생각할 정도로 하늘의 것에 지나치게 마음을 뺏기지 않으면서도 위에 있는 것들에 마음을 둘 수 있게 해 준다(골 3:1-4에서 촉구하듯이). 앞에서 강조했듯이, 안식일의 요점은 우리를 세상에서 거두어 가는 것이 아니다. 다만 우리에게 세상의 필요와 고통에 더 깊이 뛰어들 수 있도록 좀더 넓은 관점을 제공할 뿐이다.

예를 들면, 우리의 안식일 향연은 주린 자들에게 먹을 것을 주는 일과 억압받는 자들에게 경제적 여건을 조성해 주는 일에 더 많이 참여하라는 도전을 준다. 안식일 예배에서, 하나님이 평안을 주시는 목적을 선포하는 성경 본문에 귀를 기울일 때, 우리는 하나님이 임재하시는 평안을 경험하는데, 이러한 경험은 우리로 하여금 세계 평화에 이바지하는 일에 더 적극적으로 참여하게 만든다. 직장과 동네에서 화해의 사람이 되며, 세계 평화를 위해 일할 지역, 국가의 정치 후보자들에게 표를 던지고, 정의를 세움으로써 평화를 이루는 단체들을 후원함으로써 말이다. 우리의 안식일 축제는 다음 주간의 모든 일과 사건을 예배하는 마음으로 처리할 수 있는 희망과 힘과 능력을 준다. 무엇보다도 안식일 축하는 우리에게 그리스도의 부활로 인해 우리의 것이 된 기쁨을 깊이 느끼게 하며, 이 축제의 기쁨은 이어지는 엿새 동안 우리가 하는 모든 일에서 하나님께 영광을 돌릴 수 있게 해 준다.

　이것이 내가 안식일을 주일에 지키기를 선호하는 이유 가운데 하나이다. 주일의 안식일은 부활의 축제와 창조자가 쉬신 것을 본받기 위해 온전히 하루를 구별하는 전통을 결합하기 때문이다. 주일의 안식일은 나의 양쪽 전통－나의 유대적인 뿌리, 곧 이스라엘 백성 가운데서 나의 선조들의 믿음에 박혀 있는 나의 뿌리와 그리스도께서 이 땅에 계셨을 때 그분을 따랐던 신자들의 전통에 박혀 있는 나의 뿌리－를 결합한다. 이 두 유산 가운데 어느 한쪽도 잃고 싶지 않다. 내가 비록 주님의 부활과 관련있는 날을 주일로 지키기는 하지만, 안식일 지키기를 계속하는 것이 내게 특히 중요한 것도 바로 이 때문이다.

　나의 서재에는 그리스도께서 웃으시는 그림이 걸려 있다. 내가 이 그림을 좋아하는 이유는 이 그림이 내가 대체로 생각지 못하는 예수님의 일면을 보여 주기 때문이다. 대학원 시절, 책상 위에 걸려 있던 이 그림은 모든 것을 놀라운 시각에서 볼 수 있게 해 주었다. 인간의 잘난 체하는 모든 모습들이 그리스도의 눈에는 아주 우스운 것이리라.

　이 그림은 특히 나로 하여금 안식일 지키기의 본질을 파악할 수 있게 해 준다. 하나님은 분명히 안식일을 결코 지루한 의식이나 공허한 의례나 억압적인 규제나 정죄하는 율법주의의 날로 의도하지 않으셨다. 예수님은 사람들을 고치시는 좋은 시간을 가지셨을 것이며, 그분이 이러한 일을 하시면서 느끼신 바로 그 기쁨이 그분의 비판자들을 화나게 했을 것이다. 우리는 대개 예수님의 유머를 발견하지 못하지만, 그분이 하나님 나라를 묘사하기 위해 하신 많은 이야기들은 언제나 웃음을 자아낸다. 등불을 평상 아래 감추려다가 평상에서 연기가 나고 불이 붙으려는 광경을 상상해 보라(눅 8:16)! 예수님은 어린아이들을 어루만지시고 그들을 축복하시고 품에 안으실 때 어린아이들과 함께하는 시간을 틀림없이 맘껏 즐기셨다(막 10:13-16). 혹시 예수님이 어린아이들을 간지럽히지 않으셨는지 모르겠다. 예수님이 직접 본을 보여 주셨듯이 우리와 하나님의 관계, 따라서 그분의 백성들과의 관계는 큰 기쁨의 근원이 될 수 있다.

우리의 안식일 지키기는 신나는 대 모험이 되어야 한다. 어느 주일에 캘리포니아에 사는 나의 대녀代女와 그 가족을 방문했던 일이 특별히 기억난다. 다른 친구가 한 명 더 왔고, 우리는 풀장에서 오후를 보냈다. 나는 주중에는 건강을 위해서 정말 있는 힘을 다해 수영을 한다. 그러나 안식일 지키기에는 일을 그치는 것이 포함되며, 따라서 이 특별한 날에는 물에서 아이들과 노는 것 자체를 즐겼다. 아이들이 풀장에서 나온 후에, 친구와 나는 '상대를 고무 보트에서 떨어뜨리기'와 그 외 몇 가지 유치한 놀이를 하며 한참을 더 놀았다. 정말 몇 달 만에 처음으로, 그날 오후는 순전한 기쁨과 웃음으로 가득했다.

아이들이 특히 잘하는 것은 우리의 젊음을 유지해 주고 우리에게 노는 법을 가르쳐 준다는 것이다. 결과적으로, 우리가 안식일 축제의 온전한 의미를 배우기 위해서는 이들의 동역이 필요하다. "아이들과의 동역"이라는 글에서, 할 밀러Hal Miller는 우리는 주일학교의 일시적인 대안으로 아이들이 어른 친구들과 놀게 해 주어야 한다고까지 했다.[4] 이것은 어른들이 안식일의 쉼에 더 가까이 가게 해 줄 것이며 전체 기독교 공동체가 안식일 축하를 기뻐하는 능력도 키워 줄 것이다.

예수님은 어린아이와 같은 자들만이 하나님 나라에 들어갈 수 있다고 말씀하셨다. 어린아이들이 사회에서 가장 중요하지 않은 존재들이라는데서부터(겸손의 필요성을 암시하면서) 어린아이와 같은 신뢰나 필요에 이르기까지(은혜를 기쁘게 받아들이는 것을 암시하면서), 그분의 말씀에 대해 여러 가지 신학적 해석들이 있다. 그러나 우리는 또한 그분의 말씀을 '노는 자들만이…'라고 해석할 수도 있을 것이다. 애런 코플랜드의 발레 음악인 "애팔래치아의 봄"의 가사가 생각난다. 이 발레에는 "단순한 건 선물이야, 자유로운 건 선물이야"라는 민요가 나오며, 이 발레의 이야기는 신혼 부부의 역경과 가난이 춤과 놀이의 단순한 즐거움으로 어떻게 완화되는지를 보여 준다.

우리는 주중의 대부분을 우리가 해야 할 일, 우리에게 기대되는 일을 한다. 반면에 안식일 지키기는 우리를 자유롭게 하여 모든 것에서 기쁨을 누리고 자발성을 발휘하게 한다. 우리가 **해야 하는** 일이 전혀 없기 때문에, 갑자기 자유롭게 되어 초대에 응하며, 동화를 읽고, 아이처럼 되며, 주변 모든 곳에 숨겨진 하나님의 임재를 발견할 수 있다. 안식일 지키기는 축제의 흥겨움을 누리며 놀고, 우리의 손님과 활동을 즐기며 예배의 기회를 맛보고 하나님의 영원한 임재를 축하하라고 우리를 초대한다. 우리는 우리 존재의 모든 면에서 ―육체적, 지적, 사회적, 정서적, 영적인 면에서― 향연을 열며, 음악과 아름다움과 음식과 애정이 있는 향연을 연다. 우리의 몸과 마음과 영혼과 정신은 하나님이 우리 가운데 계심을 다른 사람들과 함께 축하한다.

28. 안식일의 그침, 쉼, 받아들임, 향연

안식일을 지킨다는 것은 그날을 소중히 여기며, 그날을 우주의 왕과 조화를 이루는 우리 날들의 여왕으로 높인다는 뜻이다. 안식일을 지키는 습관을 기르기 위해서는 어느 정도 의지가 필요하다. 그러나 안식일 지키기는 궁극적으로 우리를 모든 율법주의에서 자유케 한다. 안식일 지키기의 질서는 우리를 자유케 하여 우리로 창의적이게 한다. 안식일 지키기의 그침은 우리가 쉴 수 있게 한다. 안식일 지키기의 향연은 우리가 새롭게 받아들일 수 있게 한다.

    기독교 신앙의 모든 큰 요소들이 우리의 안식일 지키기에서 강조된다. 안식일 지키기의 그침은 우리가 하나님을 신뢰하지 못하고 스스로 자신의 미래를 창조하려고 한 여러 가지 방법을 뉘우치는 회개의 깊이를 더한다. 안식일 지키기의 쉼은 하나님의 완전한 은혜에 대한 우리의 믿음을 강하게 해준다. 안식일 지키기의 받아들임은 우리로 하여금 우리의 믿음의 진리를 취하여 우리의 가치관과 삶 방식에 실제적으로 적용하도록 우리를 초대한다. 안식일의 향연은 우리의 종말론적 소망 의식을 고취시킨다. 하나님의 사랑을 현재에 경험하는 기쁨을 누리며 오는 기쁨을 미리 맛볼 수 있게 한다.

유대인들까지도 안식일 지키기는 새롭게 발견될 필요가 있는 놀라운 전통이라는 것을 인식하고 있다. 격월로 발행되는 유대인의 정치, 문화, 사회 비평지인 「틱쿤」의 편집자는 이렇게 말한다.

유대교의 가장 놀랍고도 지혜로운 전통-안식일, 쉼의 날-을 배우기 위해 유대인이 될 필요는 없다.

그러나 대부분의 유대인은 이 안식일 준수에 심리적, 영적으로 세밀한 부분이 포함되어 있음을 알지 못한다. 가장 큰 이유는 이들이 이것을 결코 시도해 본 적이 없기 때문이다[그런 후에 편집자는 안식일의 잘못된 이미지들을 묘사한다]….

그러나 유대인이 다른 사람의 영적이거나 종교적인 행위에서 안식일을 발견하게 된다면, 우리는 안식일이 매우 흥미롭고 설득력 있다는 걸 알게 될 것이다.

많은 의식 준수의 기초가 되는 개념은 인간이 일주일의 엿새 동안 세상을 만들고, 꾸미고, 바꾸는 일에 참여한다는 것이다. 그래서 우리는 세상과의 관계를 바꾸기 위해-세상에 따라 행동하기를 삼가고[그침] 대신에 뒤로 물러나 창조의 위엄과 신비를 축하하기 위해-일정한 시간, 즉 24시간을 갖는다.

안식일의 의식은 만들고, 행하고, 물질적 존재를 바꾸는 일반적인 태도에서 우리를 단절시키고 시간의 영역에 연결시키기 위한 것이다[쉼]. 세상에 방해받지 않으면서 세상을 경험하는 것은 변화를 낳고 자유케 하는 경험이다. 그러나 이것은 얻고 소비하고 만드는 것으로 채워진 날 속에서는 성취할 수 없다. 바로 이 자리에 의식이 들어온다. 깊은 묵상 과정으로 이끄는 안내자들처럼, 의식은 이 경험에 가장 효과적으로 '들어가는' 방법에 관해 오랜 세대에 걸쳐 축적된 지혜다.…우리가 이러한 경험 ['세상의 요구들로부터 분리되는 완전한 24시간'의 '옛 공식']에 잠길 때, 대부분의 정치적 공동체에서는 심히 결핍되어 있는 영혼의 신선함이 우리에게 주어진다[받아들임]. 그러나 동방에서 유입된 다양한 영적 길과는 달리, 안식일은 고립된 개인이 아니라 공동체적으로 축하하며[향연], 그 초점은 정치적이어서 개개인을 안식일에서 이끌어 내어 세상을 바꾸는 싸움터로 돌아가게 한다.[1]

이제 이 논의를 끝내고 그침, 쉼, 받아들임, 향연의 신학을 우리 자신의 영적 훈련과 주간 생활에 적용하는 문제를 다루고자 하는 이 시점에서 몇 가지 실제적인 제안이 도움이 될 것이다.

첫째, 당신이 안식일을 지키고 싶다고 **결정하는** 것이 기본적으로 중요하다. 당신은 자신의 관습을 만들어 나가면서 특정한 행위들을 추가하고, 수정하며, 제거할 수도 있다. 그러나 중요한 출발점은 그날에 대해 확고한 태도를 갖는 것이다. 다시 말해 그침과 쉼과 받아들임과 향연을 위해 안식일을 구별하는 것이다. (그러나 이것은 하나의 이상이라는 것을 잊지 말라. 즉 우리의 환경은 때때로 우리가 자신의 비전을 행할 수 없도록 막는다. 더욱이 앞에서 말했듯이, 우리는 안식일 지키기가 율법이 되게 해서는 안 된다. 우리가 그날을 확실히 구분하는 것은 우리가 성가신 의무를 이행해야 하기 때문이 아니라 하나님의 은혜에 반응하여 그날을 지키기로 자유롭게 선택했기 때문이다!)

몇 년 전 여름에 나는 아이오와의 오코보지에서 열린 루터교 성경 캠프에서 캠프 스탭들을 훈련시키고 있었다. 그 주에 날마다 성경 공부를 인도했고, 루터교 교리와 목회에 대해 강연을 했으며, 스탭들을 많이 상담했고, 주일 아침 설교까지 했다. 예배 후에 아침 겸 점심을 먹으며 쉬고 있는데, 오후에 고등학생 상담자들을 위한 강의를 해 달라는 요청을 받았다. 숨이 꽉 막혔다. 이것은 내 일정에 없던 것이었으며, 아무런 준비도 되어 있지 않았다.

나는 정말 힘든 선택에 직면했다. 내가 그 강의에 대해 알고 있었다면 토요일에 미리 준비할 수 있었을 것이다. 내가 전날 준비—계획과 연구—를 했을 경우에는 그런 강의(혹은 성경 공부 인도나 주일 아침 설교)를 하는 것은 일도 아니었다. 나는 강연하는 것을 상당히 즐기며 대체로 강연 중에 하나님의 임재에 빠져드는 것을 느낀다. 그래서 안식일에 강연할 기회가 주어지면 언제나 감사한다.

계획에 없던 강의가 문제가 된 것은 고등학생 상담자들에게 용기를 주는 것이 내게는 중요했기 때문이었다. 그 주에 나는 그들에게 특별히 헌신하는 시간을 전혀 갖지 않았다. 그러기에 그들로 하여금 자신들의 일이 중요하지 않다고 생각하게 하고 싶지 않았다. 다른 한편으로, 남은 시간 동안 강연을 준비한다면 안식일에 일을 금하는 나 자신의 법을 어기는 것이었다. 프로그램 운영자는 이렇게 물었다. "그냥 몇 가지 추려서 준비해 주시면 안 되나요?" 그럴 수는 없었다. 아니 그렇게 하고 싶지 않았다. 비록 잠시 동안이라 하더라도 무엇인가를 계획하는 것은 일이 될 것이기 때문이었다.

그 상황을 놓고 기도하는 중에 좋은 생각이 떠올랐다. 내가 안식일에 일하지 않는 나 자신의 습관을 깨려는 유혹을 받았던 이유는 상담자로 섬기고 있는 고등학생들에 대한 깊은 관심 때문이었다. 그들과 만나서 내가 그들을 위한 강의를 준비하지 않은 이유를 말함으로써 그들을 가장 사랑할 수 있으리라. 이렇게 해서 나는 다른 사람들에게 안식일 지키기에 관해 말해 줌으로써 안식일을 더욱 존중할 수 있으리라.

    그날 오후는 나의 신앙 경험에서 기억에 남을 만한 순간이었다. 하나님은 안식일을 지키려는 나의 바람에 충실하면서도 청소년들에게 내가 그들에게 관심이 있으며 그들의 일을 돕기를 원한다는 것을 보여 주면서 그 상황을 해결할 방법을 나에게 분명히 가르쳐 주셨다. 고등학생 상담자들과 꽤 긴 시간 함께했다. 그들에게 왜 잠시 동안이라도 그들을 위해 할 이야기를 준비하지 않았는지 말하고, 그럼으로써 그들에게 안식일 지키기의 온전한 개념을 소개했다. 그 강의를 통해 그들도 안식일 지키는 습관을 즐길 것을 촉구함으로써 그들에 대한 나의 애정을 표현할 기회를 가졌다. 내가 사랑하는 사람들에게 줄 수 있는 가장 좋은 것은 일과 염려를 그치고, 하나님의 은혜 안에서 편안히 쉬며, 기독교 공동체의 가치를 받아들이고, 육체적으로, 정서적으로, 지적으로, 사회적으로, 영적으로 향연을 가지라는 초대이다.

    당신이 안식일을 지키겠다고 결심하는 것이 가장 중요한 출발점이다. 그리고 설령 그 결정을 깨고 싶은 유혹을 받는다 하더라도 그 결정을 충실하게 유지한다면 복된 수확을 거두게 될 것이다. 1년간 힘들게 준비를 마친 후 나는 종합 시험이 시작되기 전날 공부를 하지 않기로 결정했다. 그날이 안식일이었기 때문이다. 그러나 그 시험에 대해 다른 방법으로는 알지 못했을 훨씬 더 큰 평안의 선물을 받았다. 마지막으로 머릿속에 쑤셔 넣는 대신에 예배하고, 염려를 그치며, 낮잠으로 쉬고, 동화를 읽음으로 하나님의 선하심을 받아들이며, 음악과 그날의 아름다움으로 향연을 여는 멋진 하루를 즐겼다.

그날을 구별하기 위해서는 시작과 끝을 엄밀하고 신중하게 설정하는 것이 중요하다. 일몰 때에 안식일을 시작하고 끝내는 유대인의 적절한 전통을 따를 수도 있을 것이다. 우리는 다른 사람들에게 안식일 지키는 방법을 강요할 수는 없지만, 그침과 쉼과 받아들임과 향연의 날이 시작되는 시점과 다시 평일(일하는 날)로 돌아가는 시점을 명확하게 규정해야 한다.

안식일 지키기의 가장 중요한 부분 가운데 하나는 예배 공동체에 참여하는 것이다. 우리는 혼자서 안식일을 지킬 수 없다. 오히려 우리가 온전히 안식일을 높이는 데 참여하도록 다른 사람들을 초대할 때, 그들은 우리의 활동 속에서 함께 교제할 뿐만 아니라 우리의 의도를 지지해 줄 수 있다. 더욱이 나의 몇몇 안식일 행위들을 설명할 때마다 이것이 듣는 사람들에게 선물이 되는 것을 보는데, 이때 이들은 안식일 지키기에 대한 자신의 습관―또는 안식일의 부재―을 깊이 생각해 보기 때문이다.

대학에 다닐 때 신뢰했던 나의 멘토이자 가까운 친구인 톰은 나의 안식일 지키기가 주는 가장 큰 유익 가운데 하나를 깨닫도록 도와주었다. 몇 년 전 나는 매우 낙담해서 톰에게 상담을 요청했다. 그

때 나는 하나님이 매우 멀리 계시는 것처럼 느껴지며, 나 자신의 영성이 약한 것이 부끄럽고, 지금처럼 낙담한 상태에서는 가르침과 글쓰기를 통해 하나님을 제대로 섬길 수 없을 것 같다고 그에게 말했다.

톰은 내 자신을 너무 가혹하게 대하지 말라고 하면서 그는 나와 하나님의 관계가, 비록 내가 그렇게 **느끼지** 않는다 하더라도, 정상이라는 증거를 보고 있다고 했다. 내가 구체적으로 묻자, 그는 "너는 안식일을 지키잖아!"라고 대답했다. 바로 이 훈련이 비록 내가 그리스도의 임재를 전혀 느끼지 못하더라도 그리스도 안에 계속 거하게 한 것이다.

우리는 자신의 믿음을 자신의 느낌에 따라 평가할 때가 너무나 많다. 이것은 싱크대가 망가지고, 아이들이 징징거리며, 내야 할 고지서들이 쌓이고, 남편이나 아내가 실직한 상황에서, 배우자가 서로를 얼마나 로맨틱하게 느끼느냐에 따라 결혼 생활을 평가하는 것과 같다. 사실 하나님은 언제나 은혜로우시다. 우리는 그 사랑을 분명하게 경험하고 있지 못할 때라도 우리를 향한 그분의 사랑을 항상 기대할 수 있다. 더욱이 우리의 믿음은 그분의 선물이며, 이 믿음은 우리의 영적 훈련을 통해 성장한다. 그러나 이것 역시 그분의 은혜로 가능하다.

나는 이 책에서 **습관**이라는 단어를 긍정적인 의미로 사용했다. 좋은 영적 습관들이 주는 큰 유익은 긍정적이며 주관적인 느낌이 없을 때라도 하나님의 말씀을 읽고, 기도의 시간을 가지며, 예배하고, 안식일을 지킴으로써 하나님의 임재를 객관적으로 연습할 수 있게 해준다는 것이다.

아주 어릴 때부터 정기적으로 예배하고 십일조를 하는 습관을 길러주신 부모님께 나는 매우 감사한다. 그 결과, 주일 아침에 예배 드리러 가고 싶은 기분인지 어떤지를 자신에게 물어 보거나, 월초에 하나님께 수입의 일정 부분을 드리고 싶은 기분인지 물어볼 필요가 전혀 없다. 기분은 전혀 상관이 없기에, 선택을 하려고 시간을 낭비할 필요가 없다. 그냥 습관이 되어 버렸기 때문이다. 습관은 긍정적으로, 건설적으로 나를 자유케 하여, 어른이 되어 확고히 나의 것이 된 '어린 시절'의 가치에 따라 살게 한다. 나는 당연시되는 습관들을 무조건 옹호하자는 게 아니다. 우리가 특정한 가치들을 받아들일 때, 긍정적으로 형성된 습관은 우리로 하여금 좀더 쉽고도 일관되게 그 습관에 따라 살 수 있게 해 준다는 것이다.

안식일 지키기의 습관에는 하나님이 분명 여기 계시지 않은 듯한 상황 가운데서도 그분을 부르는 것이 포함된다. 순종 가운데서, 우리는 하나님이 언제나 임재하시며, 그분이 특별히 임재하시는 장소 가운데 하나가 그분이 직접 거룩하게 하신 날이라는 것을 배운다. 여기에 대해 글을 쓰고 있는 지금까지도 이것을 완전히 이해했다고 생각하지는 않는다. 이것이 하나님이 안식일을 지키라고 명령하신 이유 가운데 하나임이 분명하다. 우리는 안식일을 지키는 가운데 그분이 안 계시는 것 같은 영혼의 어두운 밤에도 항상 그분의 임재를 알 것이기 때문이다.

앞의 단락들을 쓰면서 안식일을 충실히 지키는 데 더욱 열심을 내야겠다는 생각이 들었다. 며칠 후에는 신학 회의에 참석할 텐데 거기서는 주일 아침마다 분과회의가 열린다. 그러나 얼마 전까지만 해도 분과회의 가운데 하나에 참석할지 아니면 걸어서 갈 수 있는 가까운 교회를 찾아볼지 결정하지 못했었다. 하지만 이제는 어떤 결정을 내려야 할지 분명해졌다. 내가 나의 안식일 지키기에 대해 알고 있는 것에 충실하려면 깨달아야 할 게 있었다. 그것은 내가 예배를 건너뛰면, 그날이 나머지 엿새와 같아지며 거룩한 날로서의 구별됨을 잃어버린다는 것이다.[2]

기독교 공동체에서, 우리의 믿음과 믿음의 행위가 성장하기 위해서는 서로가 필요하다. 이 책의 내용이 안식일을 지키려고 하는 당신의 의도적인 노력과 그날을 거룩하게 지키는 방법에 도움이 되었다면, 이 책을 쓰는 영광을 허락하신 하나님께 감사한다. 당신이 나에게 제안하거나 비판할 것이 있다면, 내게 연락을 주면 정말 고맙겠다. 나의 신학적 오류들을 바로잡고 나 자신의 안식일 행위들의 깊이를 더하고 싶기 때문이다.

안식일 지키기를 추구하면서 함께 성장하자. 이 책은 신학적 연구와 기억들과 관습들로 가득하다. 그러나 안식일을 반기며 존중하기로 의도적으로 선택하는 것 외에는 안식일의 신비와 그날에 주어지는 하나님의 영원한 임재의 평안을 알 길이 없다. 우리는 유대인의 안식일을 시작하는 저녁 예배에 대한 아브라함 헤셸의 묘사에서 이것을 어렴풋이나마 파악할 수 있다.

[예루살렘의 구속에 관한 찬송의] 마지막 절에서 회중은 보이지 않는 손님을 맞는 표시로 일어나 서쪽으로 몸을 돌린다. 이들은 모두 머리를

숙여 인사한다.

평안으로 오소서 하나님의 면류관이여
기쁨과 흥겨움으로 오소서
신실하며 귀중한 백성들 가운데로…
오라, 내 사랑, 신부를 맞아라.

안식일은 부드럽게 어루만지듯이 와서 두려움과 슬픔과 어두운 기억들을 씻어 낸다. 이미 밤이 되었으니 기쁨이 시작되고, 아름답게 하는 영혼의 풍성함이 우리의 유한한 육체를 찾아와 거기 머문다.
우리는 어떻게 감사하고 어떻게 말해야 할지 모른다.

지혜로 하늘의 문을 여시며…
시간을 바꾸시며…
빛이 오기 전의 어둠을 몰아내시며…
낮과 밤을 구별하시도다.

그러나 세상의 놀라운 것보다 더 큰 것이 있다. 그것은 영이다. 우리는 그분의 세상에서 그분의 지혜를 보며, 그분의 영에서 그분의 사랑을 본다.

영원한 사랑으로 이스라엘의 집을 사랑하셨도다.
토라, 미츠보트, 율법, 그리고 심판을 우리에게 가르치셨도다.

당신의 사랑을 결코 우리에게서 거두지 마소서.

그런 다음 우리는 다시 하나님의 사랑에 보답하는 법을 배우라고 촉구하는 모세의 말을 듣는다.

너는 마음을 다하고 성품을 다하고 힘을 다하여
네 하나님 여호와를 사랑하라···.

그런 다음 우리는 하나님의 말씀을 읽는다.

여호와의 모든 계명을 기억하여 행하며,
    너희를 잘못 인도하는 너희 마음과 눈의 욕구를 따르지 말라.
나는 너희 하나님이 되려고 너희를 애굽 땅에서 인도하여 낸
    여호와 너희 하나님이라. 나는 여호와 너희 하나님이라.

그리고 우리는 이렇게 화답한다.

이 모든 것이 진실되며 확실하나이다.
그분은 여호와 우리 하나님이시니,
    우리 이스라엘은 그분의 백성이니이다.

우리가 그분의 주권을 이해하고, 그분의 나라에서 살 온전한 영혼만 있다면···그러나 우리의 마음은 약하고, 우리의 영혼은 나뉘었다.

당신의 평안의 쉼터를 우리 위에 펴시며

우리를 당신의 선하신 모사로 바르게 인도하소서…

당신의 이름을 위하여 우리를 구원하소서.[3]

내가 마지막 절을 특히 좋아하는 것은 이것이 신약성경에서 성취되었기 때문이다. 예수 그리스도의 몸으로, 하나님은 우리 가운데 거하시는 말씀으로서 우리 위에 평안의 피난처를 펴셨으며(요 1:14), 우리는 믿음으로 그분이 우리 가운데 영원히 거하실 마지막 때를 고대한다(계 21:3). 한편, 하나님은 성령의 선물을 통해 우리를 권고하고 인도하신다. 그분의 크신 사랑으로 하나님은 우리에게 구원자를 보내셨으며, 우리를 그분에게서 떼어 놓으려는 모든 것으로부터 날마다 우리를 계속해서 구원하신다. 우리는 안식일의 축제에서 이 모든 선물을 축하하며 더 깊이 안다. 우리는 안식일을 높이는 가운데, 하나님의 주권을 이해하고 하나님의 나라에서 더욱 궁극적으로 살기 시작한다.

안식일이 마침내 성취될 때, 우리의 나뉨과 연약함은 영원히 **그칠** 것이다. 우리는 하나님의 은혜와 사랑 안에 영원히 **쉴** 것이다. 우리는 그분의 나라와 주권을 궁극적으로, 완전하게 **받아들일** 것이다. 우리는 그분의 임재 가운데 끝없는 **향연**을 누릴 것이다.

부록
안식일의 시작과 끝을 위한 몇 가지 의식들

안식일이 시작될 때(토요일 저녁) 두 개의 촛불을 켜라(출애굽기의 안식일 계명이 '기억하라'라고 말하며 신명기는 '지키라'고 말하기 때문이다). 촛불을 켜면서 "여호와 우리 하나님, 우주의 왕이시여, 당신의 계명으로 우리를 거룩하게 하셨으며, 우리에게 안식일의 촛불을 밝히라고 명하신 당신을 송축하나이다"라고 말하라.

그런 다음 천사들에게 "섬김의 천사들이여, 지극히 높은 자의 사자들이여, 그대들에게 평안이 있으리라"와 같은 인사를 하라(천사상이 있다면 촛불 곁에 두어라). 인사는 하나님께 드리는 기도—이것은 천사들의 보호에 대한 감사, 천사들처럼 우리도 기쁨으로 하나님을 섬길 수 있게 해 달라는 간구—로 확대될 수 있다.

그런 다음 성령이 인도하는 대로 안식일 기도를 계속할 수도 있다. 특히 다음과 같은 기도를 드리는 것이 유익하다.

- 교회를 위해서
- 목회자와 찬양대와 예배를 돕는 모든 사람을 위해서
- 예배와 당신의 예배 참여를 위해서
- 예배 드리는 전 세계의 모든 그리스도인들을 위해서

- 전 세계 교회의 일치를 위해서

  당신은 자신의 안식일 활동을 위해서도 기도할 수 있다. 그 활동들이 쉼을 주며, 당신이 모든 일과 염려와 근심과 생산과 하나님이 되려는 필요와 자신의 미래를 스스로 창조하려는 노력 등을 그칠 수 있게 해 달라고 기도할 수 있다. 또한 당신의 안식일이 사람들과 기독교 공동체의 가치를 받아들이고, 향연과 친밀함을 나누며, 웃음과 기쁨으로 가득한 시간이 되게 해 달라는 기도도 드릴 수 있다.

  안식일 맞기를 다음과 같은 말로 끝내라. "여호와 우리 하나님, 우주의 왕이시여, 당신의 계명으로 우리를 거룩하게 하셨으며, 우리에게 안식일의 촛불을 밝히라고 명하신 당신을 송축하나이다."

  (이것은 키두쉬라 불리는 의식인데, 그날을 성별하거나 구별한다는 뜻이다. 이 의식은 안식일이 그침과 쉼과 받아들임과 향연의 시간이 될 수 있도록 우리의 모든 일을 제쳐 두는 결정적인 시간을 표시한다.)

  안식일을 끝낼 때는(주일 저녁) 천사들에게 인사하는 것은 물론이고 촛불을 켜면서 기도하는 것으로 시작하라. 하브달라, 즉 작별의 기도에는 특별한 날―예배, 관계, 즐거운 활동, 특별한 음식, 그 밖에 당신이 그날에 즐긴 모든 것―을 선물로 주신 하나님께 대한 감사도 포함된다. 기도는 다음 안식일이 오기를 간절히 바라는 마음과, 그리스도께서 오셔서 우리를 완전한 안식으로 인도하실 날에 대한 갈망의 표현으로 끝난다. 이 의식은 안식일을 맞는 의식과 마찬가지로 다음과 같은 말로 끝난다. "여호와 우리 하나님, 우주의 왕이시여, 당신의 계명으로 우리를 거룩하게 하셨으며, 우리에게 안식일의 촛불을 밝히라고 명하신 당신을 송축하나이다."

이것들은 단지 제안일 뿐이다! 당신은 가족을 위해 안식일 축하를 의미 있게 하기 위해 어떤 것이든 선택할 수 있다. 하나님을 찬양하고 그분의 은혜를 신뢰하기 위해서.

참고 문헌

Bacchiocci, Samuele. *Divine Rest for Human Restlessness: A Theological Study of the Good News of the Sabbath for Today*. Rome: Pontifical Gregorian University Press, 1980.

Baillie, John. *A Diary of Private Prayer*. New York: Charles Scribner's Sons, 1949.

Barrett, Lois. *The Way God Fights: War and Peace in the Old Testament*. Scottdale, Penn.: Herald Press, 1987.

Beechy, Leonard. "Three Levels of Prayer." *Gospel Herald*, 20 Nov. 1984, pp. 805-806.

Berg, Philip S. *Kabbalah for the Layman: A Guide to Cosmic Consciousness, An Opening to the Portals of Jewish Mysticism*. The Old City Jerusalem: Press of the Research Centre of Kabbalah, 1981.

Berkovitz, Eliezer. *Not in Heaven: the Nature and Function of Halakha*. NewYork: Ktav, 1983.

Boyer, Ernest, Jr. *A Way in the World: Family Life as Spiritual Discipline*. SanFrancisco: Harper & Row, 1984.

Cazelles, Henri. *Études sur le Code de l'Alliance*. Paris: Letouzey et Ané, 1946.

Childs, Brevard S. *The Book of Exodus: A Critical, Theological Commentary*. Philadephia: Westminster Press, 1974.

Dawn, Marva J. *I'm Lonely, LORD—How Long? the Psalms for Today*. SanFrancisco: Harper & Row, 1983. 『마르바 던의 위로』(이레서원).

Day, Dorothy. *The Long Loneliness: An Autobiography*. San Francisco:

Harper & Row, 1981. 『고백』(복있는사람).

Downey, Michael. *A Blessed Weakness: The Spirit of Jean Vanier and l'Arche*. San Francisco: Harper & Row, 1986.

Edwards, Tilden. *Sabbath Time: Understanding and Practice for Contemporary Christians*. New York: Seabury Press, 1982.

Ellul, Jacques. *The Ethics of Freedom*. Trans. and ed. Geoffrey W. Bromiley. Grand Rapids: William B. Eerdmans, 1976. 『자유의 윤리』(대장간).

──. *The Humiliation of the Word*. Trans. Joyce Main Hanks. Grand Rapids: William B. Eerdmans, 1985. 『굴욕당한 말』(대장간).

──. *Money and Power*. Trans. LaVonne Neff. Downers Grove, Ill.: InterVarsity Press, 1984. 『하나님이냐 돈이냐』(대장간).

──. *The Technological Society*. Trans. John Wilkinson. New York: Vintage Books, 1964.

──. *The Technological System*. Trans. Joachim Neugroshel. New York: Continuum, 1980. 『기술 체계』(대장간).

Engel, Diana R. *The Hebrew Concept of Time and the Effect on the Development of the Sabbath*. Washington, D. C.: American University Press, 1976.

Foster, Richard J. *The Celebration of Discipline: Paths to Spiritual Growth*. San Francisco: Harper & Row, 1978. 『리처드 포스터 영적 훈련과 성장』(생명의말씀사).

Grade, Chaim. *My Mother's Sabbath Days: A memoir*. Trans. Channa Kleinerman Goldstein and Inna Hecker Grade. New York: Alfred A. Knopf, 1986.

Heschel, Abraham Joshua. *The Sabbath: Its Meaning for Modern Man*. NewYork: Farrar, Straus & Giroux, 1951. 『안식』(복있는사람).

Huggett, Joyce. *Dating, Sex, and Friendship*. Downers Grove, Ill.: InterVarsity press, 1985. 『데이트와 사랑의 미학』(한국 IVP).

Hunter, W. Bingham. *The God Who Hears*. Downers Grove, Ill.: InterVarsity press, 1986.

Jacobson, B. S. *The Sabbath Service: An Exposition and Analysis of Its Structure, Contents, Language, and Ideas.* Trans. Leonard Oschry. TelAviv: "Sinai" Publishing, 5741/1981.

Jewett, Paul. *Man as Male and Female: A Study in Sexual Relationships from a Theological Point of View.* Grand Rapids: William B. Eerdmans, 1975.

Luther, Martin. "Treatise on Good Works." Trans. W. A. Lambert. Rev. James Atkinson. Vol. 44 of *Luther's Works.* Gen. ed. Helmut T. Lehmann. Philadelphia: Fortress Press, 1966, pp. 15-144.

McClain, Carla. "Human 'Clock' Orders Day Off." *Idaho Statesman.*

Mains, David, and Karen Burton Mains. *The God Hunt: A Discovery Book for Men and Women* (Elgin, Ill.: David C. Cook, 1984).

———. "The Sacred Rhythm of Work and Play." *Moody Monthly*, June 1985, pp. 18-21.

Mains, Karen Burton. *Making Sunday Special.* Waco, Tex.: Word Books, 1987.

Miller, Calvin. *The Table of Inwardness.* Downers Grove, Ill.: InterVarsity Press, 1984.

Miller, Hal. "Partnership with Children." *Voices in The Wilderness* 2 (July/ Aug. 1987): 6-7.

Millgram, Abraham. E. *Sabbath: The Day of Delight.* Philadelphia: Jewish Publication Society of America, 5725/1965.

Neusner, Jacob. *Invitation to the Talmud: A Teaching Book.* Rev. ed. SanFrancisco: Harper & Row, 1984.

North, Robert. "The Derivation of Sabbath." *Biblica* 36(1955): 182-201.

Peterson, Eugene H. "Confessions of a Former Sabbath Breaker." *Christianity Today*, 2 Sept. 1988, pp. 25-28.

———. "The Pastor's Sabbath." *Leadership*, Spring 1985, pp. 52-58.

"Sabbaticals Spread from Campus to Business." *U. S. News and World Report*, 25 Jan. 1985. pp. 79-80.

Shenk, Sara Wenger. *Why Not Celebrate!* Intercourse, Penn.: Good Books,

1987.

Sine, Tom. *The Mustard Seed Conspiracy*. Waco, Tex.: Word books, 1981.

Singer, S. *Sabbath and Holiday Prayer Book*. English trans. New York: Hebrew Publishing, 1926.

Smith, Jeff. *The Frugal Gourmet*. New York: Morrow, 1984.

———. *The Frugal Gourmet Cooks with Wine*. New York: Morrow, 1986.

Stuckey, Charles F., ed. *Monet: A Retrospective*. New York: Park Lane, 1985.

Swartley, Willard M. *Slavery, Sabbath, War, and Women*. Scottdale, Penn.: Herald Press, 1983.

Talisman, Mark. "The Precious Legacy." New Orleans Museum of Art's *Arts Quarterly* 7 (Jan.–Mar. 1985): 4-9.

"Try Shabbas"(editorial). *Tikkun* 3 (Jan./Feb. 1988): 12-13.

Tsevat, Matitiahu. "The Basic Meaning of the Biblical Sabbath." In *The Meaning of the Book of Job and Other Biblical Studies: Essays on the Literature and Religion of the Hebrew Bible*. New York: Ktav, 1980, pp. 39-52.

Wolin, Sheldon S. *Politics and Vision*. Boston: Little, Brown, 1960.

Wolterstorff, Nicholas. *Until Justice and Peace Embrace*. Grand Rapids: William B. Eerdmans, 1983.『정의와 평화가 입맞출 때까지』(한국 IVP).

Zborowski, Mark, and Elizabeth Herzog. *Life Is with People*. New York: Schocken Books, 1952.

주

서문

1. Willard M. Swartley, *Slavery, Sabbath, War, and Women*(Scottdale, Penn.: Herald Press, 1983)에서 특히 pp. 65-69에, 이 문제에 대한 탁월한 개관이 제시되어 있다. 이 책은 윤리적 문제들을 다룰 때 성경을 사용하는 방법을 배우기에 아주 적합한 책이다.
2. Miller, *The Table of Inwardness*(Downers Grove, Ill.: InterVarsity Press, 1984), pp. 35-36.
3. Day, *The Long Loneliness: An Autobiography*(San Francisco: Harper & Row, 1981), p. 222에서 인용. 『고백』(복있는사람).
4. Foster, *The Celebration of Discipline: Paths to Spiritual Growth* (San-Francisco: Harper & Row, 1978). 『리처드 포스터 영적 훈련과 성장』(생명의말씀사).
5. Edwards. *Sabbath Time: Understanding and Practice for Contemporary Christians*(New York: Seabury Press, 1982).
6. Mains, *Making Sunday Special*(Waco, Tex.: Word Books, 1987).

1부 그침

1. 영어 번역에서는 히브리어 '야훼'[*Yahweh*, 때로는 '여호와(Jehovah)라고 표현된다]를 대문자 LORD로 옮긴다. 유대인은 하나님의 이름을 더럽히지 않으려고 이 단어를 절대로 발음하지 않았기 때문에, 우리로서는 발음을 추측할 수밖에 없다. 모세는 자신을 이스라엘 백성과 바로에게 보내시는 분이 누구냐고 물었다. '여호와'는 이때 하나님이 떨기나무 불꽃 가운데서 모세에게 자신을 소개하시면서 말씀하신 이름으로서, 대체로 "스스로 있는 자"(I AM)로 번역된다

(출 3:13-15). 여호와라는 이름은 히브리 성경에 6,823회 사용되었다[이와 비교해서 '엘로힘'(*Elohim*)이라는 이름은 2,570회 사용되었다]. '여호와'라는 이름은 언약을 성실히 지키시는 이스라엘의 하나님, 자신의 백성을 구원하시기 위해 역사에 개입하시는 하나님을 강조한다. 요한복음에서 "나는…이다"(I AM)라는 표현이 빈번하게 사용되는데(예를 들면, 요 13:19과 8:58을 보라), 여기서 예수님은 자신이 언약의 하나님, 히브리 민족의 여호와의 신성을 지녔다고 주장하신다.

1. 일을 그침

1. 우리 사회가 **습관**이라는 단어를 대개는 나쁜 습관이라는 의미로만 생각하는 게 안타깝다. 이 책에서는 우리로 하여금, 특히 우리가 하나님과의 관계에서 주관적으로 좋은 느낌을 가질 수 없을 때, 하나님의 객관적인 임재를 더 분명히 인식하게 해 주는 영적 훈련을 계발하는 것의 가치를 강조하기 위해서 습관이라는 단어를 매우 긍정적으로 사용할 것이다. 성경을 읽고, 기도하며, 하나님의 말씀을 묵상하고, 다른 그리스도인들과 교제의 기회를 가지며, 다양한 관행을 통해 안식일을 지키는 일관된 습관들은 우리가 느끼지 못하는 때에도 우리의 삶 속으로 그리고 그 삶을 통해 하나님의 은혜가 흘러넘치는 통로로 역할을 한다.

2. 예를 들면 다음을 보라. Eugene H. Peterson, "Confessions of a Former Sabbath Breaker", *Christianity Today*, 2 Sept. 1988, pp. 25-28.

3. Miller는 *The Table of Inwardness*(Downers Grove, Ill.: InterVarsity Press, 1984), p. 78에서 Nikos Kazantzakis의 말을 인용했다.

4. Childs, *The Book of Exodus*(Philadelphia: Westminster Press, 1974), pp. 382-384.

5. *Kiddush*는 문자적으로 '성별/성화'라는 뜻이다. 유대 문헌에서 이것은 안식일을 시작하는 간단한 의식을 가리키는 이름인데, 이 의식은 또한 모든 안식일이나 성일의 식사에 앞서 거행된다(Chaim Grade, My *Mother's Sabbath Days: A Memoir*, trans. Channa Kleineraman Goldstein and Inna Hecker Grade[New York: Alfred A. Knopf, 1986], p. 394). 관례상, 금요일 일몰 때 두 개의 촛불을 켠다. 하나는 **지키다**(observe)라는 단어에 해당하고 다른 하나는 **기억하다**(remember)라는 단어에 해당하는데, 이 두 단어는 출애굽기 20장과 신명기 5장에서 안식일 계명을 말하는 두 기사에서 사용된다. 어떤 유대인들은 금요일 밤 잠들기 직전에 키두쉬 의식을 행하며, 어떤 유대인들은 심지가 두 개

인 양초 하나를 사용하기도 한다.

6. Mark Zborowski and Elizabeth Herzog, *Life Is with People*(New York: Schocken Books, 1952), p. 43.

7. 키두쉬 기도에는 하나님이 빛을 창조하신 것과 떡과 포도주—안식일은 이것들로 시작된다—에 대한 감사, 그리고 파종과 추수—이것들에 의해 하나님의 창조가 계속된다—에 대한 감사가 포함된다.

8. 나는 모든 책에서 기쁨(Joy)이라는 단어의 첫글자를 대문자로 쓰는데, 이것은 기쁨이 갖는 영적인 성격을 강조하고 하나님과의 관계에서 얻어지는 깊은 기쁨과, 인간의 환경과 관련된 좀더 피상적인 행복을 구분하기 위해서이다. 기쁨은 감정에 의존하지 않고, 우리가 하나님의 것일 때 모든 것이 좋다는 의지의 인식을 반영한다. 내가 쓴 책 *I'm Lonely, LORD—How Long? The Psalms for Today*(San Francisco: Harper & Row, 1983)에서 기쁨에 관한 장을 보라. 『마르바 던의 위로』(이레서원).

9. Mains, *Making Sunday Special*(Waco, Tex.: Word Books, 1987), pp. 25-37.

10. Mains는 God Hunt가 "자신과 자녀들이 일상 생활에서 하나님의 일하심을 인식하는 능력을 개발하는 방법"이라고 말한다(p. 48). 예를 들면 다음에서 예로 든 일반적인 네 종류의 '헌팅'은 우리가 하나님의 일을 알도록 도와준다.

   1. 분명한 기도 응답
   2. 하나님의 돌보심을 보여 주는 뜻밖의 증거
   3. 특별한 연결이나 타이밍
   4. 세상에서 하나님의 일을 하려 할 때 받는 도움(p. 49).

11. 이외에도 가정 예배에 관한 실제적인 아이디어가 가득한 책으로는 Sara Wenger Shenk의 *Why Not Celebrate!*(Intercourse, Penn.: Good Books, 187)가 있다. 그녀가 수집한 예배와 축하에 대한 150개의 아이디어에는 안식일을 위한 두 가지 의식이 포함되어 있다(pp. 48-52).

12. Boyer, *A Way in the World*(SanFrancisco: Harper & Row, 1984), pp. 103-105.

13. Zborowski and Herzog, *Life Is with People*, p. 43.

14. 앞의 책, p. 45.

15. Ellul, *The Ethics of Freedom*, trans. and ed. Geoffrey W. Bromiley (Grand

Rapids: William B. Eerdmans, 1976), p. 496.『자유의 윤리』(대장간).

3. 근심, 걱정, 긴장을 그침

1. 여기서 9절 상반절을 인용하지 않은 것은 '하나님의 평강'에서 '평강의 하나님'으로의 진행을 좀더 명확하게 강조하기 위해서이다.
2. "The Precious Legacy" by Mark Tailsman, Chairman of Project Judaic and Vice-Chairman of the United States Holocaust Memorial Council, New Orleans Museum of Art's *Arts Quarterly* 7(Jan.-March 1985): 9.
3. Grade, *My Mother's Sabbath Days*, trans. Channa Kleiner-man Goldstein and Inna Hecker Grade(New York: Alfred A. Knopf, 1986), pp. 241, 247.

4. 하나님이 되려는 노력을 그침

1. *Havdalah*는 문자적으로 '구별'(distinction) 또는 '분리'(separation)를 의미하며 유대 문헌에서는 안식일의 끝을 표시하는 의식의 이름으로 사용된다. 따라서 안식일을 이어지는 한 주와 구분하면서, 그 한 주의 시작을 알린다. [Chaim Grade, *My Mother's Sabbath Days*, trans Channa Kleinerman Goldstein and Inna Hecker Grade(New York: Alfred A. Knopf, 1986), p. 393].

5. 우리의 소유를 그침

1. Heschel, *The Sabbath*(New York: Farrar, Straus & Giroux, 1951), pp. 3, 4, 8, 9 (강조된 부분은 Heschel이 직접 한 것이다).『안식』(복있는사람).

6. 우리의 문화 순응을 그침

1. Haam, Karen Burton Mains, *Making Sunday Special*(Waco, Tex.: Word Books, 1987), p. 25에서 인용.
2. 이 책에서 필자가 B.C.(Before Christ)와 A.D.(Anno Domini-'in the year of our Lord') 대신에 B.C.E.(Before the Common Era)와 C.E.(Common Era)라는 용어를 사용하는 것은 단지 그리스도를 예시한 것으로만이 아니라 그 자체로 유대 사상이 기여한 바를 귀중히 여기려는 필자의 의도와 맞추기 위해서이다. 필자가 '구약성경' 대신에 '히브리 성경'이라고 말하는 것도 바로 이 때문이다.

3. 이러한 차이에 대한 완벽한 설명을 보고 싶다면 Joyce Huggetts의 *Dating, Sex, and Friendship*(Downers Grove, Ill.: InterVarsity Press, 1985), 『데이트와 사랑의 미학』(한국 IVP)을 보라.

4. 필자가 이 개념을 처음 배운 것은 Paul K. Jewett의 *Man as Male and Female*(Grand Rapids: William B. Eerdmans, 1975)에서였다.

7. 단조로움과 무의미를 그침

1. Heschel, *The Sabbath*(New York: Farrar, Straus & Giroux, 1951), p. 14. 그는 이것을 다음의 책에서 인용했다. Aristotle의 *Ethica Nicomachea* X, 6; Rabbi Solomo Alkabez의 *Lechah Dodi*(1장에 제시된 Kiddush 찬송); the Evening Service for the Sabbath.

2. Grade, *My Mother's Sabbath Days*, trans. Channa Kleiner-man Goldstein and Inna Hecker Grade(New York: Alfred A. Knopf, 1986). 내가 이 책을 추천하는 또 다른 이유는 홀로코스트가 유대 민족에게 얼마나 큰 해를 입혔는지 그리스도인들이 좀더 잘 이해할 수 있게 하기 위해서이기도 하다. 우리는 홀로코스트의 희생을 600만 명의 유대인의 희생자에서뿐 아니라 살아남은 자들의 고통과 의문에서도 찾아야 한다. 특히 Grade의 책 367-371쪽을 보라. 여기서 그는 모든 것이 세상의 불의만을 옹호할 때 어느 정도의 이해를 위해 Vilna의 유대인 강제 거주 지역의 폐허를 돌아보는 것에 대해 쓰고 있다.

3. 특히 이 주제에 대한 Jacques Ellul의 저작들을 보라. 특히 *The Technological Society*와 *The Technological System*을 보라.

2부 쉼

1. David and Karen Burton Mains, "The Sacred Rhythm of Work and Play," *Moody Monthly*, June, 1985, p. 18.

2. Mains, *Making Sunday Special*(Waco, Tex.: Word Books, 1987), pp. 21, 104-105.

8. 영적인 쉼

1. Luther, "Treatise on Good Works," in *The Christian in Society* I, trans. W. A. Lambert, rev. James Atkinson, vol. 44 of *Luther's Works*, gen. ed. Helmut

T. Lehmann(Philadelphia: Fortress Press, 1966), p. 72.
2. Luther, "Treatise on Good Works," p. 73.
3. S. Singer, *Sabbath and Holiday Prayer Book*, English trans.(New York: Hebrew Publishing, 1926).
4. Tsevat, "The Basic Meaning of the Biblical Sabbath," in *The Meaning of the Book of Job and Other Biblical Studies: Essays on the Literature and Religion of the Hebrew Bible*(New York: Ktav, 1980), pp. 49, 48.
5. 토라라는 히브리어는 대체로 '율법'으로 번역되지만, 토라에 담긴 함축적인 의미를 이해하기 위해서는 '교훈'이라는 번역이 더 낫다. 성경의 맨 앞에 나오는 다섯 권이 공식적으로 토라로 불리는데, 이것은 이 다섯 권이 하나님의 언약 백성을 위한 하나님의 율법을 담고 있기 때문이다. 그러나 때로 토라라는 이름은 일반적으로 히브리 성경 전체를 가리키는 데 쓰이기도 한다.
6. Peterson, "The Pastor's Sabbath," *Leadership*, Spring 1985, p. 53.
7. Heschel, *The Sabbath*(New York: Farrar, Straus & Giroux, 1951), pp. 22-23.
8. *Genesis rabba* 10:9.
9. Heschel, *The Sabbath*, pp. 22-23.
10. 고린도후서 5:17. 이 번역을 내게 처음 제안한 것은 John Howard Yodder였다.
11. Hunter, *The God Who Hears*(Downers Grove, Ill.: InterVarsity Press, 1986), 특히 pp. 96-99.

9. 육체적인 쉼

1. Lerman이 애리조나주 Tucson에서 열린 전미 과학 발전 협회(American Association for Advancement of Science)에서 강연한 후에, Carla McClain은 *The Idaho Statesman*에서 "Human 'Clock' Orders Day Off"라는 제목으로 그의 연구를 소개했다.
2. 이 주기는 사람이 계속적으로 밝은 상태 또는 어두운 상태에서 취한 수면 시간과 체온 변화의 관계를 조사해서 측정한 것이다.
3. "Sabbaticals Spread from Campus to Business," *U.S. News and World Report*, 25 Jan. 1985, pp. 79-80.

4. Peterson, "The Pastor's Sabbath," *Leadership*, Spring 1985, pp. 55-56.

11. 지적인 쉼
1. Ellul, *The Humiliation of the Word*, trans. Joyce Main Hanks (Grand Rapids: William B. Eerdmans, 1985), pp. 10-11. 『굴욕당한 말』(대장간).
2. 로마서 12:1-2(NIV)와 J. B. Phillips의 *New Testament in Modern English*를 합친 번역이다.

13. 사회적인 쉼
1. Grade, *My Mother's Sabbath Days*, trans. Channa Kleiner-man Goldstein and Inna Hecker Grade(New York: Alfred A. Knopf, 1986), p. 12. goyish라는 용어는 이방인을 가리키는데, 이들의 폭력은 안식일을 지키는 자들의 인격과 맞지 않는다.
2. 미쉬나(Mishnah)는 랍비들의 토라 연구를 최초로 편집한 것이다. 탈무드는 미쉬나와 미쉬나에 대한 주석인 게마라(Gemara)를 포함한다. 초기의 랍비 저작 목록을 좀더 자세히 알고 싶으면 15장의 주 4를 보라.
3. Eliezer Berkovitz, *Not in Heaven*(New York: Ktav, 1983), p. 20.

14. 인격의 윤리
1. Jacques Ellul에게 감사한다. 그는 다음 책에서 기독교 윤리에 대한 이러한 근본적인 설명을 내게 가르쳐 주었다. *The Ethics of Freedom*, trans. and ed. Geoffrey W. Bromiley(Grand Rapids: William B. Eerdmans, 1976).
2. Wolterstorff, *Until Justice and Peace Embrace*(Grand Rapids: William B. Eerdmans, 1983), pp. 147, 153. 『정의와 평화가 입맞출 때까지』(한국 IVP).

3부 받아들임
1. Diana R. Engel, *The Hebrew Concept of Time and the Effect on the Development of the Sabbath*(Washington, D.C.: American University Press, 1976).

15. 의도성을 받아들임

1. 이루브는 유대인이 안식일에 그 구역 내에서 물건을 나를 수 있게 하기 위해 공공 장소를 사적인 장소로 바꾸어 주는 철조망이나 울타리를 말한다.
2. Grade, *My Mother's Sabbath Days*, trans. Channa Kleiner-man Goldstein and Inna Hecker Grade(New York: Alfred A. Knopf, 1986), pp. 308-309.
3. 탈무드는 초기 랍비들의 저작에 대한 주석이다. 더 자세한 것은 주 5를 보라.
4. Neusner, *Invitation to the Talmud*, rev. ed. (San-Francisco: Harper & Row, 1984), pp. xiv-xvii.
5. 주후 2세기 마지막 25년 사이에 기록된 미쉬나는 토라를 연구한 랍비들의 최초의 편집물이다. '추가 또는 보충'을 뜻하는 토세프타는 미쉬나의 구절들을, 인용하거나 인용하지 않은 상태로, 상세하게 다룬다. 3-5세기에 생겨난 팔레스타인 탈무드와 3-7세기에 생겨난 바빌론 탈무드는 미쉬나와 토세프타에 대한 주석이다(Neusner, *Invitation to the Talmud*, p. xxvii).
6. Neusner, *Invitation to the Talmud*, p. 181.
7. Mark Zborowski and Elizabeth Herzog, *Life Is with People*(New York: Schocken Books, 1952), p. 51.

16. 기독교 공동체의 가치를 받아들임

1. Mark Zborowski and Elizabeth Herzog, *Life Is With People*(New York: Schocken Books, 1952), p. 48.
2. Wolin, *Politics and Vision*(Boston: Little, Brown, 1960), p. 400.
3. Bailie, *A Diary of Private Prayer*(New York: Charles Scribner's Sons, 1949), p. 133.
4. 앞의 책, p. 135.

17. 공간 대신 시간을 받아들임

1. Day, *The Long Loneliness*(San Francisco: Harper &Row, 1981), p. 252.

19. 삶에서 우리의 소명을 받아들임

1. Sine, *The Mustard Seed Conspiracy*(Waco, Tex.: Word Books, 1981). 『하

나님 나라의 모략』(한국 IVP).

20. 온전함—샬롬을 받아들임

1. Samuele Bacchiocchi, *Divine Rest for Human Restlessness*(Rome: Pontifical Gregorian University Press, 1980), pp. 17-76.
2. Henri Cazelles, *Études sur le Code de l'Alliance*(Paris: Letouzey et Ané, 1946), p. 94.
3. North, "The Derivation of Sabbath," *Biblica* 36(1955): 201.
4. Childs, *The Book of Exodus*(Philadelphia: Westminster Press, 1974), p. 541.
5. 나의 책 *I'm Lonely, Lord—How Long? The Psalms for Today*(San-Francisco: Harper & Row, 1983)의 제12장 "아무것도 선해 보이지 않을 때의 즐거움"을 보라.

4부 향연

22. 영원에 대한 향연

1. Heschel, *The Sabbath*(New York: Farrar, Straus & Giroux, 1951), p. 16.
2. *Monet*, ed. Charles F. Stuckey(New York: Park Lane, 1985), p. 28.
3. Grade, *My Mother's Sabbath Days*, trans. Channa Kleiner-man Goldstein and Inna Hecker Grade(New York: Alfred A. Knopf, 1986), p. 337-338.
4. Mains, *Making Sunday Special*(Waco, Tex: Word Books, 1987), p. 58.
5. Leonard Beechy, "Three Levels of Prayer," *Gospel Herald*, 20 Nov. 1984, p. 806.
6. *Life Is with People*(New York: Schocken Books, 1952)에서, Mark Zborowski와 Elizabeth Herzog는 안식일 복장에 대한 유대인의 관심을 세세하게 기술한다. 동유럽의 쉬테틀(작은 마을)에서는 가장 가난한 남자 유대인들까지도 수술이 달린, 발목까지 오는 흰색 양모로 된 겉옷(talis koton), 검은 '비단'으로 된 안식일의 긴 소매옷(caftan), 그리고 검은 모자를 가지고 있었다. 여자들은 검은 비단 드레스를 입고 가장 좋은 보석, 특히 진주 목걸이를 했다(pp. 40-42).

7. 참된 예배는 진, 선, 미의 철학적 목표를 추구한다는 것을 깨닫도록 도와준 이전 편집자 Roy M. Carlisle에게 감사한다.
8. Heschel, *The Sabbath*, p. 89. 강조는 Heschel 자신이 한 것이다.

23. 음악이 있는 향연

1. 목적론은 행동의 결과를 강조한다. 이런 종류의 윤리 사상 가운데 가장 우세한 것이 공리주의이다. 목적론적 윤리학은 특정한 목적이 수단을 정당화한다는 개념으로 이어질 수 있다. 반면에 의무론적 윤리학(deontological ethics, 규범의 윤리)은 목적을 성취하는 수단을 강조한다.
2. 내가 이 찬송에 대한 반대 의견을 말하자 집회에서 생각이 깊은 사람임이 분명한 학생이 내게 구약의 거룩한 전쟁이라는 모든 주제를 어떻게 생각하느냐고 물었다. 이것은 정말 훌륭한 질문이며, 제대로 대답하려면 책 한 권을 써야 할 것이다. 그러나 간단히 단언하자면, 거룩한 전쟁은 실제로 일종의 평화 조성하기(peacemaking, 화해)이다. 이것은 하나님이 이스라엘 백성을 그들을 에워싼 문화의 폭력에서 이끌어 내시는 방법이라는 틀 속에서 바르게 이해되어야 한다. 우리가 개인적인 치부를 위해 전쟁을 할 수 없도록 모든 전리품을 태워 버리라는 명령을 진지하게 받아들인다면, 우리 사회에 만연된 전쟁은 변할 것이다. 이 주제와 관련하여 탁월하면서도 이해하기 쉬운 책으로는 Lois Barrett의 *The Way God Fights*(Scottdale, Penn.: Herald Press, 1987)이 있다.
3. 정말로 점점 더 많은 사람들이 예배의 미학에 관심을 갖고 있다. 1987년 11월 16일자 Ann Landers의 칼럼에까지도 현대의 예배에서 일어나는 여러 가지 사항을 반대하는 편지들이 가득했다.

24. 아름다움이 있는 향연

1. Philip S. Berg, *Kabbalah for the Layman*(The Old City Jerusalem: Press of the Research Center of Kabbalah, 1981), pp. 181-183.
2. B. S. Jacobson, *The Sabbath Service*, trans. Leonard Oschry(Tel Aviv: "Sinai" Publishing, 5741/1981).
3. Abraham E. Millgram, *Sabbath*(Philadelphia: Jewish Publication Society of America, 5725/1965), pp. 24, 67.

25. 음식이 있는 향연
1. Mark Zborowski and Elizabeth Herzog, *Life Is with People*(New York: Schocken Books, 1952), p. 47.
2. 음식으로 행하는 거룩한 축하를 즐거이 주장하며, 전에 대학의 교목이었고 타코마에서 Chaplain's Pantry라는 레스토랑을 운영했던 Jeff Smith가 *The Frugal Gourmet*(New York: William Morrow, 1984)와 *The Frugal Gourmet Cooks with Wine*(New York: William Morrow, 1986)을 출간했다.
3. Ellul, *Money and Power*, trans. LaVonne Neff (Downers Grove, Ill.: InterVarsity Press, 1984), 특히 pp. 106-116을 보라. 『하나님이냐 돈이냐』(대장간).
4. Zborowski and Herzog, *Life Is with People*, pp. 37-38, 44-45.

26. 애정이 있는 향연
1. Grade, *My Mother's Sabbath Days*, trans. Channa Kleiner-man Goldstein and Inna Hecker Grade(New York: Alfred A. Knopf, 1986), p. 11.
2. "Try Shabbas"(editorial), *Tikkun* 3(Jan./Feb. 1988): 13.

27. 향연과 축제
1. Downey, *A Blessed Weakness*(SanFrancisco: Harper & Row, 1986), p. 85.
2. 앞의 책, p. 83.
3. Shenk, *Why Not Celebrate!* (Intercourse, Penn.: Good Books, 1987), pp. 2-3.
4. Miller, "Partnership with Children?" *Voices in the Wilderness* 2(July/Aug. 1987): 7.

28. 안식일의 그침, 쉼, 받아들임, 향연
1. "Try Shabbas"(editorial), *Tikkun* 3 (Jan./ Feb. 1988): 12-13.
2. 여기서 반드시 강조하고 싶은 것은 이 회의의 다른 참석자들이 어떤 선택을 해야 하는지 규정하려는 게 아니며, 그들이 예배 참석 대신에 논문 발표를 듣는다고 해서 경건치 못하다고 비난하려는 것도 아니다. 그러나 나는 이 회의에 참

석하는 유대인 교수들의 모범에 감사한다. 이들은 안식일이면 어김없이 회당에 간다.

3. Heschel, *The Sabbath* (New York: Farrar, Straus & Giroux, 1951), pp. 68-70.

옮긴이 전의우는 연세대 철학과와 총신대학교 신학대학원을 졸업했다. 번역을 통해 성도와 목회자, 교회와 하나님 나라를 섬기고 있다. 1998년 한국기독교총연합회 출판 문화상 신앙부문 최우수도서 역자상, 2004년 기독교 출판문화상 목회자료 해외 번역부문 최우수상을 받았다. 역서로 『하나님 어디 계십니까』(두란노), 『하나님 나는 당신께 누구입니까?』(요단), 『안식』(IVP), 『인생』(청림) 등 100여 권이 있다.

안식

초판 발행 2001년 11월 5일
재조판 발행 2020년 8월 28일 | 재조판 3쇄 2025년 3월 10일

지은이 마르바 던
옮긴이 전의우
펴낸이 정모세

편집 이종연 이성민 이혜영 심혜인 설요한 양지영 박예찬
디자인 한현아 서린나 | 마케팅 오인표 | 영업·제작 정성운 이은주 조수영
경영지원 이혜선 이은희 | 물류 박세율 김대훈 정용탁

펴낸곳 한국기독학생회출판부 | 등록번호 제2001-000198호(1978.6.1)
주소 04031 서울시 마포구 동교로 156-10
대표 전화 (02) 337-2257 | 팩스 (02) 337-2258
영업 전화 (02) 338-2282 | 팩스 080-915-1515
홈페이지 http://www.ivp.co.kr | 이메일 ivp@ivp.co.kr
ISBN 978-89-328-1761-3

ⓒ 한국기독학생회출판부 2020

책값은 뒤표지에 있습니다.
무단 전재와 복제를 금합니다.